ODEURS DU MONDE
écriture de la nuit

Couverture :
dessin et graphisme de Nathalie Moulin-Paliard

Corrections :
en collaboration avec Alain Delrieu

Réalisation technique
avec la collaboration de
Philippe Camus, Jean-Louis Fradelizi (Editions Ductus)
Valérie Mélikian et de Dalal Abou Saoud (CRO-INALCO)

ISBN : 2-7384-7450-0

Textes édités par
Diana Rey-Hulman et Michel Boccara

ODEURS DU MONDE
écriture de la nuit

INALCO
2, rue de Lille
75343 Paris Cedex 07

L'Harmattan
5-7, rue de l'École Polytechnique
75005 Paris - FRANCE

L'Harmattan Inc.
55, rue Saint-Jacques
Montréal (Qc) - CANADA H2Y 1K9

avec la participation de

M.Aufray,

G.Calame-Griaule,

A.Delrieu, J.Diot, C.Escarmant,

J.de la Fontinelle, J.Galinier, G.-A.Haudricourt,

S.Joshi, G.Kabakova, F.Kontar, N.Krowolski,

A.Le Guerer, A.Levy-Ward, G.Mordant, D.Rey-Hulman,

P.Roulon-Doko, F.Sauvagnat, B.Schaal,

C.Seydou, M.Therrien, NguyênTúng,

F.Ugochukru, F.Villacèque,

M.Zafiropoulos

Sommaire

Tout comme les insectes, qui communiquent par les odeurs, l'homme dispose d'un langage olfactif par lequel il dialogue discrètement avec ses semblables.
Comme nous n'avons pas d'antennes émettrices, nous projetons les phéromones dans l'air à partir des aisselles, des tétons, du cuir chevelu et des organes génitaux.
Ces messages sont perçus inconsciemment mais n'en sont pas moins efficaces. L'homme a cinquante millions de terminaisons nerveuses olfactives ; cinquante millions de cellules capables d'identifier des milliers d'odeurs, alors que notre langue ne sait reconnaître que quatre saveurs.
Quel usage faisons-nous de ce mode de communication ?
Tout d'abord, l'appel sexuel. Un mâle humain pourra très bien être attiré par une femelle humaine uniquement parce qu'il a apprécié ses parfums naturels (trop souvent cachés sous des parfums artificiels !). Il pourra de même se trouver repoussé par une autre dont les phéromones ne lui «parlent» pas.
Le processus est subtil. Les deux êtres ne se douteront pas du dialogue olfactif qu'ils ont eu. On dira juste que «l'amour est aveugle».
Cette influence des phéromones humaines peut aussi se manifester dans les rapports d'agression. Comme chez les chiens, un homme qui hume des effluves transportant le message «peur» de son adversaire aura naturellement envie de l'attaquer.
Enfin l'une des conséquences les plus spectaculaires de l'action des phéromones humaines est sans doute la synchronisation des cycles menstruels. On s'est en effet aperçu que plusieurs femmes vivant ensemble émettaient des odeurs, qui ajustaient leur organisme de telle sorte que les règles de toutes se déclenchent en même temps.

(Bernard Werber, *Le livre secret des Fourmis, Encyclopédie du savoir relatif et absolu)*

L'écriture de la nuit

Michel Boccara

Chez les mammifères, comme chez les insectes, les odeurs représentent un moyen privilégié de communiquer dans le temps. D'où le sous-titre de cet ouvrage : l'écriture de la nuit, nuit des temps mais aussi nuit où les odeurs se propagent. Un des exemples les mieux connus est celui des mangoustes du Kenya décrites par Anne Rasa :

> «Il semble que les sécrétions malaires (complètent) la sécrétion anale. C'est le registre émotionnel» de l'animal. Plus il est excité, plus il frotte ses glandes contre l'objet en question. Mes sujets dressés étaient capables de mesurer assez précisément la quantité de substance sécrétée, mais la sécrétion des glandes malaires différait de celle de la glande anale à deux égards. Premièrement, elle était anonyme et deuxièmement, elle ne subsistait pas plus de quarante-huit heures. Passé ce délai, mes animaux n'en retrouvaient plus trace. Étant donné que les deux sécrétions sont toujours utilisées pour marquer un objet, il paraît évident qu'une seconde signature serait plus ou moins superflue. Le fait que la deuxième marque ne subsiste pas très longtemps revêt aussi son importance. D'autres groupes, déchiffrant la marque à plusieurs jours de distance, n'avaient pas de raison de s'intéresser à l'état émotionnel dans lequel se trouvait le sujet lorsqu'il l'avait faite. C'était un peu

> comme lire un journal avec une semaine de retard. La nouvelle ne présente plus d'intérêt ; en revanche, savoir qui a inscrit la marque en question et quand peut apporter une information importante, permettre de savoir par exemple quel groupe se trouve dans les parages, quelle en est la taille et s'il est connu du lecteur» (Rasa, 1990, 27).

On voit qu'une odeur particulière acquiert le statut d'un véritable signe et peut entrer en combinaison avec d'autres pour composer unlangage. L'odorat est donc un sens essentiel qui permet de relier le temps à l'espace, c'est-à-dire un sens de ce que l'on appelle communément l'orientation. Chez certaines espèces comme les pigeons, les chauves-souris et les éléphants, il est relayé par un autre sens plus difficile à comprendre puisqu'il manque chez les humains et dont nous obtenons une approximation avec le radar.

Mais l'oiseau et, dans une moindre mesure, le primate, privilégient le couple vue-ouïe au détriment du couple odorat-toucher.

L'odorat reste néanmoins important pour les activités de chasse, «l'art du traqueur», même si la «lecture» des traces prend progressivement le pas sur celle des odeurs. L'alliance avec le chien, puis sa domestication, a pu contribuer à accentuer la spécialisation visuelle du chasseur humain.

Il est cependant une période de la vie où l'odorat reste prédominant chez l'humain, ce sont les premiers mois de sa vie. Des expériences cliniques ont montré que c'est d'abord par l'odorat que le nourrisson de un ou deux jours reconnaît sa mère (*cf.* infra, 4, Schaal et Kontar).

Françoise Dolto propose dans un texte publié dans *Sorcières* de lier l'odorat et l'audition dès les premiers moments de la vie du nourrisson. On retrouve cette liaison intime entre audition et odorat dans plusieurs langues (Russe, Dogon, Peul, Yucatèque...) :

> «C'est par l'odeur que le nourrisson reconnaît sa mère puisqu'il ne la voit pas encore. Il y a l'odeur et il y a l'audition. Je crois que c'est le croisement dans le temps de ces deux perceptions distales que sont l'audition et l'odorat qui crée l'origine de l'espace de son corps par à la fois le contact à la masse du corps de la mère et les perceptions situées dans le cavum autour de sa bouche. L'approche de la mère lui signalise l'odeur de la mère et l'éloignement de la mère engage l'audition : l'audition perçoit plus loin la mère que l'olfaction.

> C'est par cette différence entre l'audition et l'olfaction que l'enfant reconnaît l'espace...» (Dolto, ca. 1976 : 10).

L'humain a, comme l'animal, différentes possibilités de produire des odeurs : celles-ci peuvent être associées à des affects, domaine encore mal connu, à l'émission de matières : transpiration, excréments, saignements..., à des états (maladie, excitation...) ou encore au souffle. Dans un certain nombre de cultures, ce domaine a été plus développé que les autres en raison de l'association générale du souffle à la vie.

On connaît trois organes fondamentaux producteurs de souffle : le nez, la bouche et l'anus. Chacun de ces organes ou orifices détermine une catégorie de souffle. Si la bouche est davantage associée au souffle de la parole, le nez et l'anus correspondent à deux formes opposées de souffle dont la caractéristique est d'entretenir un rapport privilégié avec les odeurs. Si le nez, la voie haute, détecte les odeurs, l'anus, la voie basse, les produit (la bouche aussi avec l'haleine bien que sa relation avec la parole reste prédominante). D'autres organes ou parties du corps produisent des odeurs, mais ne sont pas directement des producteurs de souffle.

Une autre différence entre l'anus et le nez est que ce dernier est binaire et permet, comme les bras ou les jambes, de distinguer la droite de la gauche.

Le nez comme l'anus entrent chacun dans un rapport complémentaire avec la bouche : le nez et la bouche sont associés dans le circuit respiratoire alors que l'anus et la bouche effectuent ensemble le cycle complet d'absorption et d'expulsion de la nourriture. Nourriture et matières fécales sont chacune dans un registre différent, de grandes productrices d'odeurs, et les plaisanteries «grasses» abondent sur les rapports ambigus entre ces deux orifices. De plus, la nourriture et plus particulièrement la nourriture préparée ou cuisine, est le lieu de fusion de l'odorat avec le goût. Dans bon nombre de langues, il existe des termes qui expriment l'un et l'autre.

Nous n'oublierons pas l'existence d'un tiers, qui vient toujours déranger la logique binaire, c'est l'organe génital lui aussi dédoublé mais suivant le sexe de l'individu : petit orifice et long conduit chez l'homme, gros orifice et petit conduit, caché, chez la femme. Cet organe génital entre ainsi dans des relations différenciées avec les trois producteurs de souffle. Relations de proximité avec l'anus et relations hautement symboliques avec la bouche et le nez : l'organe féminin étant plutôt du côté de l'oral et l'organe masculin du côté du nasal comme l'illustre cette blague française[1] :

> *Dans un salon parisien, un médecin explique doctement :*
>
> *«savez vous que des études ont montré que la longueur de l'appendice nasal est, chez le sujet masculin, directement proportionnel à celle de son membre viril.»* [2]
>
> *Une grosse dame, à large bouche, répond, en articulant largement les voyelles : «C'est incroyable, c'est incroyable !»*
>
> *Et, poursuit notre érudit «le phénomène a son équivalent chez le sujet féminin, c'est alors l'orifice buccal qui se trouve proportionnel à l'appareil génital.»*
>
> *Et notre grosse dame de répondre, la bouche presque fermée : «c'est pas possible, c'est pas possible, c'est pas possible...»*

Si nous revenons aux relations entre voies basses et voies hautes, on observe, dans un certain nombre de religions, et cela, semble-t-il, depuis les religions monothéistes, une tendance à valoriser la voie haute, réceptrice, en l'associant aux odeurs dites bonnes et à dévaloriser la voie basse, productrice, en l'associant aux odeurs dites mauvaises. L'odeur agréable deviendra alors la nourriture de la divinité et son domaine sera le plus proche

1. Je connais aussi une version animalière de cette blague :
C'est un serpent qui rencontre une grenouille à grosse bouche. «Que manges-tu ?» lui demande le serpent.
«Moi, dit la grenouille en ouvrant largement la bouche, je mange des insectes, et toi ?»
«Oh, moi, des grenouilles à grosse bouche»
«Y-en n'a pas beaucoup par ici, y-en n'a pas beaucoup par ici» dit la grenouille en ouvrant à peine la bouche...

2. Cette assimilation entre nez et pénis se retrouve dans différentes sociétés. Par exemple chez les Otomis du Mexique où elle s'accompagne d'une érotisation extrême de l'activité d'olfaction (*cf.* infra, 2, Jacques Galinier). dans la France du Moyen Âge, cette relation était importante, Rabelais y fait de nombreuses références (*cf.* infra, 1, Christine Escarmant).

possible de la sphère de l'ineffable. Chez les caballistes juifs, par exemple, la seffira Hokhmah, associée à l'odeur n'est séparée du *Saint Béni Soit-il* que par la sphère du pur désir.
La pensée ésotérique de la Renaissance avait bien saisi les rapports étroits qui existaient entre le nez, la génération et la divine connaissance (con-nez-sens[3]). *Cyrano de Bergerac* témoigne dans la littérature contemporaine de cette gnose.
La langue, on le sait, est un excellent moyen de faire de l'histoire, c'est-à-dire de comprendre la dimension temporelle des phénomènes, Elle partage d'ailleurs ce privilège avec l'odeur. Mais sa profondeur historique est beaucoup plus grande.
Une étude comparative du champ sémantique des odeurs a été menée dans les domaines suivants : Méso-amérique, Afrique de l'Ouest, Mélanésie, Asie du Sud-Est, Inde, France, Russie et Arctique.
Cinq axes de recherche, non exclusifs, ont été proposés :
1 **Termes génériques** pour l'odorat et l'odeur (les odeurs), qualificatifs, extension à l'odorat de termes spécifiques employés pour d'autres sens et inversement (vocabulaire et expressions).
2 **Les substances odorantes** («bonnes» odeurs) : encens, parfums... termes génériques, substances utilisées (végétales, animales, minérales, autres...).
3 **Les «mauvaises» odeurs** : d'origine humaine, animale, divine (flatulences, transpirations, excréta...).
4 **Les parties du corps** liées aux odeurs (nez et différentes parties du nez, anus, aisselles et autres orifices), respiration, transpiration.
5 **Terminologies vernaculaires** : botaniques, zoologiques, autres, en rapport avec les odeurs.
Un bilan provisoire de ces cinq thèmes pourra être effectué à partir des articles présentés dans ce volume. Nous présentons dans cette introduction quelques-unes des tendances significatives :
– On constate une polyvalence significative des termes employés pour sentir pouvant aller, dans certaines langues, comme en français ou en peul, jusqu'à désigner l'ensemble des perceptions, y compris les perceptions intellectuelles.
Les cas d'association les plus fréquents sont ceux mettant en jeu le goût

3. *Cf.* infra, 1, Christine Escarmant, *Le nez d'Alcofribas Nasier*.

(gbaya, vietnamien, thaï) et l'ouïe (russe, maya yucatèque, dogon, peul). Plus rarement on trouve une liaison avec le toucher (russe) et la vue (la couleur en vietnamien).

L'odorat apparaît donc comme un sens particulièrement synesthésique, c'est-à-dire permettant le passage d'un sens à un autre, voire une circulation dans tous les sens.

– Le lexique des mauvaises odeurs est généralement plus étendu et plus différencié que celui des bonnes odeurs – «les bonnes odeurs n'ont pas d'histoire» – bien que certaines langues développent davantage que d'autre le registre des odeurs agréables (maya yucatèque, peul, français). On notera que l'odeur fonctionne souvent comme un marqueur d'identité ethnique, agréable ou désagréable comme par exemple chez les Mayas yucatèques où il imprègne le nom même du peuple : *may*, parfum céleste, donne, en étymologie mythique, *maya*, le peuple au parfum céleste.

– Deux langues (otomi et ajië) développent la relation sémantique trou-odeur qui correspond à l'expression française «avoir le nez creux».

– Il semble qu'un assez grand nombre de langues ne fassent pas la distinction entre percevoir une odeur et produire une odeur, c'est-à-dire le mode actif et le mode passif, c'est aussi le cas du français avec le verbe «sentir». Ce trait pourrait être lié à la nature même de l'odeur, perçue et produite, davantage de l'ordre d'un trajet (que l'on suit à la trace) que d'une perception globale. Il arrive d'ailleurs, c'est le cas en gbaya, que l'on distingue entre odeur perçue de près et odeur perçue de loin.

– Plusieurs langues mettent en rapport le vent et l'odeur indentifiant ainsi le vecteur et la manifestation (russe, français, peul). Cette relation peut aussi être considérée comme une marque de la spiritualité de l'odorat.

– Dans le domaine des qualificatifs de l'odeur, on observe une grande diversité. Certaines langues développent davantage le lexique des odeurs corporelles (thaï, vietnamien, gbaya, peul), d'autres la relation avec l'animal (maya yucatèque, vietnamien) ou la plante (russe, dogon), d'autres encore utilisent le registre de l'alimentaire (vietnamien, thaï), de l'excrément (maya, otomi, igbo), de la mort (ajië, otomi, dogon). Toutes manifestent cependant une préférence pour le pourri !

À la suite de deux journées d'études ethnolinguistiques à l'Institut des Langues Orientales (Centre de Recherches sur l'Oralité), un travail complémentaire a été mené, à l'École de Médecine d'Amiens (URA 1478, Psychanalyse et pratiques sociales de la santé, CNRS-Université de Picardie [aujourd'hui UPRESA 6053]), sous l'éclairage de la psychanalyse, en croisant des approches cliniques, philosophiques et artistiques.

La psychanalyse, si elle ne partage pas la fascination de la médecine pour les odeurs, lui attribue cependant, avec Freud, une place centrale puisque le refoulement de l'odeur est pour ce dernier lié à l'hominisation et à l'origine des névroses[4].
Mais l'odeur fait retour comme le refoulé. Un premier indice de ce retour, nous le saisissons dans la vie et l'œuvre de Freud avec la place occupée par Wilhelm Fliess dans la genèse mythique de la psychanalyse[5]. Freud a pu écrire de lui en 1896 qu'il construisait le socle de la psychanalyse, or son œuvre principale est consacrée à l'étude des relations entre le nez et l'organe sexuel féminin. Cette relation au nez et à son érogénéité est aussi à rechercher dans le rapport qu'entretient Freud à la cocaïne. C'est cette même cocaïne qui permet à Fliess de soigner les douleurs hystériques de ses patientes lors de leurs règles.
Ce que Fliess explore dans son œuvre c'est le grand flux mythique de l'écoulement, à la fois nasal et menstruel. L'homme qui saigne du nez est un homme menstrué ! Le sang et l'odeur sont des principes de vie et de mort[6]

4. De 1909 à 1937 Freud ne changera pas de position : en 1909 il écrit «D'une façon générale, on peut se demander si l'atrophie de l'odorat chez l'homme, consécutive à la station debout, et le refoulement du plaisir organique qui en résulte, ne jouerait pas un grand rôle dans la faculté de l'homme d'acquérir des névroses» (Sigmund Freud, 1975, p. 260) et en 1937 : «Le redressement ou la verticalisation de l'homme serait le commencement du processus inéluctable de la civilisation. À partir de là un enchaînement se déroule qui, de la dépréciation des perceptions olfactives et de l'isolement de la femme au moment des menstrues (notons cette association des odeurs et du sang menstruel que l'on trouve déjà dans une lettre du 11-1-1897, *cf.* infra, 2, Alain Delrieu), conduisent à la prépondérance des perceptions visuelles, à la visibilité des organes génitaux, puis à la continuité de l'excitation sexuelle, à la fondation de la famille et de la sorte au seuil de la civilisation humaine» (Freud, 1971, 49-50). Pour d'autres textes de Freud sur les odeurs, *cf.* infra, 2, Alain Delrieu.

5. Sur Wilhelm Fliess on lira dans cet ouvrage la contribution d'Annick Le Guérer. La rupture avec Fliess, en 1904, est liée au choix que fait Freud de donner une base scientifique à la psychanalyse mais toute sa vie il restera fasciné par «l'option» mythologique et continuera de développer son œuvre sur un socle mythique.

6. On notera aussi l'importance du symbolisme de la fleur, associée au sang du sacrifice dans différentes cultures (américaines et asiatiques notamment). Lors du sacrifice à l'odeur du sang s'ajoute celle de l'encens qui évoque le parfum des fleurs.

qui se rejoignent. Cette relation entre sang, odeurs et troubles hystériques est d'ailleurs notée par Freud qui l'attribue, dans un texte de 1897, au retour du refoulé animal :

> «Les perversions conduisent régulièrement à la zoophilie et ont un caractère bestial (...). Il faut se souvenir aussi que le plus important des sens chez l'animal (même en ce qui concerne la sexualité) est l'odorat qui, chez l'homme se trouve affaibli. Tant que prédomine le sens de l'odorat (et du goût), les poils, les fèces, toute la surface du corps, ainsi que le sang, jouent le rôle d'excitants sexuels. C'est peut-être à ce fait que tient la sensibilisation de l'odorat dans l'hystérie» (Freud, 1973, 164-165).

L'odeur, indique Freud, s'apparente donc à la sexualité et on pourrait définir une véritable chimie de l'amour suivant l'expression du zoologue M. Stoddart (1989). Si l'on n'en parle pas, on ne pense qu'à ça ; ça pue autant que ça parle, et quels que soient les efforts que l'on fasse pour la masquer, l'odeur revient toujours, souvent sous forme de parfum ou de puanteur. Freud évoque comme un exemple majeur d'inquiétante étrangeté (1978 : 199) une histoire d'odeur de crocodiles qui se répand dans l'appartement vide occupé par un jeune couple pendant la première guerre mondiale.

Comme l'inconscient, l'odeur résiste à l'oubli. Selon la formule du biologiste Eggen, l'olfaction peut être considérée comme un système qui ne peut pas oublier, même quand il le désirerait.

Ce mouvement de va-et-vient de l'odeur est un mouvement qui traverse l'histoire, et l'opposition entre une société ancienne odoriphile et une société actuelle odoriphobe ne résiste pas à l'analyse : déjà Aristote souffrait et se plaignait de son manque de nez.

Aujourd'hui, dans la société industrielle contemporaine, l'odeur revient, notamment sous la forme de techniques de marketing[7].

Un des effets de nos travaux sera, nous l'espérons, de nous interroger sur les sens multiples de ce retour.

7. «Après avoir exploité toutes les ressources de l'audiovisuel, c'est aujourd'hui le champ des odeurs qui est exploré par les services marketing» note Jacques-Marie Decazes, directeur de la recherche appliquée chez Givaudan-Roure (Krémer, 28-01-1995).

Références bibliographiques

RASA A.
1990 *La famille idéale,* Paris, Odile Jacob.

DOLTO F.
sans date (ca 1976) «Fragrance», *Sorcières,* «Odeurs», n°5.

FREUD S.
1971 *Malaise dans la civilisation,* Paris, PUF.

FREUD S.
1973 *La naissance de la psychanalyse,* (11-1-1897), Paris, PUF.

FREUD S.
1975 «Remarques sur un cas de névrose obsessionelle (l'homme aux rats)», *Cinq psychanalyses,* (1909) : 199-261, Paris, PUF.

FREUD S.
1978 «L'inquiétante étrangeté (Das Unheimliche)» (1919), *Essais de psychanalyse appliquée,* (1933) : 163-210, Paris, Gallimard.

FREUD S.
1985 *The complete letters of Sigmund Freud to Wilhem Fliess,* 1887-1904, Cambridge, Massachussetts, and London, England, The Belknap Press of Harvard University Press.

EGGEN T.
1989 «La mémoire des odeurs», *La Recherche,* fév. , n°207 : 170-177.

STODDART M.
1989 «La chimie de l'amour», *La Recherche,* sept, n°213 : 1074-1085.

FLIESS W.
1977 *Les Relations entre le nez et les organes génitaux de la femme* (1897), traduit de l'allemand par P. Ach et J. Guir, Paris, Le Seuil.

KREMER P.
1995 «Ces odeurs qui font vendre», *Le Monde,* 28-01.

WERBER B.
1991 *Les fourmis,* Paris, Albin Michel.
1993 *Le livre secret des fourmis, Encyclopédie du savoir relatif et absolu,* Paris, Albin Michel.

Odeurs en France

Ce texte a été rédigé à partir de l'enregistrement de l'intervention de Georges-André Haudricourt – sans doute sa dernière intervention avant son décès brutal survenu en août 1996. Nous avons choisi de donner une forme écrite à ses dernières paroles bien que nous ne puissions lui soumettre notre interpétation. Aucun des autres textes de cet ouvrage ne correspond à une transcription de leur présentation orale – d'ailleurs certains d'entre eux n'ont pas connu une exposition orale– mais ils ont été écrits par les auteurs eux-mêmes et, après notre relecture critique, nos suggestions leurs ont été soumises. Nous avons décidé de compléter son intervention par la discussion qui s'ensuivit, mêlant ainsi interprétation écrite des paroles de Georges-André Haudricourt avec transcription de paroles énoncées sur le vif.

Odeurs de plantes

Georges-André Haudricourt (1911-1996)

Plutôt que de développer les sciences dites cognitives[1] qui habitent les «hautes sphères», il serait plus intéressant de développer les ethnosciences. Dans le domaine qui nous intéresse, nous avons d'un côté l'ethnophysique, c'est par exemple l'étude des couleurs, et de l'autre, l'ethnochimie, c'est-à-dire notamment la cuisine où l'odeur joue un grand rôle.

Si nous prenons l'exemple des plantes, que je connais bien, nous savons qu'un certain nombre d'animaux, comme les vaches ou les chiens, peuvent reconnaître les plantes, les chiens aussi. Mais que savons nous de la connaissance des odeurs par les animaux ?

En ethnophysique, on peut se poser la question des rapports de la couleur abstraite : le violet, et de la plante concréte : la violette qui peut être de couleur blanche. À quelle époque s'est réalisée cette distinction entre la couleur et la plante ? Quant à «mauve», il n'y a pas de doute, c'est à la fois une plante et une couleur.

1. Et Haudricourt ajoute en aparté : «un bla bla bla philosophique.»

Les plantes, on a commencé à les voir en 1502. La première plante dessinée correctement fut la luzerne[2], dessinée par Albert Durer. Auparavant les gens ne savaient pas dessiner, ils ne savaient pas voir ; on dessinait rapidement sur les marges du manuscrit...

Je ne sais pas ce qui est le plus intéressant de voir dans une plante, si c'est les couleurs ou autre chose ; il me semble évident que c'est à partir du moment où l'on a dessiné les plantes qu'on a pu les reconnaître et les décrire. Alors, à ce moment-là on s'est aperçu que dans les classifications ni la couleur ni les odeurs ne sont importantes. Les Américains appellent le seringa *mock orange*, c'est-à-dire, oranger moqueur parce que – et c'est tout à fait exceptionnel – elle ne sent rien. À noter : les fleurs qui ne sentent rien ne sont pas célèbres. Par ailleurs, la rose ne sent pas toujours la rose ; certaines roses sentent la pomme… Les botanistes ont fabriqué un vocabulaire à partir de la forme des feuilles : la feuille est allongée ou recoupée, en morceau, mais nullement à partir des odeurs.

Lamarck[3], surtout connu pour ses travaux sur l'évolution, est le premier à avoir fait une flore de France en français, c'est-à-dire à présenter une traduction de tous les noms latins en français. Nous disposons ainsi d'une chronologie[4] sur la dénomination des plantes. Dans cette flore on relève toute une famille de plantes reconnaissable à l'odeur : la famille des lamiers comprenant les menthes, les romarins, les lavandes etc. Aucun botaniste ne tient compte de ça. Ces plantes ont une odeur bien caractérisée qui néanmoins n'entre pas dans des tableaux comme les couleurs ou la géométrie... Alors comment réaliser des descriptions convenables ? Cette question soulève un problème pratique, et non pas d'ordre philosophique...

Que faire ? Mettre une odeur dans un flacon avec une étiquette pour désigner cette odeur ? Pratiquement on peut dresser un tableau des couleurs avec le rouge, le rose etc.

En ce qui concerne les odeurs, si nous prenons l'exemple de la flore française, il y a des choses très amusantes : l'ail, légume connu de tous, a une odeur épouvantable bien caractéristique qui permet de caractériser des plantes par ailleurs très peu semblables : l'ail, quant à lui, appartient à la

2. Haudricourt signale qu'il a fait cette constatation en compagnie d'un ami, mais nous ne saurons pas lequel…

3. Haudricourt avait apporté cette flore de Lamarck et la fit circuler dans l'assemblée.

4. Haudricourt souligne l'importance de l'histoire des classifications.

famille des alliacées et l'alliaire à celle des crucifères.

Inversement, la bonne odeur du citron n'intervient dans la dénomination de plantes de la famille des citronnelles comportant une vingtaine de plantes telles la mélisse, la verveine sauvage.

Est-ce parce que les odeurs sont trop diversifiées que l'on n'arrive pas à les intégrer dans les classifications ? Pourtant l'odeur dans un herbier ne se consume que peu à peu, alors même que la plante peut être engloutie entièrement par les insectes[5]. Par contre les noms communs sont souvent basés sur les odeurs comme l'ail de l'ours, l'alliaire [...], alors que le botaniste les évacue complètement [...].

Dans les langues d'Océanie, appeler par un même nom une fougère et un arbuste ne relève pas de la folie [...] : les odeurs rassemblent ces plantes [...].

Ces problèmes ne se posent pas seulement aux «ethnotrafiqueurs» ; ce sont des problèmes généraux et importants qui ne sont pris en compte ni par les polytechniciens ni par les philosophes[6].

Et il faut distinguer la botanique concernant les champignons et la botanique concernant les plantes. Dans le domaine des champignons, vous avez le champignon qui sent la vanille ou qui ne sent pas la vanille.

Les odeurs de champignons en revanche n'ont aucun rapport avec les odeurs des plantes ou des animaux.

[...] [7]

En Océanie, en général, les plantes qui sentent l'ail sont des alliacées, ça permet de distinguer un peu la famille.

Discussion

Rey-Hulman : Mais en fait si les botanistes n'ont pas utilisé le critère d'odeur, par contre, les odeurs sont définies par des plantes, l'odeur

5. Cette partie est difficilement audible.

6. Et il ajouta ; «c'est pas étonnant qu'ils aient étouffé les projets de science à la naissance»

7. Le passage suivant est transcrit ainsi : «C'est une des choses les plus amusantes pour le débutant. On vous dit : «sentez-le»: ça sent l'ail. Ça ne sent pas l'ail... vous avez des arbres qui sentent l'ail. Haudricourt indique ainsi que l'odeur d'ail d'un champignon n'est pas comparable à ce que l'on désignerait aussi comme odeur d'ail pour une plante ou un arbre... C'est en quelque sorte une classification interne par analogie : on transpose les odeurs des plantes dans le groupe des champignons.

alliacée, l'odeur de menthe, l'odeur d'anis. Les plantes ne pourraient-elles pas aussi être définies par l'odeur ?

Haudricourt : Ca dépend ce que vous avez défini [...] Quand une petite ombélifère et un champignon ont la même odeur d'anis, vous dites une plante [...] mais est-ce un champignon, ou un petit arbuste ? L'anis, c'est une odeur que tout le monde connaît, c'est l'odeur du Pastis !

Rey-Hulman : Une odeur fabriquée [...]. Justement, est-ce que finalement ce ne sont pas les odeurs que l'on peut reproduire qui ont été retenues, alors que, inversement, les odeurs de la nature sont nommées par d'autres odeurs. Par exemple, la vesse-de-loup, c'est en fait un champignon qui pue comme un pet, synonyme de vesse, quand on l'écrase.

Kabakova : En Russe, la liste des plantes où figure le terme puant est la plus longue de la taxinomie végétale...

Haudricourt : Vous avez des plantes très faciles à repérer par leur odeur fétide, ce sont les strophariacées, c'est pas indiqué dans les bouquins où alors ils disent «fétide» ; fétide c'est péjoratif, le *phallus impudicus* est fétide mais ce n'est pas l'odeur fétide des strophariacées... Mais le classique c'est la coriandre... Si vous l'écrasez ça sent bien la coriandre, mais si vous la séchez, ça ne sent plus la même chose et ça sert comme condiment dans la cuisine orientale.

En fait les odeurs changent tellement qu'il est difficile de les déterminer d'une manière fixe.

Références bibliographiques

LAMARCK J. B

1777-1778 *Flore française*, ou description succincte de toutes les plantes qui croissent naturellement en France, dispensée suivant une nouvelle méthode d'analyse par M. le Chevalier de Lamarck. Paris, Imprimerie royale, 3 vol.

Le nez d'Alcofribas Nazier

Christine Escarmant

Chez les mammifères «L'odorement (est) l'esprit qui passe depuis la raison jusques aux nazeaux»
(Amyot, Opin. des philos., *IV, 21)*

Si l'âme résidait en la glande pinéale, ses esprit, portrait, force d'images, n'en trouvaient pas moins logement au promontoire magistral du visage, le nez ! excroissance sans laquelle ne se peut vin et rôties humer, ni Dive Sapience goûter et savourer.

C'est donc des vertus du nez que nous aimerions disserter, nez avec lequel François Rabelais, *alias* maître Alcofribas Nazier, abstracteur de quinte essence, ne se fit point faute de blasonner son nom, afin de masquer quelqu'apparence et ainsi berner le lecteur, comme ces damoiselles qui voilent leurs vertus et leurs regrets derrière leur «touret de nez» (*Cinquième Livre*, XXVI[1]).

1. Toutes les citations de Rabelais – textes en italiques, mots entre guillemets – sont empruntés à l'édition de ses œuvres complètes réalisée par Mireille Huchon, 1994.

Au rebours, le livre d'Alcofribas Nazier n'est-il point scellé à la même enseigne que le nez pointu de Socrate[2] ? Lequel orne de ses grimaces les boîtes siléniques et présage ainsi des drogues précieuses en icelles contenues, drogues musquées, ambrées, embaumées, que le goûteur y respirera, tel le chien dont le museau est élaboré à perfection de nature[3].

Le nez, d'ores et déjà un membre prisé à la hauteur de son manoir, enseigne que le mot doit être «à plus haut sens» interprété, et il évalue, par sa forme et longitude, le cynisme du narrateur, sa capacité philosophique et sa sagacité d'esprit caustique, qui troublent la *doxa* de leur paradoxal raisonnement.

Le lecteur «anagnoste» musarde le sens dans la musette de l'écriture, son nez fouine dans les sinuosités du texte, dans ses sillons et dans ses trames ourdies des songes à venir, il «fleure ces livres de hautes graisses», tandis que l'auteur respire à plein nez de son désiré «piot», son nectarique «hélicon», en buvant, en mangeant, et surtout en écrivant. L'odeur du vin s'apprécie comme un bréviaire qu'en toute occasion l'auteur nous enjoint de humer (avaler et respirer) par les subtils conduits, l'alambic du sens, «les mets et des mots» évaporés de la tradition symposiaque.

La quinte esssence extraite du livre en fleur de prime vère sera distillée par le nez jusqu'au cerveau «caséiforme», éther alchimique des étoiles et leur *anima* aux dires d'Aristote. La cinquième essence est donc

2. La forme du nez socratique est modifiée par Pic de la Mirandole et par Erasme dans ses Adages (Sileni Alcibiadis, III, II, 1, texte latin : *nares simae*). En effet, le nez camus est, à la Renaissance, synonyme d'entendement peu développé, or dans le Théétète, 143 e, un adolescent est comparé à Socrate : «Il n'est point beau : il te ressemble, et pour le nez camus et pour les yeux à fleur de tête». Un Socrate à l'entendement divin se devait d'avoir le nez long !

3. Le développement sur la mœlle du chien dans le prologue de Gargantua s'inspire explicitement de La République platonicienne. Le flair du chien en fait la bête la plus philosophe du monde, de même que, dans la tradition antique, il sera le symbole de l'herméneutique et de la dérision cyniques. Il est intéressant de constater par ailleurs que la recherche de la mœlle est une métaphore utilisée par la tradition judéo-chrétienne pour désigner l'essence cachée des écritures, mœlle sous l'écorce des mots que la kabbale associe au sperme et l'hermétisme à la matière stellaire.

4. Images de l'écriture et de la lecture abondamment exploitées dans le prologue du Tiers Livre : l'activité d'écriture est proprement une activité gastronomique consommant les cinq

sise en cet «entonnouer» qui entonne la boîte parfumée du livre[4], «entéléchie» opérative du vin et du sens gallant et voltigeant, confection du docteur en gaie science et en désiré savoir.

Le pseudonyme des deux premiers livres (Alcofribas Nasier) associe l'alcool et son fleuron, sa frondaison chimique et le mirifique membre de copulation sémantique, antique apanage des gens bien «nez» en cuisine, des écrivains, des poètes, et des philosophes-artistes. Ecrire, n'est-ce pas faire œuvre de cabale gastronomique, phonétique et littérale ? François Rabelais n'aurait d'autre projet que de «mettre à bouillir pour les massons», afin de «bâtir pierres vivantes, ce sont hommes»[5], comme Panurge, l'Hermès volubile d'un univers endetté.

Lire, pareillement, c'est incorporer les fumets et les «preceptions» par la bouche (*Cinquième Livre.*, XLV), c'est reconnaître et apprécier les saveurs culinaires du barillet. Les nouvelles Evangiles de Maître François, telle la Sainte Ecriture, sont un plat de viande pour les vivants, offerte à tous, afin que l'on sache bien la couper et l'apprêter, l'écriture, comme démangeaison, et la main, ce qui la porte à la bouche, ainsi :

> «La poésie est l'art d'assembler les mots de façon à permettre à l'esprit de mordre dans les notions (dans le fond obscur des choses) et de s'en nourrir.
> L'art de traiter et d'assembler les paroles de façon (par mimétisme) à permettre à l'esprit de mordre dans les choses et de s'en nourrir. Il ne s'agit pas tant d'une connaissance que d'une assimilation.
> D'une assimilation à leur mystère. Que l'un se révèle à l'autre dans l'acte de vie.
> Qu'ils se soient mis ensemble dans les bras de l'espèce (de la mort et de la vie), et perdu ensemble l'esprit, perdu la tête au profit de la (résurrection) régénération des corps. (corps verbal)» (Francis Ponge, 1977 :93).

sens. Le vin des mots, humé par l'écrivain qui compose comme un bâtisseur de sens, détient toute vérité de vin-devin-divin.

5. Prologues du Tiers (p. 350) et du Cinquième Livre (p. 727), et paroles de Panurge dans le Tiers Livre : l'écrivain engendre spirituellement ses lecteurs, fils de son souffle, tel le Christ confiant la construction de son Eglise à saint Pierre, sur un jeu de mots hébraïque, aben, pierre = ab (le père) + ben (le fils), jeu transmis à la kabbale chrétienne, qui retrouvait également le nom du père (ab) dans le mot «kabbale».

Le nez, en sa diligence, fonde alors certains mots panomphées célébrés par la dive pontife Bacbuc, il bourgeonne au gré de ses diverses fécondations dans les sillons du texte, et il y dissimule le nom odoriférant de l'auteur, pour cuisiner un hachis, un salmigondis, une farce ou un pastiche, tous mots rabelaisiens désignant par métaphore la cuisine et la coction du texte, la faveur d'écriture, la vertu de jactance de la pensée : les paroles éloquentes sont humées, nez en l'air, avant même d'éclore telles paroles dégelées (*Quart Livre,* LV), et le nez est pourvu d'ailes afin de se gonfler de leurs humeurs célestielles.

Ainsi, frère Jean des Entommeures (entommer comme le chien les entommures, *i. e.* le hachis, et entonner le tonneau du texte) sait orner son langage de «rhétorique ciceroniane», et son nez, dont il est bien «advantagé», vaut bien à lui seul tout un chapitre et une glose :

> *– Pourquoy (dist Gargantua) est ce que Frere Jean a si beau nez ?*
> *Par ce (respondit Grandgousier) que ainsi dieu l'a voulu, lequel nous faict en telle forme et telle fin, selon son divin arbitre, que faict un potier ses vaisseaux.*
> *Parce (dist Ponocrates) qu'il feut des premiers à la foyre des nez. Il print des plus beaulx et des plus grands.*
> *Trut avant (dist le moyne). Selon vraye Philosophie monastique, c'est parce que ma nourrice avoit les tetins moletz : en la laïctant, mon nez y enfondroit comme en beurre, et là s'eslevoit et croissait comme la paste dedans le met. Mais, guay, guay ! ad formam nasi cognosticur ad te levavi... Je ne mange jamais de confitures. Page à la humerie. Item, rousties ! (Gargantua, XL).*

La première qualité du nez est en effet de receler en son double orifice une série de calembours polyglottes, d'anagrammes, d'équivoques, figures de grammaire et de rhétorique, qui fonctionnent dès les premières pages du livre, puis se dispersent çà et là dans le texte, pour que le lecteur sache user de son désir, lunettes au nez et puce en l'oreille, comme Panurge, hâté par l'appétit de concupiscence.

Le nez conserve des mémoires minuscules, langues éclatées, voix, images, récits délectables, proverbes, dictons, saveurs d'une combinatoire mimétique, dont la capacité végétative, naturelle, s'apparie avec celle d'un membre plus inférieur, mais néanmoins tout aussi fécondant, et auquel il emprunte assiette, forme et pouvoirs germinatifs, d'après les traditions populaires et néanmoins savantes, avec leur écho propagé auprès des prosateurs et des poètes. Entre ces deux membres où le souffle gonfle de son pneuma le corps humain, le rapport de proportion figure deux formes ithyphalliques que Laurent Joubert, en son temps, tentait d'extirper des croyances populaires. Ambroise Paré étudia également cette imparable concomitance, lui, le chirurgien des nez royaux à la plasticité si éloquente[6].

Le premier chapitre du premier livre gigantal oblige le lecteur à se «ramentevoir» la généalogie de Pantagruel, inaugurée par le meurtre d'Abel, dont le sang produit en terre les «mesles», forme dialectale de «nèfles» qui se doivent renifler ici : mesles goûtées comme Noé humant la joyeuse liqueur, et dont le nom, en antique langue française, consonne à «né», «noe» (marécages). Toute personne de ce temps se repaissant de mesles, voit ses membres gonfler et allonger par son souffle maléfique. Enflures déjà productrices de vocables et d'histoires, les mesles provoquent souvenances de crimes, mélanges peu ragoûtants, *mela*, *malum*, la pomme au commencement, en sa forme originaire de figue, autre fruit possible de l'arbre inter-dit édénique, autre excroissance du mot miri-male-figue.

Né(z)-en-moins, la généalogie pantagruélique est marquée à la naissance de son histoire par des faits bien étranges, et Rabelais de souligner :

> *Je trouve par les anciens historiographes et poëtes que plusieurs sont* ***nez*** *en façons bien estranges, que seroyent trop longues à racompter (Pantagruel, IV).*
> *Es aultres tant croissait le* ***nez*** *qu'il sembloit la fleute d'un alambic, tout diapré, tout estincelé de bubeletes : pullulant, purpuré, à pompettes, tout esmaillé, tout boutonné et brodé de gueules. Et tel avez veu le chanoyne Panzoult et Piédeboys, medicin de Angiers ; de laquelle race peu furent qui aimassent la ptisane, mais tous furent amateurs de purés septembrale. Nason et Ovide en prindrent leur origine, et tous ceulx desquelz est escript : «****Ne*** *reminiscaris» (Pantagruel, I[7])*

6. Il s'agit d'une vieille histoire qui titillera encore notre siècle (*cf.* W. Fliess).

7. C'est nous qui soulignons.

Avant le déploiement des généalogies gigantales, la mention de «Nason et Ovide», au nez amphigourique, évoque le «bien né» *Ovidius Naso* (tout autant qu'elle peut bien entendu suggérer «Nasier» et «Ovide»), grand inspirateur de Rabelais, et littéralement «œuf divisé nasé». Les étymologies médiévales perpétuent les métamorphoses de ce nom qui illustre la capacité d'écriture, la sagacité, l'ingéniosité de recherche, à la quête du savoir suprême : que savent femmes qu'hommes ne peuvent pas[8] ? «*Ovidius quasi ovum dividens*», «*Naso a qualitate nasi*» (Demats, 1973 : 160-162).

Le nez ovidien, signature arrogante et inévitable, dénote les qualités suivantes : connaissance, intelligence, discernement («deviser», «diviser») des justes proportions du monde («l'œuf»), pouvoir de le dépecer de ses quatre éléments jusqu'à la mœlle (*medullum*, le jaune igné) qui est matière de feu, inspiré du compost des étoiles. La relation entre l'œuf ovidien et l'os rabelaisien est confirmée par les appellations ovidiennes : *canis sagax*, *canis venaticus.* (Demats, 1973 : 160-161) et si la philosophie se distingue par un flair particulier de la pensée, le museau canin caractérise aussi le blason des Romains que la tradition interpelle sous l'expression de *Nasicane* (Ugolini, 1982 : 94-95).

Certaines interprétations burlesques évoquent «la «figue au fondement» (jeux sur *ovidius odorificus*, *odorinsecus*), autre emblème priapique que l'on retrouve, entre autres, au chapitre XLV du *Quart Livre* : la mule Tachor («hémorroïdes» en hébreu) possède un «fyc au fondement», et délivre de male mort ceux qui peuvent le lui ôter, criant : «*Ecco lo fico*». Les géants sont nés d'avoir mangé des nèfles qui ressemblent à des couilles, qui ressemblent à des bourses, qui ressemblent à des nez boursoufflés, qui ressemblent à des figues, dont les feuilles couvrent les couilles, et qui, chez les Italiens, ressemblent au singulier, à la nature de la femme, *fica*, ou la première couille qu'Eve avala pour s'en pourvoir : une figue en bas, deux figues en haut, et deux nez qui pointent, deux belles bourses laiteuses que sucent avidement les deux louveteaux de Rome, ainsi l'atteste Ennius[9].

8. C.Thomasset, *Le héros chez les femmes,* travail inédit.

Le nez et la figue sont alliés dans l'histoire de l'âne sycophage, mais surtout superbement illustrés dans la tradition verbale des académies italiennes, notamment La *Figuéide et la Naséade* d'Annibal Caro édité en 1538[10] qui a pu inspirer Rabelais. *La Naséïde* de Bérenger de la Tour édité en1556 reprend presque trait pour trait la fiction d'Annibal Caro. dans son *harangue au président des Virtuosi.* Ce texte est dédié «au grand Roy Alcofribas Nazier» dans les deux éditions de 1556 et 1558. Là sont loués les nez impériaux, ceux de Cyrus, ceux de Nabuccodenazor, ceux de Priape, de Silène, de Pan, d'Ovide, d'Heliogabale, tous personnages rabelaisiens, auxquels on ajoute les nez royaux de François 1er et de Charles Quint. Le nez et la figue se disputent les premiers honneurs auprès des impétrants de l'Académie, membres aux antipodes l'un de l'autre, mais tout aussi sexués et complémentaires, couilles et pénis emblématiques du corps humain. Le bois de figuier devient bon harnais de couille et de nez au combat vénérien, et Moïse, affirme Rabelais,

> *se arma d'une brave et gualante braguette, faicte par moult belle invention de feuilles de figuier, les quelles sont naïfves, et du tout commodes en dureté, incisure, frizure, polissure, grandeur, couleur, odeur, vertus et faculté pour couvrir et armer couilles (Tiers Livre, VIII)*

Les figues, fruits de la culpabilité, désir couvert et tabou du désir, gardent le souvenir du péché de gourmandise (péché de bouche), comme mesles signifiant péché de meurtrissures au temps d'altération.

Nabugotdonosor (ou Nabuccodenazor, «grande bouche», «grand nez»), possédait, dit Annibal Caro, un garde-nez prestigieux, protégeant des coups (les nazardes) en temps de guerre. La légende rapporte que c'est finalement un rabbin et un juif converti qui le récupérèrent, lesquels juifs, par ailleurs, sont affublés d'un préjugé important, un nez «aquilin», écrira, par exemple, Reuchlin dans son *De Verbo mirifico*, logos kabba-

9. «Ecco lo fico» est le titre d'un article du *Bolletino del comitato dell' Accademia nazionale dei Lincei*, écrit par un pantagruéliste romain, grâce auquel nous savons enfin que la figue, c'est le début de l'humanité, le fruit par lequel la voie lactée nourrit de son sperme blanc la fondation de Rome (Todini, 1976 : 114 -121)

10. Merci à F. Giacone de nous avoir fait profiter de son travail inédit sur A. Caro et Rabelais.

listique qui n'échappe pas, lui non plus, à l'emprise du premier mot de la figue, «fico».

Rabelais reconnaît également aux docteurs du Talmud la capacité formidable d'engendrement. Le roi de Babylone est transformé en chien, et son chef de la garde royale, Nabuzardan, est un excellent cuisinier d'andouilles. Niphleseth, la reine de la gent andouillique (*Quart Livre*, XLII), est un mot hébreu altéré (signifiant «membre viril», «idole provoquant le rire»), qui réinjecte au récit à la fois le souvenir des mesles (ou nèfles), le nez priapique, la corpulence atavique de la race damnée de Seth, à laquelle appartient Mélusine, autre nymphe scytique (ou sethique). Le mot peut se diviser en «nèfles-seth», «nèfles au fondement», le mot «seth» signifiant en hébreu «fondement», «anus», tel que le rapporte Guillauame Postel. Cette race diabolique est issue de la lignée des géants déchus, les *Nephilim*, Rabelais ne les nomme pas en alignant les noms des géants, ancêtres de Pantagruel, mais il suffit de lire la Bible, de faire fonctionner sa mémoire «cabalistique et culinaire», pour se «ramentevoir», au goût des mesles magiques qui impriment à jamais la marque du crime sur le corps des géants, que les *Nephilim* (les géants néphlés) proviennent en effet de «la nation du grand meslage» (les gens meslés). Les chapitres XXXI à XLIII du *Quart Livre* font agir la «mentule «de quelques mots, dont l'observance rigoureuse et cratylienne permet aux vocables d'évaporer leurs propres réminiscences intra et extra-textuelles, «au goût et à l'imagination» des lisants à gré, en panta-grué-lisant :

> *Ces fils de Seth feirent une confusion et meslage d'une bonne race avecques une mauvaise dont vindrent les Nephilim, geans ou nobles, qui causèrent le déluge universel sur toute la terre (Le Loyer, Spectres, III, 1)*

Le mythe et la fiction linguistique s'inscrivent dans la toponymie du Poitou, pays de Mélusine, la reine «meslée», puisque ses habitants descendent des Incubes et des Succubes, descendance féerique et damnée comme l'est la châtellenie de Melle, dont est natif Jean Thenaud. Les Nephilim, nation du grand Mélange, sont une référence de la littérature kabbalistique, notamment dans le *Zohar*. Voici comment on les retrouve dans le texte rabelaisien : les enflés du corps, race pantagruélique, ont échappé au déluge, sans doute grâce à Hurtaly, ou Og, roi de Bassan, «beau mangeur de soupe», autre bon renifleur andouillique, et dont le nez ainsi doué, permet désormais d'échapper à la noyade ; ceux qui ont nez comme Panurge («nez aquilin à manche de rasouer»), ou comme frère Jean, ont nez de humeur et buveur de vin qui conserve leur âme, nez bien pamprés de quintessence ignée pour ne pas mourir noyés :

> *Ha ! ha ! (dist le moyne) serois je en dangier de noyer, veu que suis en l'eau jusques au nez ? Non, non, Quare ? Quia elle en sort bien antidoté de pampre, O mon amy, qui auroit bottes d'hyver de tel cuir : hardiment pourroit il pescher aux huytres, car jamais ne prendroient eau. (Gargantua, XL).*

Qui a beau nez il ne se naye, car il a une âme bien «naie» qui brûle dans la nauf du nez, et se peut renaître à l'exemple du phénix, tel Alcofribas Nasier le proclamant au début du *Quart Livre*. Certains nez ont donc vertu de doter l'homme d'éternité, comme «ces beaux et longs narrés» (récits nasifiques), belle mentule et «amalgama» de mémoires passées, présentes et à venir, qu'un nez d'auteur plus court eût rendues plus basses à la perpétuation de l'histoire et de l'espèce pantagruélique. Les bien nasés (et les bien narrés) ont souvent fortes dents pour dépecer le texte de ses écorces, pour lire les «Chronicques» pantagruéliques, que nous tenons, par «colliguance» et accouplement [11] des deux mots «crocs» et «nique», les crocs du chien herméneutique qui fait «nique-noque» au lecteur !

Au contraire, les «ennasés», au «nez en as de treuffles», en leur île Ennasin (*Quart Livre*, IX) sont gens oublieux de leurs ascendances, castrés du nez, et sont donc obligés de s'entr'accoupler en perdant leur mémoire «chronilogique», et en partageant le sort des Chats fourrés qui ont nez camus (*Cinquième Livre*, XI). Il existe une cinquième terre caïnite, habitée par des nains, à très courte mémoire, car ils n'ont pas de nez, et leur terre s'appelle en hébreu *Neshiah*, «oubli» aux dires des «doctes rabbis gaillar-

11. Le calembour sur *mens* et *mentula* est une figure de rhétorique proprement mnésique, «symbolisation et colliguance» de deux mots rattachés, comme indiqué au prologue du Quart Livre. Le nez, lié à d'autres mots, propose les mêmes fonctions interprétative et copulative.

dets couillaux et cornemusards», ainsi les blasonne Rabelais quand il évoque les paroles de la tradition juive (L. Ginzberg : 114) [12].

Le nez, réceptacle d'engrangement du temps, devient un cadran solaire pour mesurer l'heure en l'autre monde, sous la plume de Cyrano de Bergerac, autre nez célèbre. Les nez camus bâtissent les eunuques, les grands nez honorent les membrus et font enseigne d'homme «spirituel, prudent, courtois, affable, généreux et libéral, et (...) un petit (nez) est le bouchon des vices opposés» (Cyrano de Bergerac, 1970 : 107). Les compagnons de la Dive hument le temps qu'il fait pour hausser les voiles des navires et dresser les tables du banquet. Boire vin, c'est aussi «faire réparation de dessous le nez», et c'est tenter de déchiffrer l'énigme du «gros, gras, grand, gris, joly, petit, moisy livret, plus, mais mieulx sentent que roses» (*Gargantua*, I) :

(...) chascun mouche son ***nez****,*
En ce gueret peu de bougrins sont ***nez****,*
Qu'on ***n'ait*** *ber****né*** *sus le moulin à tan (Gargantua, II).*

Jeux de nez par propagation séminale

Diversement apparié, le nez excite en effet à l'alliance babélique et gastronomique, il surveille la préparation des aliments du langage et jauge subtilement de leur taille et coupure («Tmesis», en termes de rhétorique culinaire, comme «foul-teur», Cinquième Livre, XXVIII), avant leur cuisson dans le «flac-con» narratif ; car la préparation sémantique est aussi un *ars belli*, comme il est disserté en temps de guerre andouillique.

Le nez est père en onomastique, de même qu'il balise la géographie rabelaisienne : La Devinière près NAYS (lieu natal de Rabelais), CINAY, SINAY (en Chinonnais), et le mont SINAI, (fouaciers de) LENNE, LERNE, LonqualNAY, SaiNARS, isle ENNASIN, isles e NARgues et Zargues ; et la mention, intéressante pour notre propos, de la paroisse NIZIER, à Lyon, où Rabelais aurait logé en 1532. La liste continue avec les noms de personnages : Alcofribas NAZIer, ENAY, AENAS, ENAC, NAZdecabre, HommeNAZ, BrigueNARilles, HUMEvesne, NAbugo-

12. Ce terme hébreu *neshiah* se retrouve par exemple dans les *Psaumes* 88, 13

doNOZOR, NabuZARdan, NEADE, NEARIN, NEARE, NERein, NEEmanin, NIPHLEseth, NERAtius, ANAgnostes,...

Le nez stimule le sentiment des exhalaisons du sens, celui des drogues siléniques, la senteur de roses du livret des Fanfreluches antidotées, le «parfunct de naveau» énigmatique, les humeurs de la braguette, l'exaltation du vin et du bréviaire («et diables de humer : Her, tringue, tringue»), le parfum des vesses, et le lac puNAY de la Sorbonne, le «vaporement embreNE qui sort des abysmes depuis n'agueres» de Pantagruel, le flair du conteur pour NARRER et entrer en propos.

Le nez est l'archétype par anamorphose du sexe, de la figue, de la dille, du manche de la cognée, de l'andouille, de la queue serpentiforme, de la vis du «flaccon» («qu'on feist de votre nez une dille pour tirer un muy de merde» *Gargantua*, XII), il est comme «un brodequin abté en escusson», ou a les narines «comme un béguin».

Le nez toutefois éternue pour épurer les naseaux de la morve et devient orifice oraculaire quand NAZdecabre (nez de chèvre), parlant du nez, frottant celui de Panurge, invoque le démon socratique et évoque l'issue du mariage, «selon la doctrine de Terpsion» (Plutarque, *De Genio Socratis*, XI, 581 b). Par ailleurs, ce devin-né (né de vin, devin et divin on devient), muet de naissance, aura «une metaierie près CiNAYS» (*Tiers Livre*, XX), et festoiera «d'un banquet de NAZARDES, entrelardé de doubles chiNAUdes». Aux chapitres XV et XVI du *Tiers Livre*, l'éternuement féconde une série de calembours sur le modèle de (se) moucher : mousches, desmoucher, «*un bon esmoucheteur, qui, en esmouchetant continuellement, esmouche de son mouchet, par mousches jamais esmouché ne sera*». Et encore :

> *En un aultre, il avoit tout plein de Euphorbe pulvérisé bien subtilement, et là dedans mettoit un mouschenez beau et bien ouvré, qu'il avoit desrobé à la belle lingère du palays, en luy oustant un poul dessus son sein (...) Et puis tiroit son mouschenez, disant : «Tenez, tenez, voyez en cy de l'ouvrage ; elle est de Foutignan ou de Foutarabie» et le secouoit bien fort à leur nez, et les faisoit esternuer quatre heures sans repos (Pantagruel, XVI).*

Toujours emblème du membre viril qui émouche sexe de femme, ou qui leur fait la nique, le nez connote les farces enfantines, diablotines, lesquelles «feront rire le peuple et les enfants, qui, maintenant, ont fréquemment le nez acéré» (*Lettres médicales de Manardi*) ; sans doute sauront-ils arguer avec les mains et le nez comme Panurge et l'Angloys, qui «*mist le poulse de la gauche sur le bout du nez, fermant le reste de ladicte main*» (*Pantagruel*, XIX), ou bien «faire la figue au pape» (*Quart Livre*, XLV), autre manière obscène de narguer en silence. Ainsi, le nez est-il forme et geste d'un langage masqué et provocateur qui relève des jeux de foire, de la comédie, et de la grimace. Membre parlant qui rit ou sourit, tel Couillatris, ou sert à éteindre les cierges, «comme au jeu de fouquet», à moins qu'il ne soit froncé par une sorte de cresson, le «nasitort».

Le parler nazard

Apte à manier les «topiques», le nez est machine à fabriquer les «équivoques», en toutes langues entendues, et à fonctionner comme signe anamnestique (*Pantagruel*, I).

- *Ne reminiscaris, natus, nasus,* né, nez, nais-sance, etc.
– Anagrammes latents entre asne (*asinus*), âme *(animus*), naz (*nasus*)
– Calembours : «Pillules qui sentent si bon (je dis ante cibum)»
– Les *joca monachorum*, tradition des plaisanteries ecclésiastiques, comme l'antienne *Ne reminiscaris delicta nostra*, qui est entonnée avant et après les sept psaumes pénitentiaux et rappelle les facéties verbales du XVe siècle tel de texte de Marcel Schwob :

«Aminabab, qui procrea Naason,
Et Ne quando, qui nasquit tost après,
Ne advertas, a la rouge toyson,
Est asseuré, comme Ne revoces (...)
De Ne simul et Ne tardaveris.
En ce conflict vint Ne tradideris. (...)
Lors Ne memineris...»

– Le nez de frère Jean, évoqué tout à l'heure traduit son bel appétit de pistolandier, car filles en vue, et le voilà «hannissant» du bout du nez comme prest à roussiner ou baudouiner pour le moins et monter dessus» (*Quart livre*, LII, LIII et LIV). Qui a vu le nez de frère Jean connaît les échauffements de son membre : «*Ad formam nasi cognoscitur ad te levavi...*». Rabelais pastiche ici le début de plusieurs psaumes (*Ad te levavi oculos meos*), tel le psaume CXXII, et après Martial, Juvénal, Horace et Héraclite, Caelius Rhodiginus écrira :

> *Dicuntur Nasati, ut Lampridius advertit, viriliores, ac belle autoniati* (L. Ricchieri dit C. Rhodiginus, *Antiquarum Lectionum*, XIV, 60).

La dureté et la longueur du nez à proportion de la dureté des seins (*ad mensuram suam legitimam*, écrit Sterne) qui allaitent déjà, comme précisé plus haut, est une topique des croyances de la littérature populaire : citons Bouchet, *24e Sérée*, *Des nourrices*, Bonaventure des Périers, *Nouvelles récréations et joyeux devis*, Erasme, et son *dialogue entre Pamphagus et Coclès*, où il est doctement disserté des différents usages des longs nez, avec des calembours analogues à ceux de Rabelais (*jocularia de oblongo naso*) :

> Pampahagus, – *Age, novi nasum.*
> Coclès, – *A mihi prae te nasus est nullus.*
> Pamphagus, – *Imo nihil te nasutius. Nihil es nisi nasus.*

C'est donc là un leitmotiv, un signe de ralliement littéraire, qui utilise le nez comme emblème de la création littéraire, de la faconde, de l'imagination et des phantasmes que Shakespeare, dans *Roméo et Juliette*, fait naître du nez grâce à la reine Mab, l'accoucheuse des fées et des rêves (tirer les rêves versifiés du nez...). Devise du rire, de la jonglerie verbale, de la plaisanterie[13].

Parler du nez, c'est latiniser par monosyllabes comme les frères Freudons, «c'est marmonner à grand renfort de légendes et pseaulmes nullement par eux entenduz», ainsi : «Ini nim, pe, ne, ne, ne, ne, ne, ne, tum, ne, num, num, ini, i, mi, co, o, ne, no, o, o, ne, no,...».

---

13. On peut rajouter à cette liste la comptine enfantine chantée dans *Huit et demi* de Felini : *Asa Nisi Masa.* (Note des éditeurs).

Les moines ont grand nez et sont tous «estonnez» comme fondeurs de cloches, chiens qu'ils sont à humer la dive Sapience, «C'est bien chien chanté», renchérit frère Jean (*Gargantua*, XXVII).

– N'oublions pas les multiples sonorités de nez qui fructifient dans le réseau du texte et qu'un lecteur niais, «anagnoste», (car la naïveté est une qualité de lecture) sait identifier à l'écoute de sa propre criée (le lecteur anagnoste lit à haute voix) dans la mesure de sa mémoire de chien, et des mots qu'il aura avalés et hachés (entomnés et entonnés). Un autre texte produit alors ses îles sémantiques, enfin émergées de l'océan du livre, au cours du périple à travers les langages et leurs énigmes : nyais, naïf, naffe, nargue, narré, nauf, navette, nique noque, ne, ni, né, nenny, nay, sonné, renye, noyer, noier, nayer, néant, naz, nas, nectar, denare, entonné, nèfle, fleur, fleurer, escornifler, (champ lexical du flair), tournay, lanternoys, sans omettre les probables jeux polysémiques sur quinte (de toux), enrhumer, enrhimer, rithmer, moucher, (champ lexical de l'angoisse et du souffle), et les calembours sur œuf (*ova*) et neuf (*nova*).

Le lecteur à la recherche des racines panomphées extrait alors du palimpseste les sonorités «ne», «nar-naz», «nefl», «fl», «ff», racines nasillardes et «soufflées», telles fanfreluches papillées, ces dernières émaillées dans le champ sonore et lexical de «flair-fleur-fruit», si important pour mimer à la fois le souffle sorti des naseaux (souffle de l'écrivain-plasmateur) et le phénomène de fructification des mots. Cette structure sous-jacente au récit se découvre non seulement en chaussant lunettes (voir), en usant d'ivresse glossolalique (boire, poétiser), mais encore en écoutant les mots sonner (oïr l'oyre) leurs propres oracles musicaux. Ainsi :

> *D'adventaige desormais, Ne NAIStra ped en tout SalmoguondiNOYS, qui NE ayt son renvoy vers mon NEZ* (*Tiers Livre*, V).

> *Ains crea l'homme NUD, tendre, Fragile, sans armes NE offensives, NE defensives, en estat d'INNOcence et premier age d'or, comme ANImant, NON plante ; comme ANImant (dis-je) NE a paix, NoN à*

guerre, ANImant NE à jouissance mirificque [miriFIGUE ?] *de tous fruictz et plantes vegetables, ANImant nE à domiNAtion pacificque* [paciFIGUE ?] (*Tiers Livre*, VIII).

Le contexte de ce chapitre requiert cette écoute «nasifigue» et naturelle («naïvfe») puisqu'il s'agit de traiter du bienfait de la braguette, de la protection des couilles et de la propagation séminale. Une métaphore de l'écriture est alors apparue : l'écrivain est à la fois un jardinier qui cultive les mots néflés dans les sillons (ou greffes) du texte, image édénique, et un cuisinier, fin limier, qui mélange sa farce, son hachis, de divers sons et langues, ces quelques ingrédients élémentaires, les mots panomphées.

De la docte ignorance ou des vertus rhétoriques de la négation

Le jeu sur le ne latin (et les variantes non, nei, nonne), les emplois lexicaux et syntaxiques du «ne» en ancien et moyen français (ne, ni, non, nenny, nargue, etc.) symbolisent l'art du rébus et une figure de style emblématique de la Renaissance, pierre de touche des *Jocoseria* humanistes : le paradoxe.

Le nez et son cortège de formules négatives introduit en effet la notion subversive de l'ambiguïté et de la contradiction, la perspective (ou pertuis) originale relativement au préjugé de l'opinion. L'univers eût changé, dit-on, si la forme du nez de Cléopâtre en eût décidé ainsi ; nez emblème du petit monde, grains de sable de l'histoire, et aux répercussions tant cosmiques (le nez des mesles), que généalogiques, politiques et économiques (les nez des grands rois, militaires, conquérants). Nez qui trouble la mécanique habituelle, l'ordre du monde, et Bringuenarilles de mourir étranglé en mangeant «un coing de beurre frays à la gueule d'un four chaud». Détail énigmatique et iconographique, grotesque de l'esthétique, farce de la gravité, en somme inversion traditionnelle du petit pour le grand, du fou pour le sage, de l'envers pour l'endroit. Signature du visage qui dévoile la vertu prolifique de l'écrivain accouchant des mots et des esprits ; rôle joué, bien sûr, par les boîtes siléniques (le contraire est la vérité, le paradoxe du menteur), par le changement brusque du sens d'un mot (né, nez, ne, non) broutilles de la langue (les nèfles) qui conçoivent des races d'hommes, tergiversations *pro* et *contra* d'un Panurge qui lit les oracles au sens opposé selon le décodage de références, prouvant la vanité des sciences, l'ambivalence ontologique du langage humain :

> *L'esgoussera*
> *De renom*
> *Engroissera*
> *De toy non* (T. L. , XVIII).

Le oui-non de la logique paradoxale opère une altération, une perturbation proprement diabolique de l'énigme, altération qui, ne l'oublions pas, est le pouvoir de Pantagruel, dominateur des altérés. La bigarrure de l'ambiguïté suprême, tout en métaphorisant la séduction dialectique, représente cette capacité de métamorphose subtile de la lettre, le jeu des apparences par mimétisme, comme le *qui pro quo* diabolique que craint Panurge au chapitre XXIII du *Tiers Livre*. Le nez, le masque et miroir des apparences, faux-semblant du visage, son signe simiesque (cinges et singes, babouyneries des Cinq livres qui sont à la bouche ce que le museau du chien est au nez, voir par exemple *Gargantua*, XI et XL), joue également le rôle de jargon du narquois (narguer), équivalent à celui de la basoche de Villon ou à l'argot des cagots. Il apparente le texte à une tradition littéraire et philosophique, celle des cyniques, bien sûr, celle de la théologie négative d'un Nicolas de Cues, par exemple (le concept de «la docte ignorance») ou celle du thème du *nihilo* de la Renaissance, chez Charles de Bovelles (négation et posivité du non).

La mentule du nez

Mais plus encore que ces multiples vertus ci-dessus énumérées pour le plaisir de la lecture, le nez est ce réservoir de mémoires bibliques ou originaires, à l'époque du retour aux langues-mères, aux écritures fondatrices des pères, et sous le vocable vulgaire, sous l'écorce de la langue française, la fève égoussée découvre la langue orientale, que tous les humanistes tentent de déchiffrer, que tous les cryptolinguistes s'évertuent à enseigner : l'hébreu. Parallèlement aux doctrines néo-platoniciennes, le nez vétérotestamentaire est cet organe psychopompe, premier et dernier orifice du corps à transmuter l'âme dans son pèlerinage, membre où Dieu souffla à Adam son propre Esprit (*Ruach*), traces et pouvoirs de son image et de sa ressemblance : «Il lui insuffla par sa bouche une haleine d'âme et il insuffla dans ses narines une haleine de vie» (*Genèse*, 2, 7). Siège des colères divines, feux en éruption des narines, et du principe de vie, *nephech*, en hébreu, ou «souffle», expansion des vents, âme parfumée qui s'épanche et asperge le corps, essence fumigatoire qui s'élève vers le mont Sinaï : Dieu est agréé par les odeurs du sacrifice, c'est un dieu qui sent, qui respire les graisses, les extractions essentielles des premiers nés du troupeau d'Abel en méprisant les odeurs fades de la terre offertes par Caïn. À l'origine du crime, les odeurs. Les Hébreux offraient des anneaux à leur future femme, en signe d'allégeance, anneaux d'oreilles ou anneaux de nez, appelés «nezem», boucle qui perce l'oreille de Panurge, «à la judaïque». Emblème du visage et de ses expressions, le nez biblique est aussi l'empreinte de la noblesse humaine, sa mutilation manifestant une culpabilité ou une maladie vénérienne selon les pratiques et les croyances de l'Antiquité.

Le texte rabelaisien vivifie la mémoire d'une culpabilité qui se consacre à la généalogie gigantale ; il y a des odeurs agréables et il y a des odeurs nauséabondes, ou plutôt des odeurs de remembrances comme celles du «sangréal» (sang mêlé de la race graélique), moutarde des andouilles dont l'odeur fait tordre le nez, «a qui moult tarde». Parfum des vesses et parfum des fruits du sacrifice caïnite (les nèfles), parfum du premier fruit de la première jouissance, le pêché de bouche commis par la femme Eve, la première transgression du premier interdit (ne pas manger de ce fruit-là) :

> *Aulcuns de nos docteurs disent que la premiere femme du monde, que les hebreux noment Eve, à poine eust jamais entré en tentation de manger le fruict de tout sçavoir s'il ne luy eust esté défendu. Qu'ainsi soit, consyderez comment le Tentateur cauteleux luy remembra on premier mot la defense sus ce faicte comme voulant inferer : «Il t'est defendu ; tu doibs doncques manger, ou tu ne serois pas femme.»* (*Tiers Livre* XXXIII).

Si le naturel des femmes «appete choses defendues», la persuasion du serpent qui l'incite à ce faire est d'autant plus retorse qu'elle repose sur une maîtrise accomplie de la rhétorique paradoxale. En effet, le premier discours (et le premier dialogue) proféré par une créature vivante, le serpent, (mot à consonnance nasale en hébreu qui signifie aussi «devin») établit une difficulté syntaxique non résolue par les traducteurs mais discutée au XVIe siècle par les nouvelles versions scripturaires. En français : – Il dit à la femme : «Est-il vrai que Dieu a dit : Vous ne mangerez rien de tous les arbres du jardin ?» (Genèse 3, 1). Le doute, la remise en question de l'ordre divin sont rendus ici par la périphrase interrogative, et dans la *Vulgate*, par *cur*. C'est le mot évoqué par Rabelais dans l'extrait ci-dessus. Or, en hébreu, ce mot paradoxal (et cet emploi atypique) est *af-ki... lo*, *af*, particule d'interrogation adversative ou négative («n'est-il pas... ?») qui signifie aussi le «nez» si bien que le traducteur peut lire : Il dit à la femme : «nez» ? Le meilleur vocable latin qui rendrait compte de cette polysémie macaronique, tout autant que de la complexité syntaxique de l'hébreu, est évidemment le mot «ne», particule interrogative post-posée au mot sur lequel porte l'interrogation, et qui suppose généralement une réponse affirmative. C'est bien ainsi que Vatable comprit la chose dans la traduction de la Bible : *«Et dixit ad mulierem, Etiamne dixit Deus, non comedetis ex ulla arbor horti ?»*.Et il commente :

> *«Etiamne : Videtur truncata fuisse sententia, ut post alia multa quae Serpens dixerit mulieri, subiunxerit, Etiamne est verum quod... Verti etiam potest, Multo magis miror quod prohibuerit ne et cqd. Miror Deum vos privasse magis bonis : mulo magis demiror quod dixerit vobis, Ne... ;Chaldaeus paraph ; vertit. Verumne est quod Deus, etc, quem doctiores sequitur, vertentes, Itane dixit...* (*Biblia Sacra, Latine interpretatio duplex est...*)»

Ce rapport entre le latin et l'hébreu, entre le latin et le français, et qui met en évidence le «ne(z)» problématique, est-il judicieusement voilé par les traducteurs et les écrivains de la tradition rhétoricienne et littérale ? Est-il malicieusement occulté par Rabelais qui a pu y déceler la moquerie suprême, la raillerie définitive de la race enflée et serpentiforme, faisant un «pied de nez» au Créateur ? Race inspirée du serpent qui introduit dans la création le principe de contradiction à la création elle-même et à son créateur. Le premier péché est un péché de nez avant d'être un péché de bouche. Saveurs de la maldisance, odeurs troubles de la parole ailée, ce que Rabelais pourrait appeler «l'insinuation du mot de la bouteille». Un péché de rumeurs, celles qu'un seul mot peut échapper de gangue pour forger de nouveaux vocables et auto-engendrer les mondes imaginaires qui se confondent dans le discours, puisque Eve, séduite par l'éloquence et l'audace du serpent, déforme l'interdit divin et que l'on ne peut réellement savoir de quel arbre elle a goûté.

Ainsi l'éloquence, propre de l'homme (Dieu n'a pas besoin de séduire, il dit et il fait), est-elle entachée de cette impossibilité de discerner l'erreur de la vérité. C'est sans doute une des raisons pour lesquelles le discours lui-même peut servir de racine ontologique à la race des géants du *Grand Melange* (grands mangeurs de melles), discours en hébreu qui se prononce *mila* (de *malal*, parler, dire, raconter, *milalaï*, éloquence). Dans un de ses courriers commentant les différences de traduction entre l'hébreu de la Bible, le grec des *Septante* et la *Vulgate*, saint Jérôme notera qu'une des versions grecques du Psaume 138 (parce qu'il n'y a pas de discours sur ma langue) traduit «discours» – *mala* en hébreu – par «ruse». Le choix pour Rabelais, lecteur de saint Jérôme, de cette éventuelle racine panomphée (*mal, mel*), peut s'inspirer aussi du jeu de mots qui inventera la pomme d'Adam, dont le patron des traducteurs a pu dégager pour lui la matrice lexicale. Il est clair, en tout cas, qu'il a pu piocher dans son commentaire sur les versets VI, 3 de la Genèse, pour lier la lignée pantagruélique aux géants de la Genèse, appelés *Nephilim*, les nèphles-mêlés, comme évoqués plus haut :

> *Illi erant giagantes a soeculo homines nominati. In Hebraeo habet : Cadentes erant in terra in diebus illis, id est ANNAPHILIM. Et post hoec ut ingrediebantur filii deorum ad filias hominum, et generabant eis...*

Ces géants décadents et déchus sont de prodigieux engendreurs de Pantagruel, «héros», *gibborim* de l'éloquence pérenne, amateurs de figues qui, avec le nez, symbolisent la science usurpée du bien et du mal, comme le précise Hugues de Saint-Victor dans ses annotations sur le Pentateuque :

> *«Folia ficus. Per hoc quidam existimant ficum fuisse lignum scientiae boni et mali. Et qui Dominus dixit ad Nathanaelem in Evangelio : "Priusquam te Philippus vocare, cum esses sub ficu, vidi te"* (*Joan.* I)». (Migne, *Patrologie latine*).

L'hypothèse est néanmoins plausible, pour une époque en quête des universaux translinguistiques, des racines-mères, des ramifications sous-jacentes d'une langue à l'autre, de l'unicité dans la pluralité et la dispersion ; de la filiation par la traduction et surtout de la composition littérale, l'invention verbale, le génie glossolalique. AFF, «nez» et «ne... pas», «au contraire» en hébreu, possède la sonorité adéquate, celle du souffle *nasé*, pour allonger la liste des mots panomphés, mot précédé dans la Genèse du mot OFF, oiseaux, ailes déposées de chaque côté du nez empenné, voyelles du souffle consonantique. Le mot hébreu *aff* peut être le réceptacle des souffles du livre rabelaisien, lui-même fondant d'autres mots *almés* et *ignés* de l'hébreu. Oserions-nous plus profond et plus haut pousser le sens de cette cabale phonétique, en entendant ce son élémentaire dans le nom du géant médiéval Offot «lequel eut terriblement beau nez à boire au baril» (*Pantagruel*, I), et qui peut faire souvenance du mot hébreu, dans la liste généalogique de Pantagruel ? Guillaume Postel, par exemple, n'avait-il pas appelé le Messie *Bar Nafle*, «fils de la chute», selon le *Talmud*, «naflu», «nafle», *id est* [...] *quasi dicas filium decidentiae eo quod ipso cadente postquam de coelis descendit...* Messie qui vient de Nazareh; et appelé le Nazaréen...

Les *Critici Sacri* de Paul Fagius, compilations des commentaires rabbiniques, n'ont-ils pas relevé, à propos de Levitique 26, 44, un rite liturgique chez les Juifs germaniques, une célébration de leur libération, qui commence par le mot *aff*, et qui signifie «singe» en allemand ? Paul Fagius relève ce bilinguisme en précisant que ces mêmes Juifs nomment cette prière de commémoration «la péricope du singe doré», *«auream simiam, der gulden aff, cuius lectione mirifice delectantur, adeoque exultat ut quoties eam in scholis et synagogis suis legant...»* (Paul Fagius,

Critici Sacri, I, 1546) Le *Midrach Rabba* a relevé cette objection du serpent, et a recensé les autres apparitions de ce terme : «Quatre commencèrent en disant *af* (en plus) et c'est par *af* (la colère) qu'ils furent anéantis : le serpent, le maître panetier, l'assemblée de Qorah et Aman». (*Genèse Rabba* : 214). Cette péricope du singe doré, nous évoque encore «la patenôtre du singe» de Rabelais.

Le nez des quêteurs de langues assure l'éternité de survivance. Il pourrait aussi recéler un des hiéroglyphes de l'alphabet rabelaisien que nous voudrions recueillir de cette collecte et collation de la lettre. Les nombres quinaires sont essentiels à l'arithmétique et à la rythmique mosaïco-pythagoricienne de Rabelais ; les cinq livres et les jeux sur la quinte, chiffre de l'angoisse dégorgée (que nous comparons aux cinq livres de la *Torah*, le livre tournant, le «quintessenier livre de Moyse», comme l'intitule G. Postel) ou le cinquante, nombre jubilaire et pythagoricien. Or, deux lettres correspondent à cette guématrie : le *hé* et le *noun*. Le *hé*, cinquième lettre de l'alphabet hébreu, qui, d'après Postel, est la lettre de «la substance d'homme», celle qui «nature» intrinsèquement l'homme, lequel est réellement la cinquième essence :

> «*La quinte essence ou vertu unie dudict nom des quatres lettres, de ceste vertu divine dond procedent les deux premiers accords de musike* [...] *ladicte immortelle substance* [appelée] *par très propre similitude la Harpe, qui est come ce que dict le filosofe, l'acte du corps vivant, naturel, organike, à laquelle harpe ou creature ou quine essence, jamais ne fault, ne fauldra un corps tres subtil divin et durable, pris de la MATIERE ACTU de laquelle le corps du ciel est composé* [...] *lequel corps éthéré est ainsi environ l'âme immortelle.*» (F. Secret, *Postelliana*).

C'est bien au *Cinquième Livre* que les compagnons découvrent le royaume de la Quinte, au *Cinquième Livre* que l'énigme est rendue à Panurge, et qu'elle le fait véritablement homme, au *Cinquième Livre* que l'oracle produit son ultime soufflet d'âme, et que le nom caché de quelques lettres fait les compagnons en fureur cantiquer, telles harpes et lyres délurées, telle l'harmonie de la fontaine à la «quintuple infoliature mobile» où est sise à mi-corps la bouteille de vin jubilaire. Le souffle de la matière stellaire dans ses harmoniques musicales, s'immisce par le souffle de l'âme et par le nez, il gonfle les narines d'une substance ignée qui échouera dans les génitoires et gonflera à son tour le sexe, ce nez d'en bas. L'homme-Lyre humera des oreilles le chant des sphères platoniciennes en buvant et en lisant ce livre rituel. La Renaissance redécouvre les mathématiques musicales, les doctrines du *Timée* et les cantilations des lettres cabaliques. Le cinquantenaire Pythagorique est tout désigné pour baptiser les lettres nasales, celles dont l'air doit passer par le nez pour le faire vibrer, à l'unisson des planètes. Organe diabolique, mais organe de la renaissance vitale et de la généalogie humaine ; la lettre *noun*, le *n* hébraïque, est non seulement la lettre christique, messianique (elle désigne le poisson et, par conséquent le christianisme), mais encore métaphorise-t-elle le germe, la fructification à venir de la lettre vivifiée par l'Esprit, le renouvellement circulaire, le phénix de l'écriture : *N, nun, faetus, vel piscis, sive sempiternum* (saint Jérôme, *de alphabeto hebraeorum plenius in Epistola, quam super centesimo octavo psalmo...*)

Le *n* est un des noyaux fixes du mot pivotal des Chroniques, le vin. En effet, Rabelais disserte sur sa force étymologique, sa force de perpétuation de la Vérité noachique. Or, la tradition de la kabbale chrétienne fait de ce mot (et G. Postel en fera la démonsration) le principe de déclinaison et de pérégrination des langues, d'Orient en Occident. Noé est l'inventeur du vin et de la vigne, mais l'instaurateur, à son insu, de la tromperie du discours (et de la malheureuse confusion où fut plongé son fil Cham), comme le suggère l'oracle de la bouteille dans la version manuscrite, la version imprimée y subsistant le mot «temperie» (*Cinquième Livre*, XLIV). Noé est anagrammatiquement le nom du dieu *JaNus* translaté, mot latin qui altère légèrement le mot hébreu *yayiN*. Avant Babel, le mot unique *yayin* ; après Babel, mélange des langues et dispersion du mot dans le grec, le latin et enfin, sous forme très altérée, le vin français. L'oracle aura ainsi rendu sa vérité, le vin cache un secret, celui des soixante-dix langues réunifiées, gématrie qui l'identifie au mot *sod*, délibération d'une confidence, proprement «confidence intime du secret». Le *sod* est également le cinquième sens du *Pardes*, page blanche griffée de quatre fleuves et que l'homme tentera de redessiner par l'interprétation mystique des lettres et la reconquête de sa divine humanité.

Le pied de nez

Cet organe divin «d'où nous sortons», dit Job, est ainsi tourné en dérision et signe la dérision elle-même, raillerie mimétique du singe qui «remue des badiguoinces» et use de tromperies, comme :

> *Les basteleurs, trejectaires et therialeurs,* [...] *leurs gestes, leurs ruses, leurs sobresauls et beau parler, singulierement de ceulx de Chaunys en Picardie, car ilz sont de nature grands jaseurs et beaulx bailleurs de baillivernes en matiere de cinges verds.* (*Gargantua*, XXIV).

Les Pantagruélistes au long nez (ou nef) «horrificque», sont bien de la race des bonimenteurs et des jaseurs, comédiens à la criée, colporteurs de livres facétieux, metteurs en scène du langage, nigromanciens des mots. Nez, méthaphore de la verve comique, «Tragicque comedie» rabelaisienne, pérennité de l'écriture et de ses descendances, défi prométhéen des grands rhétoriques et autres troubadours, qui ont feu aux narilles, phénix asbeste en bouche, pour produire oracles panomphées, et vocables phalliques subtilisés en jardin d'Eden. Il faudra cultiver la mémoire des mots gelés, des mots ensanglantés de mesles pour l'exhaler en langues de feu au temps de Pentecôte.

Rabelais, dont les lettres nominales, spéculaires et «cancelleresques» sont disséminées dans la texture (comme «ratz et blatte» ou «aesles» d'un moulin à vent de «Myrebalays») qui sonne anagrammatiquement comme «Mire Rabelais», Alcofribas Nasier, «le bon facteur» de Gargantua, dont le nez fut loué par ses contemporains : une épitaphe de J. Tahureau, en 1553, une autre de Ronsard en 1554, toutes deux rendent hommage à «la couille d'un oriflant», nez et figues, qui rendent les lecteurs «esbahys et estons-nez» :

> *«De luy mesme trespassé*
> *Ce docte nez Rabelays, qui picquoyt*
> *Les plus piquans, dort sous la lame icy...»*
>
> *«La fosse de sa grande gueule*
> *Eust plus beu de vin toute seule*
> *(L'épuisant du nez en deux cous)*

Qu'un porc ne hume de lait dous,
Qu'iris de fleuves, ne qu'encore
De vagues le rivage more.»

Ce mot, le «nez» et la lettre-racine qui le fonde : érotisation universelle du langage, nature naturans de l'analogie, principe microcosmique d'harmonie cosmologique, «cornucopie de joyeuseté et raillerie» et logement de l'âme, vaisseau du feu alchimique et du souffle (*Ruach*) divin, enflure symptomatique de la création littéraire, gageure démiurgique de l'écrivain flagorneur. Ce mot panomphé est un condensé métaphorique d'une combinatoire hiéroglyphe, qui ancre la langue dans le corps et ses essences, vers le monde et ses images olfactives, par la pratique sensuelle de l'acte d'écrire et de lire, qui relèvent aussi de la perception et de la réception des odeurs subtiles de la langue. Strabon évoque un peuple indien qui se nourrissait d'odeurs, comme la reine Entéléchie ne savoure qu'ambroisie. Le nez est aussi instrument à vents, flûte, trompette, qui débarrasse le corps de ses mauvaises humeurs et de sa mélancolie.

Métaphore de l'expansion végétative et copulative des mots, le nez est force cynique d'écriture : «Les petits chiens de son père (...) luy graphinoient le nez» (*Gargantua*, XI), «griffe au nez»[14] qui fait devise de narration, égratignure au papier.

Symbole de l'exhalaison exotique du mot, jusqu'aux échos baudelairiens, le nez épanche l'odeur d'un style, celui du vin humé hors de l'hélicon. Il participe de «cette réception de bouche», qui définit la kabbale juive et la connaissance hermétique à la Renaissance. Mais, en outre, il représente l'herméneutique de la lecture infinie, pratique interprétative comiquement racontée par Sterne dans *Tristam Shandy* (impressionné par l'importance qu'Erasme accorde aux nez, le père de Tristram veut en étudier) :

«Les sens mystique et allégorique [...]. *Or, il n'est peut-être pas inutile de rappeler à Vos Grâces que l'auteur du dialogue attribue*

14 On signalera ici le beau texte de Charles Fourrier «*Griffe au nez*»... édité par Simone Debout (1974) (Note des éditeurs).

aux longs nez, outre de nombreux usages dans l'art de la navigation, certaines commodités domestiques : en cas de détresse et faute de soufflet ils se montrent fort utiles ad excitandum focum (pour attiser le feu). *La nature avait prodigué ses dons sans mesure à mon père et avait déposé en lui la semence d'un critique des mots aussi profondement que celle de tout autre science ; sortant donc son canif il rechercha si, en grattant certaines lettres, il ne pouvait pas découvrir à cette phrase un sens plus profond.*
– Frère Toby, s'écria mon père, j'ai découvert le sens mystique d'Erasme à une lettre près.
– Vous en avez assez approché en toute honnêteté, répondit mon oncle.
– Peuh ! dit mon père, en grattant toujours, autant vaudrait en être à sept lieues. J'y suis, s'écria mon père en faisant claquer ses doigts. Voyez, cher frère Toby, comme j'ai approfondi le sens.
– Mais vous avez abîmé un mot, répliqua mon oncle Toby. Mon père chaussa ses lunettes, se mordit la lèvre et, de colère, déchira la page.»
(Laurence Sterne, Livre III, 218.)

Chacun sait que tout ce roman repose sur le nez...

Références bibliographiques

CYRANO DE BERGERAC S.
1970 *Voyage dans la lune*, Paris, Garnier Flammarion,

DES PÉRIERS B.
1558 *Les Nouvelles récréations et joyeux devis, de feu Bonavanture des Periers*, valet de chambre de la reyne de Navarre, Lyon, impr. de R. Granjon.

BOUCHET G.
1615 «24e Sérée : Des nourrices», *Les Sérées de Guillaume Bouchet, sieur de Brocourt divisées en trois livres...* Lyon, Impr. de S. Rigaud.

DEBOUT S.
1974 «*Griffe au nez» ou donner «have ou art»,écriture en cours de Charles Fourrier*, Paris, Anthropos.

Demats P.
1973 *Fabula, trois études de mythographie antique et médiévale*, Droz, Paris,

Fliess W.
1977 *Les relations entre le nez et les organes génitaux de la femme présents selon leurs significations biologiques*, Le Seuil, Paris.

Ponge F.
1977 *Comment une figue de paroles et pourquoi*, Paris, Digraphe -- Flammarion.

Rabelais F.
1994 *Œuvres complètes*, Edition de Mireille Huchon, Paris, La Pléiade, Gallimard.

Ricchieri L. de Rovigo dit Coelius Rhodiginus,
1517 *Antiquarum Lectionum. Commentarios sicuti cencinnarat olim vindex Ceselius...* Parrhisiis, in aedibus Jodoci Badii..., Paris.

Sterne L.
1982 *Vie et opinions de Tristram Shandy*, Paris, Garnier-Flammarion.

Thomasset C.
Le héros chez les femmes, travail inédit.

Todini U.
1997 «Eco lo fico», *Bolletino del comitato dell' Accademia nazionale dei Lincei*, fascicolo XXIV, Roma, Accademia dei Lince.

Michel Aufray,
Diana Rey-Hulman

Du sens au sentiment

Le pétrole me paraît très nettement
être l'odeur la plus parfaite
du désespoir humain, si le désespoir
humain a une odeur
(Pierre Mac Orlan,
Chansons pour un accordéon)

En France, évoquer le champ sémantique de l'odeur revient à en dénier l'importance : «ce vocabulaire est pauvre» vont répétant les locuteurs de langue française et, au moment de commencer notre enquête ethnolinguistique, nous étions persuadés que le tour de ce champ sémantique serait vite fait.

C'est dans cet esprit que nous avons consulté les dictionnaires les plus courants de la langue française[1], puisque, comme toutes les autres langues dotées d'écriture en Europe, cette langue est consignée dans des dictionnaires qui ont force de loi. Ces usuels ne se contentent pas de donner un répertoire en usage actuellement mais prétendent tracer l'histoire des mots en fournissant une date pour leur première mention. Il ne s'agit pas seulement de l'apparition du mot en français mais aussi parfois de «l'origine» latine ou grecque du mot. Il en est ainsi du Petit Larousse tandis que le Petit Robert se montre souvent plus précis sur le cheminement des mots depuis ces langues antiques jusqu'à nos jours. Quant aux savants

1. Les dictionnaires utilisés sont donnés en bibliographie.

philologues, ils n'hésitent pas à reculer les limites étymologiques jusqu'à l'I. E. , l'indo-européen, langue (re)construite de toutes pièces. Notre référence en la matière est celle du Dictionnaire étymologique de Bloch et Wartburg. Ce dictionnaire comme le Littré ne précise pas très clairement comment les mots se sont forgés dans un usage commun : ainsi, à les lire, on apprend que flairer a été fourni par le latin *fragare* «avoir de l'odeur» composé de la particule *fra*, et du radical *gra*, sanscrit *ghrâ* et que ce n'est qu'en 1622 que flairer est passé d'«exhaler une odeur» au sens inverse «capter une odeur». Le Petit Robert s'arrête au latin mais signale qu'au XIIIe siècle le sens latin était encore en vigueur. Il faut ajouter que fragrance atteste encore du sens latin, «repris vers 1830». Ce point de repère ne révèle qu'un témoignage très certainement partiel, limité aux textes qui ont résisté à l'usure du matériau de support et non pas d'une existence orale peut-être beaucoup plus ancienne.

La juxtaposition du Grand Littré aux petits dictionnaires d'usage courant nous a paru intéressante de par l'importance du premier dans le système référentiel des professeurs de collège[2] qui détiennent le contrôle de la forme hégémonique de la langue française, qu'elle soit écrite ou orale. Il n'existe pas de dictionnaire de la forme orale du français, forme qui n'affleure au sens qu'à travers les rubriques «familier» voire «argotique».

Ce long préambule qui mériterait des développements encore plus importants sur le rapport de l'oral et de l'écrit en français nous a paru nécessaire car nous montrerons plus avant que l'idée de la richesse de la langue argotique, langue en usage à l'oral[3], en particulier pour le champ des odeurs, se vérifie. Néanmoins notre propos n'est pas ici de nous interroger sur l'évolution de la langue française mais de rechercher à travers les comparaisons historiques et les références dialectales mises à disposition de ses locuteurs la forme que revêt la compétence aujourd'hui.

2. Dans les années 1960 ce dictionnaire était vendu par démarchage auprès du personnel enseignant des lycées.

3. Rares sont les genres littéraires qui usent de cette forme, on peut cependant citer le genre qualifié de mineur du roman policier, dit en argot : polar, avec notamment les ouvrages de Frédéric Dard mieux connu sous le pseudonyme de Commissaire San Antonio.

L'organe de l'odorat

Les organes des cinq sens sont bien commun aux humains et aux autres animaux, mais en ce qui concerne l'odorat, la langue française tend à établir une distinction entre les uns et les autres ; tout au moins depuis 1080 date à laquelle elle ne permet plus aux humains de partager avec les animaux leur appendice nasal appellé nez. Cependant les locuteurs français avouent encore avoir les narines en commun avec les animaux : cette confusion plonge dans l'histoire de la racine I-E *na@s- «nez» confusion qui se défait dès le latin : nasus «nez» et nares, -ium (?) «narines», sing. lat. imp. naris. tandis qu'en 1540 –affirme le Petit Robert– les grands mammifères se sont vus affubler de l'unique forme naseaux. Mais le «naturel» revenant au galop, dans le français «familier» dit pudiquement le même dictionnaire, il est question de naseaux en terme de moquerie : «tes naseaux sont bouchés, tu ne sens donc rien !», alors que cette métaphore en est donnée par Marot (cité par Littré) dans une description de la tragédie d'un condamné à mort «le feu lui ayant fait fondre la cervelle et descendre par les naseaux… ». Les naseaux du cheval sont toujours en littérature brûlants, émettant un nuage de vapeur qui témoigne de la vigueur de l'effort de l'animal. Il faut ajouter que la désignation de la partie antérieure pour la plupart des animaux est dotée de signifiants précis : museau pour les mammifères, à l'exception de certaines espèces : naseaux pour le cheval, muffle pour les ruminants, groin pour le porc et truffe pour le chien. À noter que ce terme désigne la partie du champignon ascomycète[4] que les chiens reconnaissent à l'odeur et qui est très appréciée en cuisine. En mode agressif, ces termes spécialisés pour les non humains, deviennent des «gros mots» mettant en cause l'appendice nasal de l'individu et jusqu'à sa personne toute entière. La truffe marque le visage du poivrot, l'allusion au groin est faite dans l'intention de réduire au silence – «tasse ton groin, tais-toi» tandis que l'exclamation «quel muffle !» réduit la personne dite grossière à son seul appendice nasal. De surcroît, le nez, ce que l'on voit le plus dans le visage, ce qui se voit «comme le nez au milieu de la figure», emprunte la forme d'un animal entier, le blaireau : blair. Museau, appliqué à la face toute entière, de terme d'injure, «ton sale museau, retire le de là», peut se transformer en

4. Le réceptacle forme un tubercule appelé truffe

mot affectueux à l'adresse d'un enfant par exemple : «avance ton petit museau, pour que je le nettoie».

Ainsi à travers le nez pointent les sentiments de celui qui parle : de la tendresse à la colère, les sentiments se voient comme le nez au mileu de la figure. L'intelligence au contraire des sentiments ne s'affiche pas dans un nez encombrant bien qu'il faille avoir du nez pour saisir le sens profond des choses c'est-à-dire deviner, prévoir, en fait d'ailleurs avoir du nez n'est que la démonstration à postériori de cette aptitude. Mais il s'agit alors d'un nez fin, voire creux. Et plus le nez est fin, plus les odeurs discriminées sont nombreuses.

La fonction première du nez est bien de traiter des odeurs, de celles qui doivent pénétrer dans le nez pour être identifiées. «Je ne sens rien, j'ai le nez bouché», c'est donc bien dans le nez que s'élabore la reconnaissance de l'odeur. Comme pour tous les sens, confondus dans le même exercice analytique, cette reconnaissance est de l'ordre de la réaction plus ou moins maîtrisable, plus ou moins bien acceptée. «La moutarde me monte au nez», dans cette expression ce n'est pas l'odeur qui est véritablement en cause mais une irritation des muqueuses qui se propage de la cavité buccale à la cavité nasale, l'odeur bien insipide de la moutarde n'est pas en cause. Cette expression est la seule en français à se référer à ce double cheminement vers les parties sensibles de l'intérieur du nez. Cette excitation tactile anihile l'odorat qui se trouve lexicalement mis en cause par les défaillances du nez lors d'un rhume par exemple : «j'ai le nez bouché».

Le nez a sa propre autonomie pour aspirer, s'accaparer des odeurs, des matières externes, mais il n'en n'est pas tout à fait de même pour ce qui provient de l'intérieur. La parole rend ainsi compte de la sensation «naturelle» dans le constat du poivre «qui fait éternuer»: l'odeur n'est alors pas en cause, seule la matière, le contact est mentionné. Il peut renifler, et cela depuis 1530 affime Le Robert, de re et de l'ancien français «nifler, encore vivant dans des patois, et d'origine onomatopéique : *cf.* all. niffeln 'flairer'». Le sens premier, intransitif, indique qu'il s'agit d'aspirer, donc d'apporter vers le nez avec force bruit et il en résulte un sens contraire : celui de faire couler de la matière issue du nez, matière dont l'odeur ne se fait pas remarquer dans la plupart des cas. La morve ne doit pas être exhibée car elle condamne celui qui la laisse couler à «se sentir morveux». Le souffle qui sort du nez n'est pas versé au registre des mots doux, ni à celui des insultes à l'inverse de l'haleine dont l'odeur sert de support à un tonitruant «tu pues de la gueule, tu repousses du goulot» ; cette interpellation réduit celui qui en est affligé à un état animal ou pire le transforme en chose. Et pourtant les suintements du nez peuvent répandre des odeurs absolument repoussantes dans le cas de la maladie d'ozène. La qualification de cette odeur est respectueusement maintenue dans un champ médicalisé qui ne supporte pas d'atteinte verbale à l'égard de celui qui est affligé de la maladie. Le nez, sujet codifiant, n'est qu'un réceptacle des odeurs qui lui parviennent ; sa propre odeur ne saurait infirmer sa réputation d'objectivité. Il a qualité pour déclarer l'état de sans odeur, pour signaler la présence d'effluves[5], une exhalaison[6], une émanation ou une effluence[7]. À travers ces termes, seul le mouvement, le véhicule de l'odeur sont évoqués, le nez ne se risque à émettre d'opinion que sur ce qui lui arrive de l'extérieur, sa propre odeur ou celle qui est issue du fond du corps, il n'en parle pas; l'haleine, nous le savons tous, n'est pas saisie par ses capteurs. La langue française lui confère une telle neutralité qu'elle en vient à déceler dans l'objet de ses identifications une odeur inodore, catégorie neutre opposée à deux autres : les bonnes odeurs et les mauvaises odeurs. Par contre la langue traite de l'haleine des autres avec insistance.

La classification des odeurs ou l'objet de l'odorat

Il n'est donc que trois catégories d'odeurs de part les qualifications qu'on leur attribue en bonne, mauvaise et neutre :

- des odeurs neutres : effluence, effluve, émanation, exhalaison,
- des bonnes odeurs : arôme, fumet, parfum, senteur, fragrance, fleurer
- des mauvaises odeurs : empyreume[8], fétidité, fraîchin[9], miasmes,

5. émanation qui se dégage des corps organisés ou de certaines substances, altérée ou non.

6. émanation de fluide.

7. émanation.

8. Saveur, odeur forte et âcre que prennent certaines substances organiques soumises à l'action du feu.

9. Odeur de poisson frais, de marée.

puanteur, relent[10], remugle[11].

Comme nous l'avons vu ci-avant les odeurs neutres sont celles dont on ne mentionne que le moyen de transport d'un corps vers l'appendice nasal de l'homme en l'occurence. Un paradoxe de la langue française : vent dans sa forme indéfinie, «il a fait un vent !», synonyme de pet désigne le bruit de l'effluve mais aussi son odeur. Le rapport métaphorique de l'odeur et de son vecteur est réalisé en oralité, euphémisme plus qu'expression argotique. Ce vent prend une forme onomatopéique [prut] totalement exclue du vocabulaire académique, donc transcrite ici en alphabet phonétique dit A. P. I.[12], reléguée dans le vocabulaire réservé aux enfants, c'est-à-dire à l'adresse des enfants qui eux-mêmes n'utilisent ce terme qu'en parodie du langage de leur parent.

Les odeurs neutres ne sont exprimées que par rapport à une activité physique involontaire du corps qui se comporte comme n'importe quelle substance.

Les bonnes odeurs à la différence des mauvaises odeurs peuvent être fabriquées même si à l'origine elles renvoient à un processus naturel. Il en est ainsi de «parfum» qui ressort des fumées qui se dégagent de la combustion. D'après le Dictionnaire de Furetières (1690), en termes de médecine, parfum se dit de toutes les vapeurs bonnes ou mauvaises qu'on fait élever en l'air pour guérir les maladies : ainsi on guérit les maux de matrice avec le parfum des plumes de perdrix brûlées, de vieux cuirs. Dans l'Histoire Naturelle de l'Homme, le feu, activité emblématique de l'humanisation, est producteur d'odeurs que l'homme associe à son univers symbolique et auquel il attribue une valeur positive.

Le terme d'empyreume soulève un problème : bien que lui aussi lié à une combustion, ce terme ancien employé en chimie (1560) est connoté négativement ; il est équivalent au registre du pourri dans le domaine naturel c'est-à-dire à une combustion trop violente ou trop longue. Le Littré donne le sens de goût et d'odeur particulière et désagréable que contrac-

10. Latin : *lentus* «tenace, humide» et re- «intensif».

11. Odeur de moisi, de renfermé.

12 «Alphabet Phonétique International».

tent les substances animales ou végétales soumises à distillation. Le Robert donne une définition un peu différente renvoyant à des saveurs ou des odeurs fortes et âcres que prennent certaines substances organiques soumises à un feu violent.

Le parfum est le prototype de la bonne odeur fabriquée tandis que senteur recouvre des émanations sans combustion apparente, donc sans l'intervention de l'Homme. Le pois de senteur, nom courant de la gesse odorante, est un exemple éclairant de cet usage classificateur de l'odeur.

Quant aux mauvaises odeurs, elles sont liées au registre du pourri, de la mort : de la pourriture puante, de la maladie, de la décomposition des corps animaux –le fraîchin en dépit de la référence à la fraîcheur du poisson évoque plutôt le début de sa décomposition.

Les qualificatifs des odeurs

Comme on peut s'y attendre, on trouve trois ensembles de qualificatifs désignant les odeurs neutres, les bonnes et les mauvaises odeurs.

Les ressources pour qualifier les bonnes odeurs sont importantes mais elles sont, le plus souvent, empruntées à d'autres registres et en particulier à ceux du goût et du toucher. Il est certain que l'odeur participe à la qualification du goût mais il semble bien que c'est le goût qui apparaît dominant. C'est le cas par exemple des qualificatifs suivants : capiteux, généreux, grisant, énivrant, échauffant, alcoolisé qui peuvent qualifier un alcool ou un vin.

Il est parfois difficile de distinguer un qualificatif positif d'un qualificatif neutre : c'est le cas d'alliacé, alccolisé, poivré, balsamique, termes qui ont tous pour caractéristiques de désigner des substances alimentaires et qui sont valorisés ou non suivant les goûts du locuteur.

En revanche des termes comme framboisé, vanillé, miellé, tous dans le registre du sucré, sont connotés positivement sans doute en raison de la nature agréable du produit qu'ils évoquent.

On note, comme dans le vocabulaire argotique (voir ci-après), le caractère «envahissant» du toucher avec des termes comme tenace, doux, échauffant, piquant, pénétrant, léger, embaumé, fin.

On remarquera l'importance des termes polyvalents faisant référence soit aux sens corporels ou à une perception synestésique : fugace, fort, léger, généreux, paradisiaque, exquis, troublant... Beaucoup de termes mettent en jeu la circulation des odeurs à partir du corps : qu'elles s'en échappent comme dans les excréments, qu'elles mettent en jeu le souffle (suffocant, asphyxiant...), où qu'elles induisent une sensation de malaise généralisé (écœurant, nauséabond).

On conviendra que les termes exprimant de manière exclusive une bonne odeur sont assez rares : on trouve parfumé, aromatique, odorifère et odorifique.

En revanche, comme dans la plupart des langues, les termes qualifiant exclusivement les mauvaises odeurs sont plus abondants, notamment dans le registre de la respiration : asphyxiant, suffocant, empesté, empuanti, nauséabond, punais[13], fétide[14], putride, méphitique[15]. Ces termes désignent des formes particulièrement repoussantes du signifié doté du seul signifiant véritablement spécialisé : la puanteur.

Mais on trouve aussi des termes liés au goût : rance, fade, vireux[16] et même clairement dégoûtant...

Ainsi que des termes qui ne sont pas spécifiques à l'odorat mais qui connotent une sensation désagréable, quelque soit le sens qui permet de l'éprouver : écœurant, ignoble, immonde, abjecte...

L'intensité est, en français, en général, associé à une sensation désagréable qui peut aller jusqu'à menacer notre vie (asphyxiant, étouffant, suffocant).

Le registre de la souillure, de la puanteur et de la pouriture est omniprésent (corrompu, dégoûtant, empesté, empuanti, puant, excrémentiel, fécal, fétide) et prend souvent des inflexions moralisantes (innommable, immonde) ou liées à la maladie (délétère, infect, punais).

Il faut noter hircin[17], peu employé, peu connu et qui sert en quelque sorte d'intensif à puanteur : «une puanteur hircine».

13. Latin populaire : *putinasius* «qui pue du nez». Atteint d'ozène. Qui sent trés mauvais.

14. Latin : *fœtere* «puer».

15. Exhalaison sulfureuse d'origine volcanique, se dit d'une exhalaison toxique et puante.

16. Latin : *virosus*, *virus* «poison», odeur, saveur de plante vénéneuse.

17. De bouc.

On peut aussi qualifier les odeurs d'après les matières dont elles émanent. On repère plusieurs constructions grammaticales : des dérivés tels que camphrée, balsamique, poivré (*cf.* supra), des composés tels odeur d'amande, d'anis, de benjouin, de bergamote, de jasmin... Toutes les fleurs odorifères peuvent, à la limite, permettre de définir une odeur de la même façon que certaines substances et excrétions animales (castoreum, civette, ambre, musc...).

La grammaire de l'odorat

La structure de la langue française est décrite en terme de verbes et de nominaux, c'est-à-dire en deux éléments qui, comme dans toute autre langue, se différencient à des degrés divers, constituent des paradigmes plus ou moins étanches l'un à l'autre. La compétence des locuteurs peuvent les amener à «conjuguer» les verbes de ce registre odorat en leur affectant tous les pronoms personnels autorisés. Mais de fait une orientation particulière affectent les verbes de l'odorat. Ainsi ce n'est que par auto-dérision que l'on avoue puer mais on n'hésite pas à dire de quelqu'un d'autre qu'il est puant et à lui crier méchamment «tu pues» ; il faut ajouter que l'odeur générique d'un groupe n'est évoquée que dans des classifications racistes hors la loi, énoncées loin de l'écoute de l'accusé.

Mais sentir a aussi donné le terme générique de «sens» applicable pour tous les sens. Ainsi, ce qui est considéré comme le propre de l'animal, se trouve être aussi dans la langue associé de la manière la plus générale à la compréhension intellectuelle. Dans l'acception archaïque sentir signifie : «se diriger vers, mettre en communication avec» et indique le mouvement concret de celui qui sent l'odeur, se dirige vers l'odeur pour s'en emparer. La langue en exprimant par un seul signifiant le va et vient entre l'émetteur et le récepteur fait de ce sens le prototype du discernement intellectuel. Tout au moins est-ce ainsi que les dictionnaires auxquels nous nous sommes référés retracent l'histoire de cette notion qu'ils font remonter uniquement au latin.

On a ainsi des composés avec

a/ Assentire ou assentiri «donner son assentiment» b/ Consentire «être d'accord» c/ Praesentire «prévoir, se douter de», «avoir une idée innée» des substantifs avec

a) dissensio (-sensio) «désaccord» et sensus (-us) «organe d'un sens», «façon de sentir ou penser», «signification d'un mot» ce qui donne consensus (-us) «accord».

b) sensibilis (Latin populaire) «qui tombe sous le sens» avec les dérivés sensibilitas, insensibilis, insensibilitas.

c) sensualis (Latin ecclésiastique) «doué de sensation», sensatus «doué de bon sens» et son contraire insensatus.

d) sensatio (Bas latin) «fait de comprendre» qui donne sensorium (Boèce VI°s.) «siège d'une faculté».

L'étude de ces dérivés donne à voir l'analyse réalisée par la langue : de l'esprit au corps, du corps à l'esprit, l'odorat assure la conjonction; on passe de sens à sensible puis à la sensation et à la sensualité.

L'argot, lieu du refoulement du sentir dans une langue populaire, dévalorisée, est particulièrement riche. De ce point de vue le glissement des odeurs vers l'argot est symptomatique d'une dévalorisation, voire d'une animalisation.

On entend : chlinguer, chlipoter, chocotter, cingler, cocoter, cogner, coincer, cornancher, corner, écarter du fusil, emboucaner, empoisonner, fouetter, fouilloter, gazouiller, gogoter, plomber, poquer, refouler (du goulot), remuer, renifler, repousser, schlinguer, schlingoter, schlipoter, taper, trouilloter, tuer les mouches à quinze pas.

Dans cette liste, la violence est omniprésente. On distingue les coups donnés à main nue, «taper», les coups donnés avec des instruments tels «fouetter», «cingler» ou sa traduction allemande «schlinguer» «schlingoter» (de l'allemand schlagen, «fouetter»), cogner (avec une cognée), coincer (avec un coin à fendre), «écarter du fusil», ou à distance «tuer les mouches à quinze pas». Cette violence situe les odeurs dans le registre d'un autre sens «immédiat», le toucher : elles repoussent, elles écartent, elles séparent.

L'animalité est également convoquée avec des termes comme gazouiller, corner que l'on peut aussi situer du côté de l'auditif, par extension kinestésique. La corne diffuse des bruits envahissants, l'odeur sera forte, à la limite du supportable tandis que les oiseaux produisent des bruits légers, qui obligent à tendre l'oreille, ainsi on pourra dire d'une odeur lègère mais entêtante qu'elle gazouille.

L'intensité des odeurs déclenche la peur : ainsi «ça chocotte», transposition d'«avoir les chocottes», changeant le sens de la mise en acte : «ça chocotte» ou cette odeur provoque, donne la trouille ou plus exactement «ça trouillotte». Mais il faut préciser qu'au départ de la peur, il y a l'odeur : en effet trouille signifie dans des textes de 1891 : «excrément», «colique». Le Petit Robert ajoute qu'il s'agit peut-être d'une forme altérée de «drouille», du français dialectal, et en déduit qu'il s'agirait alors d'un emprunt à la langue néerlandaise *drollen* «aller à la selle». Ainsi dans la langue française, la mesure critique de l'odeur qui, selon Edward Hall, déclenche un réflexe de mise à distance, est bien présente, tout aussi présente que les mises à distance sociales :

> «...à de rares exceptions près, la distance de fuite et la distance critique ont été éliminées des réactions humaines. Mais il est évident que les distances personnelles et sociales existent toujours» (1966, 142)

Le rapport à l'animalité, l'agression pure et simple brouillent les mots dans l'écrit et dans l'oral, comme le vent, la vapeur dissimulent la visibilité, rendent les images tremblotantes. En effet l'emprunt à l'allemand *schlagen* donne «schlinguer», «schelinguer», ou «chlinguer», variations scripturales exceptionnelles. Et ce dernier, «chlinguer», se confond avec «cingler», bien français, «donner des coups de sangle, de ceinture». Il arrive que l'image acquiert une précision métaphorique : «ça poque», l'odeur arrête la respiration comme au jeu de boule, la boule reste immobile une fois retombée («marquer un poquet»).

Expressions, locutions et proverbes

Un certain nombre d'expression mettent en jeu le nez. La proximité physique du nez et des yeux a probablement joué un rôle dans un certain nombre d'expressions. Il semble notamment que les deux sens se combinent, soit positivement (à vue de nez) soit négativement (ne pas voir plus loin que le bout de son nez). On a même dans l'expression «l'avoir sous le nez» une allusion non plus à l'odorat mais exclusivement à la vue.

Des expressions mettent en scène le nez comme contenant ou contenu : – certaines renvoient à la recherche de compréhension comme dans les dérivations faites à partir de sentir/sens : «avoir le nez creux», «les doigts dans le nez», «avoir le nez dedans», «y mettre le nez», «à plein nez»,

– d'autres à la perception d'autrui, «avoir quelqu'un dans le nez», «bouffer le nez de quelqu'un»,

– d'autres encore décrivent une atteinte à l'intégrité de la personne comme si porter atteinte au nez c'était atteindre le corps : «se casser le nez», «avoir un coup dans le nez».

Deux expressions méritent un traitement particulier :

«En odeur de sainteté» renvoie à une caractéristique des saints, mentionnée dans l'hagiographie, leur capacité à émettre, en particulier après leur mort, une odeur très agréable.

«L'argent n'a pas d'odeur» est une expression attribuée à un conseiller de l'empereur romain Vespasien. L'empereur ayant, comme tous les monarques, des problèmes de trésorerie, ce conseiller lui proposa de lever un impôt sur les excréments. Comme Vespasien faisait le dégoutté, le conseiller lui rétorqua: «*Dinerum non olet*» «l'argent n'a pas d'odeur» (Laporte, 1993) et Vespasien donna son nom aux vespasiennes.

On notera pour finir des expressions qui mettent en scène le vecteur de l'odeur à savoir le vent : avoir vent d'une affaire, flairer une affaire louche, éventer un complot, une affaire, un vin éventé. Dans le premier cas, le vent nous apporte «l'odeur» de l'affaire, la langue ne précise pas si elle est bonne ou mauvaise. Cependant, flairer une affaire louche nous indique que l'affaire n'est pas bonne, probablement à cause du choix du terme «flairer» qui renvoie à l'animal. Dans le deuxième cas, le vent emporte «l'odeur», le complot ou le vin perdent ainsi leur secret ou leur parfum. L'odeur est identifiée à la signification. Dans le même esprit, on dira «être au parfum» pour quelqu'un qui a compris l'essence d'une situation.

L'odeur, on l'a vu, est souvent révélatrice de la qualité d'une personne. L'odeur permet même de détecter à distance la nature profonde : par exemple quelqu'un de diabolique sent le souffre ou le fagot, un mort en puissance sent le sapin. Un grand dégueulasse ne sent pas la rose...

Inversement on peut marquer sa déférence à quelqu'un en l'aspergeant d'une odeur agréable : parfum de louanges, ensencer quelqu'un, à l'inverse on rejettera quelqu'un en l'identifiant à quelque chose de puant : «c'est un fumier, il est puant»... On ne pourra même pas le sentir !

Références bibliographiques

BLOCH O., WARTBURG W.
1960 [1932] *Dictionnaire étymologique de la langue française*. Paris, Presses Universitaitres de France.

FURETIÉRES A.
1970 [1690] *Dictionnaire universel*, Genève, Slatkine Reprints.

HALL J.
1966 *La dimension cachée*, Paris, Le Seuil.

LAPORTE D.
1993 *Histoire de la merde*, Paris, Bourgois.

LAROUSSE ILLUSTRÉ (NOUVEAU PETIT)
1984 (1924) *Dictionnaire illustré de la langue française*, Paris, Larousse.

LITTRÉ E.
1956 [1863-72] *Dictionnaire de la langue française*, Paris, Jean-Jacques Pauvert.

REY R., REY-DEBOVE J.
1984 *Dictionnaire alphabétique et analogique de la langue françai*se, Paris, Le Robert.

Nez-sens

Humer le monde

Jacques Galinier

Le continent américain a depuis de nombreuses décennies inspiré à la littérature anthropologique de fort belles pages sur le thème des «visions», expériences qui modèlent, tant en Amérique du Nord, que dans les Andes ou les basses terres d'Amazonie, des images des mondes autres, peuplés de puissances engagées dans le contrôle de l'existence quotidienne des hommes. L'anthropologie occidentale, on le sait, a tendu inconsciemment à imposer le primat de son paradigme visualiste, et, ainsi que l'observe Classen, à ramener des contextes multisensoriels à l'unidimensionnalité de la vision (Classen, 1990 : 722). En Mésoamérique, la vision tient une place éminente, dont on suit la trace en particulicr depuis les expériences hallucinatoires de l'empereur Moctezuma (Gruzinski, 1992 : 40). L'olfaction n'a malheureusement pas bénéficié d'un traitement similaire. Pourtant les indices ne manquent pas, si l'on veut apprécier par exemple la place tenue par les odeurs dans les constructions cosmologiques, véhiculées dans le corpus de récits recueillis sur le terrain. À vrai dire, il conviendrait de replacer le problème de l'olfaction dans la question plus générale de la part respective accordée par chaque culture aux sensations tactiles, visuelles, kinesthésiques, auditives, qui mettent en évidence ces harmoniques fondamentales. Je centrerai mon intervention sur une inflexion culturelle propre aux sociétés du Mexique central, et plus encore sur une catégorie spécifique d'odeurs liée au déversement de matières répugnantes, fécales, ou à la décomposition, aux moisissures, bref à la putréfaction du vivant.

Pourquoi ce choix singulier ? Lorsque l'on balaye les mythologies des peuples de la région, comme l'a fait récemment sur un mode jubilatoire López Austin dans *Una vieja historia de la mierda*, on découvre à quel point les excréments occupent une position-clé dans les épisodes fondateurs de l'univers : chez les Mopan (Thompson, J. Eric, 1975 : 418-419) et les Mochó (Petrich, Perla, 1985 : 107,156, 178), la fragrance d'un pet instaure l'expérience dialogique entre l'opossum et les êtres humains, et détermine la découverte du maïs (López Austin, 1988 : 20). Une odeur qui, chez les Maztèques, est confondue avec celle de la mort (idem, 1988: 40) ; chez les Aztèques elle évoquait celle du Mictlan, dont les dépôts d'ordure propageaient l'exhalaison (idem, 1988 : 49). Ces complexes de croyances suggèrent que les odeurs délétères, pestilentielles, sont à accoupler à un processus de recréation du vivant. Explorons donc ce thème dans une société qui développe au-delà de toute mesure cette ambition philosophique, celle des Otomi du Mexique central.

Les Otomi ont une vision du monde fondée sur une conception spéculaire de l'image du corps et de celle du cosmos. Les propriétés, les attributs, les qualités propres au «microcosme», pourrions-nous dire après Paracelse, se retrouvent à l'identique, de manière inversée, au niveau du «macrocosme». Mais plus qu'un simple jeu de correspondances, il y a là, sous-jacente, l'idée que le corps sert à penser le monde, c'est-à-dire aussi, à le sentir. Ces prémisses laissent entendre que l'univers est en vérité un corps vivant, avec lequel l'être humain entretient des interactions puissantes, dont l'odorat capte les humeurs changeantes, les saveurs subtiles, les vapeurs létales, et leur attribue une signification spécifique, comme s'il s'agissait littéralement de la respiration d'une peau. En otomi, la racine *ši* fait référence à des peaux qui sont en relation d'homologie, de complémentarité, d'emboîtement. Sur le plan lexical, *ši* apparaît d'une productivité remarquable, hors norme, car il engendre des séries nominales et verbales formant système à la fois sur le plan sémantique et conceptuel. Prenons par exemple la «peau de la terre», *šimhoi*, c'est-à-dire le monde (mais aussi bien *el Diablo*, le Diable). Cette peau est une matière vivante, qui emprisonne des substances soumises à un processus de transformation organique, lesquelles stimulent l'organe de l'olfaction. Rien d'étonnant si la brousse, *šât'øhø*, la «montagne puante», se voit affecter cette propriété intrinsèque. L'odorat capte donc puissamment tout ce qui est originaire des espaces non habités. En cela, il évoque le lien étroit entre le monde végétal et les odeurs, dont rend compte le nombre élevé de plantes dont les qualités particulières sont retenues d'après leur senteur. Ce qui donne une puissance singulière aux objets de la brousse, c'est précisément le fait que leur odeur permet d'ensauvager le monde habité, de lui redonner de l'énergie. Ainsi, en particulier, l'odeur âcre de l'écorce de liquidambar (*liquidambar styraciflua L.)*, faisant office d'encens, et qui enveloppe les rituels, aussi bien les cérémonies catholiques que ceux favorisant la fertilité agraire. «Naturaliser» le monde, c'est ce à quoi s'emploie le chamane.

Faute d'une enquête véritablement approfondie sur le champ sémantique des odeurs, je commencerai par mentionner le verbe et le substantif *yʉni*. Une odeur agréable est dite *yʉ mã ho*, désagréable *yʉ mã s'o*. Dans ces cas d'espèce, il est impossible de référer les lexèmes *ho* et *s'o* aux catégories occidentales du «bon» et du «mauvais», puisque le terme *ho* (qui signifie également le «trou») est chargé d'une connotation néfaste, létale. À l'inverse, le *s'o*, qui fait référence à la souillure, implique l'idée de recréation dynamique du vivant. Il n'existe pas en otomi, à ma connaissance, de termes permettant de décliner différentes nuances d'odeur. Dans le champ sémantique de la puanteur, on trouve les verbes *sãgi*, *hnegi*, et *hoxthe* (pour la région du Mezquital). Pour le sud de la Huasteca, domine le verbe *šãgi*, qui coiffe une série de classèmes verbaux et nominaux, et l'adjectif *šã*, ce qui est puant. Dans un autre travail, j'avais montré l'existence d'un véritable isomorphisme entre le champ sémantique et le champ conceptuel du lexème *ši* (peau/pourriture), son articulation à l'univers des odeurs, en particulier par la vicinité phonétique entre les morphèmes *ši* (peau, pourriture), *šo* (ouverture) *šã* (puanteur), qui détermine une relation de sens entre les séries nominales et verbales qui en sont dérivées, relation de sens motivée par ailleurs (Galinier, 1979 : 211). Ce qui est puant appelle la putréfaction, la décomposition, en un mot fait référence à l'univers des ancêtres. Sur l'échelle des valeurs otomi, la puanteur occupe une position apicale, car elle indique la présence d'un potentiel énergétique susceptible d'être réactivé. L'odeur nauséabonde caractérise une hiérarchie d'objets classés au-dessus des autres, et qui possèdent cette propriété d'être *šʉnt'ʉ ški*, «délicats», donc puissants et dangereux à la fois. C'est pourquoi la racine *šã* «puanteur», s'applique métaphoriquement à des séries d'items dont l'odeur n'est pourtant pas la caractéristique première, immédiatement sensible. Un exemple : les Otomi disposent d'un lexème s'appliquant à une classe d'individus, des populations non métisses ou indiennes, les *šãzubi*, syntagme nominal qui par synecdoque désigne aussi bien l'ethnologue, «femme-excrément puant». Ce terme évoque le caractère multidimensionnel de l'altérité : de genre d'abord, puisque *su* évoque le féminin ; altérité spatiale ensuite, car il fait référence au monde «d'en bas», où les positions sexuelles sont inversées. Altérité généalogique aussi, les *šãzubi* se trouvant être ancestralisés (et donc «puants»). Altérité statutaire enfin car ces êtres relèvent du monde des *sacra*, de ce qui est séparé, le monde des «riches»(*bi*, «excrément», désigne aussi métaphoriquement l'or dont les ancêtres, le Diable, sont les dépositaires).

Arrêtons-nous ici sur une singularité dialectologique, l'usage habituel du préfixe *šâ*, dans la région des basses terres de la Huasteca. Pour reprendre l'exemple précédent, les Otomi de l'Altiplano utilisent le terme *zubi*, sans y rajouter la puanteur, *šã*. Il en va de même pour d'autres catégories animales (le chien dénommé *šâyo* au lieu de *yo* dans le bas pays, le vautour *šãhpada* au lieu de *hapda*, etc.). La personne utilisant ces termes préfixés sera immédiatement identifiée comme locuteur d'un dialecte du Piémont, dont les particularités du système lexical prêtent à sourire. Le fait intéressant pour notre propos, est que les Otomi des basses terres sont conscients des implications culturelles de cette forme dialectale, et qu'ils s'attribuent eux-mêmes une inclination particulière pour le langage scatologique, ce que l'on nomme localement la «bouche sale»(*s'o ra nde*). Il y a là sous-jacente une grande question qui touche à l'histoire même des Otomi dans cette région, et plus spécifiquement à l'imprégnation d'éléments huastèques dans la culture locale. La Huasteca, le monde du bas, est perçue dans la cosmologie otomi comme l'espace de la recréation du monde, un lieu de luxure et de plaisir. Au cours des rituels d'«ouverture», c'est du monde d'en bas que proviennent les divinités primordiales qui viendront reconstruire tout le champ social. Leur langage est obscène, c'est celui du «père pourri» (l'ancêtre apical) et de la «vieille mère», divinité de la luxure de la confession des péchés, lesquels président à l'épanchement du langage obscène, à l'écoulement des mots «sales». De la sorte, la puanteur est intrinsèquement accouplée au monde du bas. Elle envahit l'espace, et ne fait pas l'objet de procédures de confinement. Dans l'esprit des Otomi des basses terres, elle fait partie intégrante de leur environnement. Le langage «sale» est l'idiome de la vie. C'est pourquoi les instances qui sont convoquées dans les périodes de crise, lorsque l'infortune ou le malheur s'abattent sur la communauté, instances provenant de la brousse, dégagent une odeur pestilentielle.

C'est de cette même odeur que la mythologie renvoie la trace. Des récits fort populaires rapportent la visite de héros dans les cavités obscures des montagnes, jusqu'à ce que l'un d'eux tombe sur l'odeur de «banane noire», celle du Diable. Examinons maintenant un aphorisme qu'il est rare de ne pas entendre mentionné au cours d'une journée : *šʉn šã pe šʉn ho*, «ça pue mais c'est bon». Modalité familière d'expertise des jeunes filles rencontrées sur le passage, mais que l'on peut employer tout aussi bien hors contexte, dès que l'on respire quelque chose : «ça pue !»... et l'on s'empresse de rajouter «mais c'est bon», au milieu d'un éclat de rire. Nombreuses sont les métaphores qui associent le sexe de la femme à un poisson, dont l'odeur «vaginale» est considérée comme aussi forte. Au-delà des particularismes propres au dialecte «érotisé» des Otomi du bas, cette focalisation sur la puanteur du sexe féminin met en évidence la position matricielle de celui-ci dans la conception générale du monde. C'est un lieu sacrificiel, de passage du vivant mais aussi d'inscription de la mort, ergot de la sécrétion d'odeurs pestilentielles. La femme est du côté des miasmes, de l'inframonde, elle est donc «pourrie», doublement par ses sécrétions vaginales et par les substances qu'elle prive de vie lorsqu'elles entrent en contact avec elle. Son nom usuel est d'ailleurs *šisu* («féminin-pourri», ou «enveloppe de l'épouvante»). D'une certaine manière, sentir c'est entrer en communion avec ces substances malodorantes, s'engager dans un processus «délicat», être pris dans ce vertige qui marque toute relation avec le «monde du dessous». L'odeur âcre de l'encens, qui évoque les espaces chthoniens, la grotte originelle où trône le Dieu du Feu, participe de ce mélange synesthésique des perceptions sensorielles que l'on retrouve dans d'autres contextes américains (Classen, 1990 : 728). Car c'est dans cette fumée elle-même que le chamane va développer sa «vision», découvrir l'objet égaré. Le voir et le sentir sont sur ce plan indissociables.

Quelques mots maintenant sur l'organe de l'odorat. Le nez est une partie de l'anatomie otomi éminemment valorisée, comme l'attestent les objets rituels du Carnaval. Prenons par exemple le nez de Cuauhtemoc, qui épouse en profil le corps du souverain aztèque, ou encore les longs nez des masques du Vieux du Carnaval, et surtout les appendices en forme de trompe du *pohta*, le «vieux père», le «père pourri», mannequin qui trône sur les autels lors de la fête dans les communautés des terres chaudes. Pourquoi cette forme particulière ? Disons d'emblée que son symbolisme phallique est directement inscrit dans l'exégèse indigène : il ne relève pas d'un savoir ésotérique. Signalons au passage que le nom des sécrétions nasales est également appliqué au sperme. Surpuissant sexuellement, le *pøhta* l'est, ainsi que l'attestent les «chants du Vieux». Mais cet organe proéminent est aussi là pour manifester l'existence d'un monde saturé de pestilence, dans lequel il convient de se livrer à tous les excès : comme l'indique le chant de départ, lorsque l'ancêtre prend congé des vivants jusqu'à l'année suivante, tous les sens sont mis à contribution, et en particulier l'olfaction. Il faut que le monde soit «pourri», «puant», donc livré à l'autorité de ses fondateurs, au-delà de toute limite, pour que se recrée du vivant. Un monde inodore n'aurait pas de raison d'être. La symbolique du nez est à replacer dans le contexte plus global des voies de passage, comme l'indique son nom *šiyu*, «l'enveloppe du chemin», du conduit. Zone de transition entre l'intérieur et l'extérieur, dans une représentation du corps qui met l'accent sur la circulation des fluides, des substances, et donc aussi des odeurs. Idée qui met l'accent également sur les risques de pénétration du corps par ces mêmes senteurs, aussi potentiellement nocives que peuvent l'être des aliments ou d'autres substances.

Le fait, confirmé par l'iconographie rituelle, qu'il existe une homologie parfaite entre le nez et le pénis met en lumière l'érotisation extrême attribuée à l'activité d'olfaction. On s'interrogera également sur la position déviée du nez, sur certains masques de Carnaval, détail qui relève de la symbolique des mutilations corporelles, au même titre que le pied bot, le dos bossu, l'énucléation : ce nez qui ne sent plus, ces yeux qui ne voient plus, ce corps qui ne peut sauter, comme l'indique le chant du Vieux. Il faut donc aller plus loin et s'interroger sur la création de ce «manque», lié au contact avec la partenaire féminine du *pøhta*, la «femme folle d'amour». La privation de l'odorat entre donc dans la série des actions à visée castratrice, mais qui sont la condition même de la réanimation des sens. Ne respirant plus rien, le Vieux – suivons le paradoxe de la pensée indigène – vient voir, sauter, et renifler autour de lui les filles avec lesquelles il s'accouplera. Il viendra donc sentir l'odeur de la vie, c'est-à-dire de la mort, *tãte*, la «grande vie»... Reprenons l'aphorisme ***šʉn*** *šã sâ pe* ***šʉn*** *ho*, «ça pue mais c'est bon». Or, le *ho*, le plaisir, l'orgasme, est aussi ce qui tue, puisqu'il s'agit aussi d'un verbe. C'est également le «trou», le lieu sacrificiel. Pour atteindre ce *ho*, il faut donc s'aventurer au bord du trou, haut lieu de la puanteur, et donc aussi de la mort dont ce gouffre est le point d'émergence. Ainsi la puanteur provoque une sorte d'excitation du monde, elle accompagne les moments forts de la vie cérémonielle. L'association entre la puanteur et le jeu érotique est soulignée par le terme *šãhi*, «amant», terme qui désigne aussi bien un fil. Il y a là une monade sémantique dans laquelle se renvoient logiquement les uns aux autres les sèmes «brousse», «sexe», et «fil» (ou plus généralement «tissage»). Or, il existe une divinité, *hørasu*, la «femme folle d'amour», qui n'est autre que la «vieille mère» mentionnée plus haut, qui est aussi (en temps que numen luni-terrestre) divinité de la végétation, et à fortiori du tissage (elle porte sur ses vêtements la cape richement ornée des femmes des terres chaudes). Le fil fait métaphore à la communication. C'est lui qui lie les amants et qui est attaché au pied pendant le rêve, dans les récits oniriques. Une fois activée, cette relation met en jeu des substances, des sécrétions, et donc a fortiori des odeurs. Elle ouvre au monde du nocturne, au «langage de la nuit», dont la femme (en tant qu'avatar du Diable) est la prêtresse. La puanteur est indissociable du *s'o*, de la souillure, la pollution, qui est élevée au rang de valeur, de norme de référence : ***šʉn*** *s'o ntø n'yûhû* le «vieil otomi est sale», au sens «propre» et métaphorique, ce que confirme une négligence ostentatoire dans l'usage de vêtements souillés.

Le code olfactif occupe, on le comprend, une place centrale dans l'identification des objets dont le rôle est crucial dans le bon fonctionnement de l'univers. Est-il surdéterminant, en quelque sorte, par rapport à d'autres, qu'ils soient acoustique ou visuel, par exemple ? Ce que l'on peut affirmer, c'est qu'il confirme la fascination des Otomi pour le monde nocturne, la mort, la pourriture, la pollution et la puanteur. Quand d'autres sociétés tentent d'expulser les marques de souillure, réelle ou symbolique, pour faire place nette dans un monde décontaminé, les Otomi au contraire y puisent les ressources nécessaires à la reproduction de la société. D'où cette spécialisation du code olfactif sur les odeurs nauséabondes, plus que sur les senteurs agréables, dont les Otomi ne parlent jamais. On retrouve donc ici sous une forme exacerbée, une caractéristique singulière évoquée, au début, propre à un style culturel mésoaméricain, qui valorise cette dialectique de la mort comme intrinsèque au vivant, dont la puanteur est l'émanation.

Cette étroite connexion entre l'idée de puanteur, la sexualité et la vision du monde otomi est bien mise en évidence par la figure du vautour, oiseau éponyme des Otomi. Charognard omniprésent, il vit au contact des cadavres, nimbés d'odeurs fétides, tout en permettant l'évacuation de celles-ci, puisqu'il «balaye» le monde. Par ailleurs, il est le symbole du feu, une des plus anciennes divinités mésoaméricaines et qui occupe une position centrale dans le panthéon otomi. Le dieu du feu est appelé *sihta sipi*, «vieux père pourri», dénomination qui, entre parenthèses, m'était attribuée par de tout jeunes enfants. Les femmes soupçonnées d'infidélités, censées se «réchauffer» au passage des hommes, sont aussi appelées *hpada sisu*, «femmes-vautour», métaphore qui confirme la force de ce lien conceptuel entre la femme, porteuse d'odeurs délétères, et l'oiseau noir. Chez les Otomi préhispaniques, le Vieux Dieu contrôlait le domaine du pourri, inframonde, le lieu des morts, où il recevait les puissances astrales pour permettre leur résurrection : son nom aztèque, *Cuécuex*, signifiait le «libidineux». De la sorte, il apparaît clairement, que pour les Otomi, toute odeur ne peut faire que référence à l'inframonde, puisqu'il est à la fois lieu de plaisir, de luxure, mais aussi de pourriture et de mort. C'est donc tout le code olfactif otomi qui se trouve contaminé par cette vision «nocturne» de l'univers, qui impulse une érotisation mortifère. Un sens chimique se voit de la sorte mis directement au service d'une perception du «monde de l'autre côté», royaume des odeurs féminines, lesquelles servent de révélateur d'une mort omniprésente.

Quant au caractère obsédant du thème de la coprophagie, il incite à formuler l'hypothèse suivant laquelle les excréments seraient d'authentiques nourritures, mais aux propriétés inverses de celles des aliments habituels. La femme qui produit des aliments nécessaires à la vie, distribués à son entourage, peut être suspectée de frotter les crêpes de maïs sur son anus et par là même d'empoisonner son conjoint. Le vautour peut consommer cette nourriture puisque situé «en dessous», dans le monde d'en bas, au même titre que les géants, anthropophages incestueux. Dans cette affaire il ressort que ces «nourritures» pourries, cette odeur de merde, sont un marqueur d'un monde en état de régénérescence. Rappelons au passage qu'il s'agit d'une authentique richesse, puisque le Diable expulse comme fèces des pièces d'or, celles qui se trouvent entassées dans les grottes dont il conserve jalousement la garde. L'argent a donc une odeur. Par ailleurs, la «saleté» du langage, la «bouche sale», invite à considérer également les mots comme des excréments. Le diable expulse de l'or, avons-nous dit, mais aussi des paroles, celles qui sont aussi proférées par le Vieux Père, le Père pourri, Maître des odeurs avec son nez surdimensionné. Cette vénération concerne un héros répugnant, instaurateur d'une loi qui fait régner la putréfaction dans le monde, qui forme couple avec une femme qui maîtrise aussi le domaine de la souillure, en acte ou à travers des mots. On relèvera à ce propos dans les attributs de la «Vieille Mère», la confession des péchés et la luxure (liée aussi à la puanteur de son sexe). Cette créature qui rassemble autour d'elle les mots sales, d'une sensualité exagérée, maîtrise également le domaine de l'olfaction. Les mots de ces entités divinisées sont des «paroles d'en bas», et à ce titre dangereuses, tout comme celle du mythe. C'est pourquoi elles ne peuvent être proférées hors du contexte rituel ou en état d'ivresse. Le caractère obscène de ces paroles leur donne, peut-on dire, une «odeur», dans un monde qui en est envahi. La parole aseptisée, celle du haut, du jour, de Dieu, est inodore, contrairement à l'autre. Un détail du rituel carnavalesque peut venir éclairer ce point. À San Miguel, les Vieux se réunissent chaque jour lors d'un banquet, proférant des obscénités, déféquant dans un monde placé «à l'envers». Le dernier jour, ils font mine d'absorber de la nourriture mais la vomissent sur le champ, marquant par là même le terme du rituel, mais aussi le fait que la parole d'en bas, anale, va prendre fin. La «bouche d'en bas» cessera de s'exprimer, les odeurs ne régneront plus sans partage sur le monde, cela jusqu'à l'année suivante. (Précisons que cette équation bouche = anus terminologiquement attestée est par ailleurs motivée sur le plan conceptuel).

D'une manière générale, tout phénomène olfactif intense est indissociable d'un événement à très forte charge symbolique. Plus l'odeur est forte, plus l'événement est «délicat» (*šʉnt'ʉški*), avons-nous dit. C'est le cas de toutes les situations de l'existence à caractère critique, de communication avec des ancêtres. Cette opération implique la contiguïté avec la «pourriture», donc avec des substances nécrosées, qui stimulent l'odorat. Si nous reprenons la métaphore du «père pourri», c'est un être qui vit dans un bain de souillure, à la fois squelette et matière vivante. Il y a donc à un moment donné un empuantissement de la société, grâce à quoi elle peut se régénérer. L'expérience du sommeil est aussi là pour fait comprendre comment il est nécessaire, selon une cyclicité journalière, de faire circuler la souillure, ou aussi bien de se déplacer dans un monde qui l'est déjà. C'est le cas des cauchemars, dénommés «rêves-excrément» (*bithã)*, et qui font comprendre que l'espace du rêve est cœxtensif au monde souterrain, donc imprégné de souillure et d'odeurs nauséabondes, contrairement au rêve simple, non porteur d'angoisse. Le cauchemar au contraire indique une très forte proximité de lieux «délicats» dangereux.

Pour conclure, disons simplement que la persistance de ces gloses étranges concernant l'univers des odeurs joue, dans ce contexte, un rôle capital quant à l'affirmation de l'identité ethnique des Otomi, *šʉn s'o ntø n'yûhû*. Les odeurs pestilentielles renvoient, nous l'avons vu, au monde des morts, à l'archaïque, au fondamental. L'autochtonie se fabrique par l'ancestralisation continue des individus vivants, à travers cette récupération *ad infinitum* de la putréfaction nécessaire à la constitution du corps social. L'odeur pestilentielle apporte une «touche» ethnique à l'expression de l'ontologie otomi, telle que les chamanes nous la livrent, telle que nous les restituent les rituels. Ce qui, dans cette société, est en odeur de sainteté, c'est l'ancêtre, dégageant un fumet, qui n'est en rien suave, qui n'appelle aucune perfection, bien au contraire. La loi divine, de *Dios Nuestro Señor*, qui cesse aux frontières de la nuit, se double d'une autre, beaucoup plus tyrannique, imposée par un être sale, malodorant, le «vieux père», qui exige, pour construire la société, que l'on se plie à cette vénération active de l'ordure. En fin de compte, la valorisation emphatique de l'olfaction, qui irradie tout le système du monde otomi, constitue une sorte de roc sensoriel, dont on retrouve la trace, mais tellement plus ténue, dans les populations voisines, même si le monde mésoaméricain connaît partout cette curieuse dilection. Mais pour les Otomi, cet attachement inouï à la puanteur, reste bien un des traits les plus intimes de leur culture, qui a résisté à quatre siècles d'occidentalisation.

Références bibliographiques

CLASSEN C.
1990 «Sweet colors, fragrant songs : sensory models of the Andes and the Amazon», *American Ethnologist*, vol. 17, n°4, 722-735.

GALINIER J.
1979 «La peau, la pourriture et le sacré – Champ sémantique et motivation dans un exemple otomi (Mexique)», *Journal de la Société des Américanistes*, tome LXVI, 205-218.

GRUZINSKI S.
1992 «La perméabilité des mondes. Rêves et visions dans le Mexique ancien», Salmann J. M. éd., *Visions indiennes, visions baroques – Les métissages de l'inconscient,* Paris, Presses Universitaires de France,

LOPEZ AUSTIN A.
1988 *Una vieja historia de la mierda*, Mexico, Toledo.

THOMPSON J.E
1975 *Historia y religión de los mayas*, trad. de Felix Blanco, Mexico, Siglo XXI.

PETRICH P.
1985 *La alimentación mochó : acta y palabra*, San Cristobal de las Casas, Centro de Estudios Indigenas, Universidad Autónoma de Chiapas, (série monografias : 1).

Les morts ont le nez creux

Jacqueline de la Fontinelle

À priori, le sujet proposé ne semblait pas pouvoir déboucher sur une longue réflexion, les choses «allant de soi» –mais, comme presque toujours dans des cas semblables, la recherche suscitée, ici sur la langue ajië, ouvre des perspectives intéressantes et des résultats imprévus... que les organisateurs soient donc remerciés[1] !

«Cela sent» : je le sens !

La racine *bö* : «sentir» (mbo, b pré-nasalisé noté *b*, o ouvert noté *ö*) correspond de façon indifférenciée à «sentir», actif et «sentir», passif, comme en français. C'est par composition avec des suffixes ou des termes indépendants que le domaine des perceptions olfactives et des émanations d'odeurs est couvert.

1. Nous reprenons pour cet article le plan de l'exposé oral, toujours dans une perspective ethnolinguistique, mais en ajoutant ou en développant certains points qui n'avaient pu être traités lors de la première présentation.

Les termes concernant l'odorat et l'odeur sont peu nombreux en *ajië*, comparés, par exemple, à ceux de la vision, domaine richement pourvu en racines différentes. Il en est de même pour l'ouïe, d'ailleurs. C'est que l'on sent une odeur ou pas, on entend ou pas, avec toutes les gradations possibles entre ces deux alternatives, alors qu'il est important de distinguer la passivité de la vision de l'activité du regard.

La racine se présente actuellement sous trois formes : avec voyelle orale ouverte et fermée et avec voyelle nasale – alors que la voyelle fermée n'avait pas été notée par Maurice Leenhardt au début du siècle. Nous allons donc la présenter sous ses trois formes.

De la racine bö, *«sentir» ou de «l'odeur de la mort»*

Comme en français, cette racine de la langue *ajië* «sentir» peut s'appliquer à l'agent producteur de l'odeur aussi bien qu'à celui qui la perçoit et, comme en français, «cela sent» réfère à du malodorant (*cf.* le terrible «il sent déjà» des sœurs de Lazare). *Na bö bâo* et *na bö na bâö :* «le cadavre sent». Dans le premier cas une odeur de pourriture est identifiée par quelqu'un qui aspire l'air ambiant ; l'odeur émane du cadavre, *bâö,* lequel étant la cause ou la source de l'odeur, est en quelque sorte «actant responsable». Dans le second cas, au contraire, l'énoncé peut avoir une autre signification : «le cadavre/ le «dieu» (le) sent» si le contexte oriente ainsi l'interprétation. En fait *bö* signifie «existence d'une odeur» et l'énoncé se réfère soit à la source de celle-ci, soit à celui qui la perçoit. L'orientation peut être précisée et alors il n'y a qu'une traduction possible :

Na bö yè mêrêâ-è na bâö ma bö yèri e :

«Le «dieu» flaira sa trace et la suivit jusqu'à ce qu'il l'ait rejoint» (Leenhardt, 1932)

Na bö yè mêrêâ-è na bâö ma bö yèri e :

«il»/ sentir /pour lui/trace-lui/ le «dieu»/et/sentir/trouver/lui/

On voit que le terme *bö* employé seul se rapporte d'abord à l'émanation de l'odeur, or, ce qui se signale plus que tout autre chose par son odeur, c'est la mort. Ainsi, «l'odeur» en elle-même qualifie d'abord la mort : c'est à la puanteur insoutenable de la décomposition que se réfère le terme de base. Toute autre odeur mérite un complément, une spécification. On notera ici, en même temps que la place donnée dans le domaine de la perception sensorielle dans et par la langue à l'odeur de la mort, la vision métaphysique que traduit la langue : le mort devient un «dieu» que l'on invoquera et vénérera, et le cadavre *bâö* – en dépit (ou au travers ?) des épouvantables changements qu'il subit – est donc transfiguré *bâö*... Les crânes ou les momies (selon les régions) placés sur les collines dans des anfractuosités ou des abris sous roche «regardaient» la vallée et les vivants, mais c'est à leur odorat qu'il était fait appel quand l'officiant les invoquait au dessus de la marmite fumante dans l'odeur appétissante des ignames prémices...

C'est en relation avec l'odeur des morts qu'est nommée la danse *böria* qui entraîne les dieux, les esprits des morts, les arbres et les rochers dans un tourbillon gigantesque. Les vivants, lors des phases répétées tous les cinq jours des cérémonies de deuil, imitaient la danse infernale – mais en tournant dans le sens inverse des morts ! – et dans les récits des descentes aux Enfers, l'Orphée kanak (en fait, il s'agit généralement de femmes qui vont rechercher des jeunes parents) pour participer à cette danse et demander au mort de revenir, se devait d'avoir dissimulé son odeur de vivant sous celle de la pourriture ; pour ne pas être démasqué, il (ou elle) emportait des nourritures comestibles pour feindre de se joindre au repas d'excréments et d'insectes puants dont se repaissent les morts.

C'est aussi sur la racine *bö* que sont construits les noms de certains fantômes tels le *böököö* qui erre, cherchant à s'emparer des enfants ; quant au *néjömùnù*, celui que l'on redoute encore le plus, il se signale par son odeur offusquante et ses plaintes déchirantes : c'est la mère morte en couches qui revient pour prendre l'enfant qui a survécu. Pour s'en protéger, autrefois, l'on plaçait entre les bras de la morte un tronc de bananier emmailloté et l'on confiait l'enfant à son frère aîné – la personne que la morte avait dû le plus éviter et respecter sa vie durant.

Bö peut également correspondre à «usé», s'appliquant autrefois aux nattes qui, humides ou souillées, pourrissent, et qualifiant, aujourd'hui, les vêtements européens hors d'usage.

bö / bo, *«sentir» et «pourrir»*

La racine et ses dérivés ont été notés par Maurice Leenhardt dans son «Vocabulaire et grammaire de la langue Houailou» (1935) avec une voyelle ouverte. Actuellement, deux formes cœxistent, l'une avec voyelle ouverte, l'autre avec voyelle fermée. Il est impossible de savoir s'il y avait déjà des occurrences avec voyelle fermée au début du siècle lorsque Maurice Leenhardt a travaillé ; en effet, celles-ci ont pu lui paraître n'être que des réalisations instables ou secondaires et en tout cas indignes d'être retenues (comme ce fut le cas de la nasalisation aspectuelle qu'il n'a pas toujours enregistrée). Ce que l'on peut noter, aujourd'hui, c'est une tendance à opposer *bo* «pourrir, pourri, empester, puer, décomposition...» avec un o fermé, aux autres dérivés restés avec la voyelle ouverte, *bö* «sentir, avoir une odeur, capter une odeur, exhaler un parfum...». Il est difficile d'affirmer que cette différenciation opposant «mauvaises» à «bonnes» odeurs, est due aux conditions modernes de vie, à l'existence de parfums disponibles dans le commerce, d'une part, et, d'autre part, au nouveau traitement des morts, dont on sait qu'autrefois les proches puis les deuilleurs devaient supporter la présence pendant une période allant de cinq jours à l'apparition du squelette, mais il se peut que l'on soit là en présence d'une évolution des attitudes envers «l'odeur», parallèle à celle constatée dans notre culture occidentale.

Évolution linguistique récente dans le cas ici présenté de *bo* ou mise en place d'un phénomène amorcé antérieurement, le recours au changement de timbre de la voyelle est un procédé régulier de dérivation qui a abouti à dédoubler un système à 5 voyelles orales (système conservé dans d'autres langues austronésiennes).

Odeur, odorant, odorifère... «odorer»

Si *bö* est donc, à la fois la forme et la notion de base de «sentir», les termes composés *börhere*, «sentir, humer, déceler une odeur, avoir une odeur», et *börö* «odeur, effluve, senteur...» doivent être rangés aussi parmi les termes génériques.

Le composé *börhere* est construit avec *rhere* qui est lui même un redoublement de *rhe* «casser, interrompre, marquer une coupure, une interruption dans le temps ou dans l'espace, fixer une date...» (Maurice Leenhardt, 1935). C'est donc, qu'en fait, notre traduction est approximative : il s'agit d'une odeur qui vient frapper la perception olfactive, exhalaison qui soudain s'impose ou que je décèle à un moment donné. Notons que *börhere* n'est pas davantage «pré-orienté» que *bö* et *gö börhere ê bömuu* se traduirait aussi bien par «je sens l'odeur de la chair fraîche/ le contenu de la pêche» que par «mon odeur a été décelée, je suis flairé/repéré (en tant que) contenu de chair fraîche, j'ai une odeur de chair fraîche» c'est-à-dire «je suis un homme mort» (*cf.* plus bas le paragraphe 4 «bonnes et mauvaises odeurs»).

Le terme *börö* s'applique uniquement à l'odeur qui émane de quelque source. Il ne pourrait, en effet, correspondre à «avoir de l'odorat», au «flair» qui n'ont point de traduction terme à terme, puisque l'odorat n'est pris en considération que dans les situations de «crise», lorsqu'une effluve, une puanteur ou un «marqueur» de quelque chose de spécifique (comme l'odeur de la proie évoquée plus haut) vient solliciter la narine.

Avoir le nez creux

Outre *börhere* et *börö* cités plus haut, la langue offre un nombre de termes formés sur *bö* qui, au premier abord, sont totalement étrangers à la notion étudiée ; en effet, il s'agit toujours de dérivés en relation avec l'idée de cavité, d'un espace vide et clos. Cependant, en dépit des traductions des termes fort éloignées de l'olfaction, nous avançons l'hypothèse selon laquelle il y a une origine unique pour tous les composés de *bö*. Celle-ci est la notion qui est représentée à la fois par les mots en rapport avec l'odeur, que ce soit celle produite, ou celle qui frappe la narine, la narine elle-même, *bö kwî,* cavité par laquelle l'olfaction révèle à l'esprit cette odeur, signe de la décomposition de tout ce qui est mort...

La liste des termes que l'on peut créer avec *bö* dans le sens de «creux» n'est pas close, mais nous allons en citer quelques uns, (outre *bö kwî :* «la narine»), pour permettre au lecteur de «sentir» le sens général.

Bö nu : «la cavité faite dans le cocotier pour recueillir l'eau de ruissellement pluvial» – *bövésa :* «cavité dans la roche utilisée pour déposer des messages» – *bö kwâ* : «la cale d'un navire» – *bödé :* «le creux de l'oreille, l'oreille elle-même»...– mais aussi *bö :* «gonfler les joues pour produire un cri ou une sorte de hululement» (ancien : *na bö na kamö ka bö* : «le meneur de la danse crie ses ordres», Maurice Leenhardt, 1935), et également «hurler» dans son dérivé *börhèrè.*

On voit qu'il s'agit toujours d'évoquer un lieu clos (au moins partiellement) et vide dont on utilise les propriétés : capter ou émettre un son, *bödé* «l'oreille» mais également *börödû* «grommeler entre ses dents, marmonner» d'où *börödûri :* «critiquer», termes qui, selon nous, appartiennent au même champ notionnel que *börhere* : «renifler, humer, sentir à pleines narines» c'est-à-dire l'impact d'une odeur dans le creux de la narine.

«Embaumer» et «résonner» ou les diverses manifestations de «sentir»

Nous avons vu que l'un des procédés de création de la langue *ajië* consistait à changer le degré d'aperture de la voyelle pour obtenir un sens dérivé – ce qu'illustre ici le glissement de *bö* (général) à *bo* (particulier)- mais la nasalisation de la voyelle est aussi utilisée. Ce procédé formel permet de passer d'un aspect virtuel à l'aspect accompli, de l'action au résultat, ou encore de l'idée abstraite au phénomène concret.

Ainsi la racine nasalisée *bô* (*ö* ouvert nasalisé) signifie «fleurir», manifestation de l'odeur des inflorescences : il y avait peu de fleurs «spectaculaires» avant l'importation d'espèces étrangères et l'odeur souvent très forte des pollens a été probablement le trait retenu (on ne peut s'empêcher de penser à «ça fleure bon» – croisement étymologique entre «flairer» et «fleurir»). On est passé de la possibilité d'une reconnaissance d'odeur à une manifestation d'odeur. Pour une plante, «fleurir» c'est en fait se signaler à l'attention des sens par son parfum, donc à l'odorat et non à la vue. La fleur qui attire les regards (mais non les inflorescences, que nous ne qualifions pas de «fleurs» pas plus qu'en français, d'ailleurs) porte le nom de *bûrû*, monosyllabe désignant toute extrémité considérée comme l'émergence maximale (*cf.* «fine fleur», «affleurer», «à fleur de...»). La nasalisation de «sentir» spécifie un type d'odeur particulier – dans un énoncé adéquat, «sentir» c'est «fleurir».

Bôrô, bôrhere (*ö* ouvert nasalisé) signifient «résonner, faire résonner quelque chose de creux en tapant dessus», on voit que la forme nasalisée ne correspond plus seulement à l'existence de l'objet creux mais à un usage particulier qu'il est fait d'une de ses virtualités : «le faire parler» comme dit l'*ajië* lorsqu'il se réfère aux objets utilisés comme tambours (spathes de palmier retournées et frappées pour marquer le rythme de la danse ou accompagner le chant, «touques», jerricans vides ou autres récipients métalliques ainsi qu'aux cloches des églises...). *Börö* «odeur» et *börhere : «*renifler, humer, sentir à pleines narines, percevoir une odeur, émettre une odeur», appartiennent déjà au domaine de la réalité et n'ont donc pas de correspondant nasalisé – ils seraient formellement identiques aux précédents en relation avec l'utilisation sonore de la cavité, d'ailleurs.

Substances et désignations

Nous avons vu que les odeurs sont subies, mais dans certains cas elles peuvent être entretenues, notamment les odeurs corporelles et ce à des fins de magie noire. Les vieilles femmes qui dégagent de puissantes odeurs où se mêlent celle de leur corps, du feu et des nourritures préparées sont fréquemment soupçonnées de magie : les puissances maléfiques – comme Satan chez nous – aiment le nauséabond.

À part les odeurs «naturelles» dont il vient d'être question, la culture ne s'est pas intéressée à la production de senteurs, ainsi, il n'y a pas de techniques ni donc de mots spécifiques pour les parfums et Maurice Leenhardt notait que les premiers parfums du commerce étant qualifiés de *börhé* («sent bon»), le flacon d'eau de Cologne était appelé *rhë börhé* («eau parfumée»). Cependant, si l'on se tourne vers le vocabulaire du goût, domaine difficilement dissociable en ajië de l'odorat, les termes existent et servent à évoquer les deux sens : *na né mâi* «c'est salé, cela sent la mer...». Notons que les termes du goût s'appliquent à des valeurs sociales, comme dans *na né né* qui signifie «cela a l'odeur ou le goût «conforme» à sa nature», d'où «cela a bon goût», et *kâ vè né* «faire en sorte de désacraliser, rendre profane» – c'est-à-dire sans danger et donc «consommable»[2]. C'est au sens auditif que l'on peut également emprunter un terme pour signifier «percevoir une odeur» – *pwêrê* que l'on peut traduire selon le cas par : «entendre, sentir, ressentir, comprendre, obéir...» La perception sensorielle ou l'émoi que traduit aussi notre «sentir» appartiennent, par contre, à d'autres champs notionnels.

«Cela sent la chair fraîche !»

Lorsque les récits font allusion à l'odeur, cela «sent mauvais» généralement pour le héros : ainsi une ogresse explique à un jeune parent venu s'abriter chez elle qu'elle ne peut toucher le poisson qu'il a pêché. Le *bömuu* «l'odeur de vie, de chair», restant sur ses mains, si elle préparait le repas, imprégnerait la natte qu'elle est en train de tresser et les rats, attirés, viendraient la grignoter... En fait, l'ogresse qui s'apprête à consommer une nourriture interdite se signale par un comportement déviant (elle se fait

2. Plusieurs plantes nécessitaient des préparations pour en éliminer les sucs toxiques afin de les rendre comestibles.

servir au lieu de servir) mais le malheureux «ne flaire pas le danger»... Ce thème peut évidemment aussi être la transposition d'un motif érotique inversé : celui de l'odeur de la femme qui attire l'homme... L'odeur du corps féminin, même celle qui reste attachée à ses vêtements était aussi interdite que le simple contact de ceux-ci à ses frères classificatoires ; la société avait prévu des conduites d'évitement allant jusqu'à l'impossibilité de voisiner ou de fréquenter en même temps les mêmes lieux pour les frères et sœurs devenus adultes et mariés. Par ailleurs, l'odeur du sang menstruel constituait un danger tel qu'il fallait éloigner temporairement les femmes et, tant l'odeur participe à la chose, les maris ne devaient pas consommer la nourriture préparée par leurs femmes durant cette période.

Dis-moi ce que tu flaires, je te dirai qui tu es !

En observant que les étincelantes mouches bleues qui volent sur place sont attirées par la décomposition des corps, les Kanaks de langue *ajië* en ont déduit que leur soudaine arrivée était l'annonce du décès d'un parent absent. Le comportement de certains êtres leur ont valu leur dénomination – selon des caractéristiques olfactives qui leur sont attribuées. Ainsi une grosse mouche *(Philoliche neo-caledonica*), est-elle *ka bö kârâ mëu* «celle qui sent les épluchures d'ignames «en raison de son apparition au moment des nouvelles ignames ; le «suçon», le poisson *Rémora* qui se fixe sur les requins est qualifié de *ka bösi wê* ou *ka böi börö wê* («celui qui sent la crotte, qui renifle l'odeur de la crotte») tandis que, pour les mêmes raisons de coprophagie, un petit râle noir (*Porzana tabuensis caledonica*) qui se glisse entre les hautes herbes est appelé *ka bö.* C'est l'usage des plantes qui est le plus souvent à l'origine du néologisme qui les désigne ; ainsi, *ka pè bö navo,* une petite fougère (ou lycopode ?) qui pousse sur les troncs de cocotiers, était utilisé pour préparer les fruits du palétuvier (*Brugiera eriopetala*) en accélérant leur pourriture[3]. En pharmacopée *ka pè bö navo* servait à faire mûrir les abcès – ce qui nous ramène à la notion dont *bö* «sentir» est l'une des facettes. En effet, la constatation que la

3. Ces longs fruits ligneux à peine plus gros que des haricots devaient être pelés, concassés et mis dans de petits paniers tressés lâche à macérer dans de l'eau de mer ou de l'eau saumâtre environ une semaine. Ensuite lavés et mêlés à du coco râpé, les fragments devenus mous étaient faconnés en «gâteau» ; celui-ci, enveloppé de feuilles était cuit au four. Le cixe était un plat fort apprécié que les «vieux» ne manquaient pas d'évoquer lorsqu'ils percevaient l'odeur des fromages européens très faits...

décomposition de corps durs (comme certains fruits ligneux, par exemple) les rend mous, fait que l'on passe de l'idée de «pourrir» à celle d'amollir, d'être «mou» et c'est pourquoi les marécages dans les sols desquels le pied s'enfonce ou encore le membre gonflé d'œdème où la pression du doigt laisse un creux, sont appelés *bövö.*

Bonnes et mauvaises odeurs

Le sens olfactif a joué un rôle très important, mais, comme il a été dit précédemment, il est bien évident que les jugements de valeur sur les odeurs bonnes, mauvaises, ont évolué depuis la colonisation, comme ont évolué les valeurs sociales concernant les odeurs – tout au moins dans le discours.

Je ne peux pas le sentir !

On attribue à l'odorat l'attirance ou la répulsion physique de façon identique dans notre culture et la culture kanak. Ainsi, le baiser ancien, *bönii,* était un reniflement de la peau et ce baiser qui hume l'être aimé se voyait encore pratiqué il y a peu de temps par les mères câlinant leur bébé ; s'exclamer, dans ce cas, *na bömu(u) !* correspond assez bien à notre «on en mangerait !» – qui traduit, d'ailleurs, nos propres ambiguïtés olfactives... Le domaine de l'odeur *bömu(u)* occupe donc une position ambiguë entre la chair aimable, consommable, socialement désirable et la chair interdite puisqu'il fait référence aux interdits liés à la grossesse, à la prohibition de l'inceste (*cf.* ci-dessus.) et reste sous-jacent comme thème au désir... Maurice Leenhardt écrivait :

> «*Bomu*[4] : odeur des organes de vie, de la chair, du poisson, du sang frais... Mod. odeur du lait. Les Canaques refusaient autrefois de boire le lait parce qu'il *bomu* odeur de bétail – Odeur de l'enfant *para powe ka moke bomu na osari xere*, les femmes dont l'enfant commence à sentir c'est-à-dire dont la grossesse commence ; elles sont, de ce moment, interdites à leur époux... Odeur de l'enfant à sa naissance, avant qu'il soit nettoyé.

4. Maurice Leenhardt avait noté o pour la voyelle ouverte et o suscrit (ö) pour la voyelle fermée – ce que nous reproduisions ici, dans cet exemple. Ceci était beaucoup plus intelligent que ce que les linguistes – dont moi ! – ont ensuite instauré ; en effet le o fermé est rare alors que le o ouvert est fréquent et choisir d'utiliser un signe diacritique pour un caractère fréquent était absurde...

> Expression pour dire qu'un enfant est né *na bomu na osari*, l'enfant sent, ça sent l'enfant c'est-à-dire un enfant vient de naître. La nourriture de l'accouchée participe à l'enfant, elle *bomu*, et est interdite à toute autre personne.» (1932)

Une odeur de cuisine...

Si *bömuu*, selon le contexte, peut faire référence au mangeur ou au mangé (*cf.* exemple donné ci-dessus *gö börhere ê bömuu* «je sens l'odeur de la pêche»/»je suis un homme mort»), *ê bölu* ne peut s'appliquer qu'à celui qui, ayant été repéré par le flair de l'ennemi, va être anéanti (*lu* signifie «disparaître»). Ces deux termes : *ê bölu* (littéralement contenu/paquet flairé et englouti) ou *ê bömuu* (littéralement contenu/paquet de chair fraîche flairée) se retrouvent dans de nombreuses histoires pour désigner l'homme traqué et en danger de mort et ils ont longtemps survécu aux époques d'anthropophagie comme insultes (phénomène comparable pour les insultes faisant allusion à la marmite ou au four auxquels avaient échappé les survivants ou graciés d'une défaite...)

Un mot pour «embaumer», plusieurs pour «empester»

Alors que le vocabulaire des bonnes odeurs est très restreint puisqu'il se borne à un terme spécialisé *börhé(ê),* «embaumé, parfumé, sentir bon» *rhë börhé(ê)*, «parfum, eau de toilette...» et à la possibilité de qualifier «l'odeur «börö «(*cf.* 1) *na börö ka dö e na börö è*, «cela sent très bon(*dö e*), a une bien bonne odeur, l'odeur en est excellente»... les composés de *bo* «sentir», «puer» sont nombreux.

Certains mesurent l'intensité de l'odeur :

Böi(i), traduit par «pourri, pourrir» ou «renifler une odeur» ajoutant à la racine «sentir» la précision de la marque de localisation : *i*, la rendant ainsi plus présente. Comme pour *bö*, il n'y a pas de pré-orientation et le terme peut s'appliquer aussi bien à la charogne (d'où la traduction) qu'au vivant qui souffre de sentir une puanteur précise, ou dont simplement le nez vient de détecter une odeur.

Na böiwaa : «il renifle, se rend compte de quelque chose», le sujet sait qu'il y a une source précise d'où émane l'odeur et cherche à identifier celle-ci, «il subodore» quelque chose, «il sent le vent»... Nous passons ici à la possibilité de l'usage métaphorique et ce que pressent l'individu appartient bien à la notion *bö,* puisqu'il s'agit forcément de quelque chose de déplaisant. *Böa(a)* est le terme le plus fort puisque *na böaa yènya* signifie «cette odeur me soulève le cœur».

D'autres spécifient la nature de l'odeur (comme «empester» en français !) : *bömii,* «sentir l'urine» ; *mii* ne signifie pas «urine» mais «brillant», rouge», «blond», «pointu», «extrême», c'est donc la qualité de l'odeur qui est évoquée comme dans ces deux composés : *bösî,* «sentir ou exhaler une odeur d'excrément» (*cf.* le «rémora») et *bösûû,* «sentir ou exhaler l'odeur aigre de la nourriture tournée, surie». *Sî* et *sûû* décrivent respectivement des impressions de rugosité, d'inconfort et de temps écoulé.

Avoir du nez...et ne pas être inodore !

Il faut noter ici que le nez est un élément esthétique important dans l'art kanak et que les narines grandes et bien ouvertes s'étalant en motif régulier sur les joues ont été un critère retenu pas les artistes ; que ce soit en frises sur les marmites en terre, ou dans toute la sculpture sur bois, laquelle évoque les ancêtres, le nez est le motif central. Sur les chambranles ornant les «grandes cases» anciennes, les *jövö* de l'aire *ajië,* les nez des aïeux protecteurs sont souvent cassés, car, symboles de virilité, ils ont été la cible de la fureur sacrée des parents maternels lors des cérémonies de deuil de l'un de leurs «fils». Les nez des masques qui peuvent, selon les styles régionaux, soit se recourber vers la bouche ou soit s'épanouir sur toute la largeur du visage, sont toujours énormes : ils sont à la fois sexe masculin, évocation du serpent ancestral, et toujours emblème de puissance ; autrefois dire à un homme qu'il n'avait pas d'odeur *na sèri börö i* était une terrible insulte puisque c'était le traiter de lâche et d'impuissant...

En guise de conclusion

Il est intéressant de revenir sur les similitudes et les différences français-ajië notées dans cette zone sémantique. Le donné physiologique contraint l'homme à ressembler à l'homme mais les cultures «travaillent» la différence à plaisir. Ainsi, alors que «sentir» est à la fois «exhaler une odeur» et «percevoir une odeur», le second sens implique d'abord une odeur qui dérange. Pour les Français comme pour les Kanaks de l'aire ajië, la narine fait appel à d'autres images et d'autres élargissements de sens ; vue comme une cavité close elle est susceptible de vibrer à l'odeur ou au son. Le nez n'est pas perçu comme une avancée extrême mais comme un enroulement serpentaire ou comme le phallus logé entre les testicules. La fameuse tirade «du nez» du Cyrano de Edmond Rostand traduite en ajië nécessiterait de multiples notes pour éviter... un parfum de scandale !

Références bibliographiques

LEENHARDT M.

1932 «Lézard de Windo», *Documents néo-calédoniens*, Paris, Institut d'Ethnologie, Tome IX, Paris.

1935 *Vocabulaire et grammaire de la langue Houailou*, Institut d'Ethnologie, Tome X, Paris.

Comment Freud

sentait les odeurs

Alain Delrieu

Nous reproduisons ici la rubrique Odorat (Geruchsinn) de *l'Index thématique* de l'œuvre de Sigmund Freud que nous avons réalisé.

La pensée de Freud est présentée selon l'ordre chronologique de son élaboration ; c'est pourquoi les citations ou les présentations synthétiques sont ordonnées suivant l'ordre de la rédaction et non pas de la publication de ses écrits. S'il y a lieu, à la fin des paragraphes apparaît la date de l'édition allemande suivie, entre parenthèses, de celle en français accompagnée de la pagination qui s'y réfère.

Les références bibliographiques finales sont organisées en fonction des dates de première publication en allemand.

1-01-1896

> «Les substances odorantes sont, [...] des produits désagrégés du métabolisme sexuel ; [....] Au moment des menstruations et d'autres processus sexuels, le corps produit une quantité accrue de ces substances, donc aussi des excitations.... . Les deux façons d'attraper la migraine /internes et externes/ : spontanément ou par les odeurs, des toxines humaines, pourraient aller de pair...» 1950, (1973 : 128-129).

> «Le voisinage que la nature a donné aux organes sexuels doit inévitablement, au moment des expériences sexuelles, susciter un sentiment de dégoût.» 1950, (1973 : 131).

Le dégoût est donc une cause du refoulement et conséquemment de névrose.

11-01-1897

> «Les perversions conduisent régulièrement à la zoophilie et ont un caractère bestial. (...). Il faut se souvenir aussi que le plus important des sens chez l'animal (même en ce qui concerne la sexualité) est l'odorat qui, chez l'homme se trouve affaibli. Tant que prédomine le sens de l'odorat (et du goût), les poils, les fécès, toute la surface du corps, ainsi que le sang, jouent le rôle d'excitants sexuels. C'est peut-être à ce fait que tient la sensibilisation de l'odorat dans l'hystérie.» 1950, (1973 : 164-165).

14-11-1897

L'abandon de l'olfaction favorisa le refoulement et eut pour conséquence la désexualisation des régions anale et buccopharyngienne, faute de quoi il en résulte une perversion 1950, (1973 : 205).

18-02-1909

Rôle de l'olfaction refoulée (partiellement) dans le fétichisme du pied. 1965, (1969 : 78-79).

24-2-1909

> «Ce plaisir olfactif appartient à cette catégorie de motions qui sont, pour la plupart, refoulées. Ceux qui ont un jour tiré une jouissance des sécrétions nauséabondes que dégagent les pieds, et chez qui un refoulement partiel de cette motion intervient, deviennent des fétichistes des chaussures ; le plaisir de l'odeur est réprimé tandis que le pied sans odeur est idéalisé.» (1989 : 429).

10-03-1909

Les aliments peuvent rappeler à l'enfant les excréments (soupe, légumes) ; dans ce cas il les refuse bruyamment, affirmant ainsi qu'il a surmonté ses penchants coprophiliques. (1978 : 175-176).

1909

«D'une façon générale, on peut se demander si l'atrophie de l'odorat chez l'homme, consécutive à la station debout, et le refoulement du plaisir organique qui en résulte, ne jouerait pas un grand rôle dans la faculté de l'homme d'acquérir des névroses.» 1909 (1975 : 260).

09- 1909

Les pulsions coprophiles sont avec la fixation aux personnes du choix d'objet primitif, les plus rigoureusement refoulées. 1910 (1993 : 44).

17-11-1909

Le refoulement «organique» de l'odorat est un facteur de civilisation. (1978 : 318).

1-12-1909

«...le fétichisme du pied, dont nous avons pu déceler l'origine dans la répression de certaines pulsions coprophiliques doit aussi être lié à une recherche et à un heureux recouvrement de ce pénis perdu de la mère.» (1978 : 336).

1910

«[La psychanalyse souligne]...l'importance, dans le choix du fétiche, d'un plaisir olfactif coprophilique, qui s'est perdu en raison du refoulement. Le pied et la chevelure sont des objets qui dégagent une forte odeur, et qui sont élevés au rang de fétiche après le renoncement à la sensation olfactive devenue déplaisante» 1905, (1991 : 65, note 1 rajoutée dans l'édition de 1910).

24-02-1910

«Je considère le plaisir de sentir coprophilique comme le support de la plupart des cas de fétichisme de pieds et de bottes.» (1965 : 92).

1912

> «Ce sont avant tout les composantes pulsionnelles coprophiliques qui se sont avérées incompatibles avec les exigences esthétiques de notre civilisation, vraisemblablement depuis que, passant à la station debout, nous avons élevé au-dessus du sol notre organe olfactif [...]. L'excrémentiel est bien trop intimement et inséparablement lié avec le sexuel, la situation des organes génitaux –inter urinas et faeces– demeure le facteur déterminant immuable.» 1912, (1973 : 64-65).

1913

> «La découverte capitale de la recherche psychanalytique a été que le petit enfant de l'homme est obligé de récapituler, pendant la première partie de son développement, les changements qui ont affecté l'attitude de la race humaine vis-à-vis des excréments et qui commencèrent sans doute à se reproduire lorsque l'homo sapiens se dressa pour la première fois au-dessus de la Terre Mère.». (1981).

1930

Freud fait alors l'hypothèse d'un «refoulement organique» des sensations olfactives, dû au redressement postural, phénomène qui aurait ouvert la voie à la civilisation. 1930 (1971 : 50-51 en note).

Références bibliographiques

Delrieu A.

1997 *Sigmund Freud, Index Thématique*, Paris, Anthropos

Freud S.

1905 «Drei Abhandlungen zur Sexualtheorie», trad. française 1991, Trois essais sur la théorie de la sexualité, trad. Ph. Koeppel, Paris, Gallimard.

1909 «Bemerkungen über einen Fall von Zwangsneurose», «Remarques sur un cas de névrose obsessionnelle (L'homme aux rats)», *Cinq psychanalyses*, trad. M. Bonaparte et R. et M. Lœwenstein, Paris, PUF, 1975 (7e ed.).

1910 (09-1909) «Über Psychoanalyse», «De la psychanalyse», Sigmund Freud, *Œuvres complètes*, vol. X, trad. collective, Paris, PUF, 1993.

1912 «Über die allgemeinste Erniedrigung des Liebeslebens», «Sur le plus général des rabaissements de la vie amoureuse», *La vie sexuelle*, trad. collective, Paris, PUF, 1973 (4ème édition).

1913 Préface à Scatologic Rites in All Nations, de J. G Bourke (1891), trad. française de D. Lapporte, *Les rites scatologiques de toutes les nations*, Paris, PUF, 1981.

1930 «Das Unbehagen in der Kultur», *Malaise dans la civilisation*, trad. Ch. et J. Odier, Paris, PUF, 1971 (4ème éd.).

1950 (1887-1902), «Aus den Anfängen der Psychoanalyse. Briefe an Wilhem Fliess. Abhandlungen und Notizen aus den Jahren 1887-1902», *La naissance de la psychanalyse*, trad. A. Berman, Paris, PUF, 1973 (3ème ed. revue et corrigée).

1965 *Sigmund Freud-Karl Abraham : Correspondance 1907-1926*, trad. F. Cambon et J. P Grossein, Paris, Gallimard, 1969.

1978 *Les premiers psychanalystes, Minutes (II) de la Société psychanalytique de Vienne (du 7-10-1908 au 15-6-1910)*, trad. N. Bakman, Paris, Gallimard, 1978.

1989 *Revue internationale d'histoire de la psychanalyse*, n°2, Paris, PUF, (contient des inédits de Freud).

Sulloway F. J

1981 *Freud biologiste de l'Esprit*, trad. J. Lelaidier, Paris, Librairie Arthème Fayard

Le goût du rhum et l'odeur du cuir

Markos Zafiropoulos

«Dans mon travail je prends un truc qui est dégueulasse et j'en fais un truc superbe qui sent bon qui est (gouleyant). C'est comme les gens qui font des parfums, vraiment il ne faut pas être normal pour faire ça. C'est absolument dégoûtant, c'est au niveau des odeurs que ça se passe. Et là où les gens voient le final c'est-à-dire un beau manteau de cuir, là où les gens voient un beau morceau de cuir, et bien moi je vois toutes les odeurs antérieures que ce soit les solvants ou tous les trucs puants qui l'ont précédé...»
(Paroles de Gaël)

Cette exergue est une déclaration d'un de nos patients qui inscrit d'emblée l'odeur dans le registre du dégoûtant. On passe ensuite de l'odeur (dégoûtante) à la vision (magnifiée) au moyen d'une remontée de la puanteur (odeur antérieure) vers le gouleyant (registre du goût) pour atteindre enfin le «beau» et le «superbe».

Le patient intériorise en quelque sorte la position freudienne vis-vis de l'odeur qui situe celle-ci du côté du refoulement.

Mais avant d'aborder cette question de l'odeur pour notre sujet, nous allons envisager la question du point de vue de son symptôme : le goût pour le rhum.

Le goût du rhum

Du point de vue de la recherche clinique nous pouvons d'abord très simplement inclure l'alcoolisme dans ces sortes de conduites qui se trouvent à l'évidence caractérisées par le registre de «l'accoutumance».

«Accoutumance» n'est qu'une simple façon de parler sans valeur explicative ; tous ceux qui ont l'occasion de prendre pendant un certain temps de la morphine, de la cocaïne, du chloral et autres, n'acquièrent pas de ce fait «appétence» pour ces choses. Une investigation plus précise démontre en règle générale que ces narcotiques sont destinés à jouer le rôle de substituts – directement ou par voie détournée – de la jouissance sexuelle manquante, et là où ne peut plus s'instaurer une vie sexuelle normale, on peut s'attendre avec certitude à la rechute du désintoxiqué indique Freud dès 1898.

La position freudienne est donc extrêmement nette : pour Freud, les «toxicomanies» ont valeur de substitut de jouissance sexuelle (au même titre que tout autre symptôme) et c'est de «récupérer» cette jouissance sexuelle – confisquée par le symptôme –, qui permettrait d'éviter la rechute du sujet dans le registre de l'accoutumance.

D'où une nouvelle question : qu'est-ce qui prive ici le sujet d'une vie sexuelle normale ? L'expérience clinique nous apprend que dans le cas de «l'alcoolique» c'est l'impuissance. La plupart des cliniciens s'accordent en effet pour corréler l'alcoolisme à la puissance ou plutôt à l'impuissance. Cette question de l'impuissance sexuelle se retrouve donc très naturellement aussi au cœur de la métapsychologie freudienne de l'alcoolisation du sujet.

On le constate évidemment pour ce qui concerne le délire de jalousie paranoïaque. On le constate aussi en ce que la question de la puissance comme telle est tout simplement au cœur de la problématique du névrosé. Et nous ajouterons que le sujet névrotique peut vouloir cette impuissance, car grâce à elle, il évite cette sorte d'ordinaire agressivité qu'il faut savoir mobiliser pour jouir du corps d'une femme par exemple. Le recul par rapport à l'exercice du pouvoir phallique est en effet au cœur de l'expérience névrotique et ce qui peut paraître un échec dans le cas de l'alcoolisme, échec face à la relation sexuelle, peut être en fait constitué comme une réussite pour la stratégie névrotique du sujet de l'inconscient.

Ainsi l'impuissance obtenue grâce à la solution alcoolique permettrait au sujet névrotique de «sauver la femme» qu'il idéalise et dont il ne veut rien savoir quant à la jouissance sexuelle. De cette manière il maintient la femme du côté de l'intouchable, de la Dame.

Au plan culturel nous connaissons cette figure idéalisée de la Dame, présente dans le registre de l'amour courtois par exemple, mais c'est un résultat somme toute assez fréquent du fonctionnement obsessionnel que de produire une femme comme intouchable. Le recours à l'alcool peut quelquefois s'interpréter dans ce cadre-là.

En même temps qu'il recule face à l'activité phallique dans la relation à l'Autre sexe, le névrosé se tourne fréquemment dans le cas de l'alcoolisme côté homme, mettant du même coup en fonction ce que nous appellerons «le régime de son homosexualité inconsciente».

L'homosexualité fournit alors une part décisive des coordonnées sexuelles de la «jouissance alcoolique» du sujet. À ce point de maturation du phénomène nous constatons que la jouissance alcoolique fonctionne comme substitut de la jouissance homosexuelle. En tant que substitut de cette jouissance «le choix de l'alcool» peut alors et, du point de vue de l'épistémologie freudienne, être logiquement positionné comme un ensemble symptômal.

La question qui suit est alors celle-ci : la manifestation symptômale présentée par le sujet est-elle ou non saisissable du point de vue de la psychanalyse ? Et c'est évidemment uniquement à répondre positivement à cette question que le symptôme d'alcoolisation pourra devenir non pas un symptôme dont il faut «avoir la peau» du point de vue d'une démarche médicale (au demeurant parfaitement légitime), mais un symptôme psychanalytique c'est à dire un ensemble signifiant à déchiffrer trait par trait dans le registre symbolique où il s'élabore. À suivre les méandres de ce réseau symbolique, le déchiffrage analytique doit conduire au cœur de la stratégie névrotique inconsciente du sujet puisque cette formation (le symptôme) est une manifestation de cette stratégie.

Il y a donc – dans le cas de l'alcool comme ailleurs et pour l'orientation psychanalytique – deux versants du symptôme fonctionnant du même mouvement :

Premier versant : substitut de la jouissance sexuelle.

Deuxième versant : formation signifiante dont la lecture permet de dégager la stratégie névrotique manifestée de manière symptomale par cet ensemble symbolique.

Pour avoir statut de symptôme analytique le «trouble psychique» doit donc se présenter comme un véritable réseau de signifiants enveloppant une quantité de jouissance (dont le sujet se plaint) et qui est le produit d'une substitution prenant la place d'une jouissance sexuelle «empêchée». Voyons la manière dont la clinique d'un cas peut nous éclairer.

Le cas Gaël

Depuis plus d'une décennie Gaël s'alcoolise régulièrement et n'a pas de relations sexuelles. Du point de vue de l'organisation de sa jouissance nous pouvons donc dire que le «choix» de l'alcool relève bien ici d'un symptôme au sens freudien du terme puisque là où il y a alcoolisation il n'y a pas de jouissance sexuelle. La «pureté» du cas au moins ici est exemplaire. Mais ce «choix» pour l'alcool est-il symboliquement organisé ?

Écoutons Gaël évoquer d'abord et dans son style le moment du déclenchement de son alcoolisation :

> *«Ça a commencé à partir de 84-85 parce que je ne compte pas mes années d'étudiant, où l'on fait des fêtes un petit peu arrosées et comme j'ai fait des études jusqu'à 24–25 ans...»*

D'emblée donc la «clinique du style» permet de repérer l'inconsciente stratégie du sujet qui *«ne compte pas»* ce qui – comme nous le verrons – apparaîtra rapidement comme tout à fait essentiel.

Quant au «choix du produit», s'agit-il de n'importe quel alcool ? Réponse : non, exclusivement du rhum.

Gaël m'indique que tout ça est de toute façon assez organique et que son choix pour le rhum se motive du goût de cet alcool. Puis ressaisissant sa longue période d'alcoolisation il précise que «*les autres types de ce genre là me rendaient malade.*»

Je sélectionne alors pour mon propre compte la relation ici établie de manière surprenante (pour moi) entre une classe d'alcool (le rhum) et «les *autres types*» rejeté. Puis j'encourage le patient à «librement associer» à partir de ce choix pour le rhum.

«*J'adore la musique antillaise, le zouk,*» dit il, et d'un seul coup il se souvient qu'étudiant il avait justement beaucoup d'amis «*antillais, réunionnais... tiens, j'avais un ami réunionnais qui m'a fait goûter du rhum chez lui*» et plus précisément encore il remonte un peu plus loin dans ses souvenirs : «*c'était en seconde, ma première expérience avec le rhum, mes premières cuites à vomir...*»

Dès le début de la reconstruction nous voyons donc apparaître le rhum comme objet d'une expérience de jouissance inaugurale précisément située au cœur de la période qu'il avait d'emblée convoquée sous le mode de la dénégation («*je ne compte pas cette période*»).

Un objet, mais pas n'importe lequel, un objet «enveloppé dans l'Autre». Dans celui qui en l'espèce aura fonctionné de manière initiatique à savoir «*un réunionnais à la peau noire*».

«*Les autres types de ce genre là me rendaient malade...*»

Même si la rigueur de la langue ne permet pas de trancher sur ce qui était indexé là (sous *les autres types)* on voit que l'ami et le rhum «marchent ensemble» dans cette conjoncture signifiante très particulière. Sous le rhum semble alors déjà se dessiner la figure de l'Autre homme émergeant comme objet d'une inconsciente passion homosexuelle.

Le fait qu'il s'agisse d'ailleurs d'un «*homme à la peau noire*» aura toute son importance puisque notre analysant ayant poursuivi ses études d'ingénieur chimiste ne choisira pas n'importe quelle filière au moment du choix de sa spécialité puisqu'il élira, au grand étonnement de ses proches, l'étude du cuir.

Il deviendra ingénieur chimiste spécialisé dans la fabrication du cuir. Très rapidement pour ce cas nous voyons donc apparaître une sorte de série signifiante connectant de manière très spécifique la couleur brune du rhum (à l'époque, le rhum blanc n'était pas commercialisé en France) à la peau noire de l'initiateur et venant culminer dans les mystères du cuir auquel Gaël vouera sa vie entière.

Et cette première rencontre avec l'ivresse semble bien avoir été décisive puisque Gaël poursuit en ces termes :

> *«à partir de là je me suis aperçu que je pouvais être quelqu'un de très sensuel, de très passionné et plus tard j'ai choisi le cuir».*

La chute de la phrase n'est pas banale non plus et peu conforme à ce que l'on pourrait spontanément attendre comme conclusion d'une «première» rencontre avec le rhum.

> *«Pour moi toucher ou fabriquer du cuir c'est beaucoup plus excitant que de toucher une femme»*

Tout est dit, et pour comprendre l'alcoolisation de Gaël nul doute qu'il faut alors comprendre la sorte de culte que Gaël voue non seulement à la «robe du rhum», à la peau noire de son ami, mais enfin aussi à cette opération d'idéalisation transformant en des marchandises véritablement fétichisées (manteau de cuir...) les dépouilles ou les restes de l'animal que l'industrie des tanneurs sacrifie à l'élégance de nos contemporains.

Nous ne conduirons pas ici l'analyse du cas plus avant pour ce qui concerne le symptôme d'alcoolisation de Gaël, si ce n'est pour confirmer qu'il s'agit bien d'un symptôme au sens freudien du terme puisqu'on y trouve un réseau signifiant nous conduisant jusqu'à cette sorte d'excitation dont les coordonnées sexuelles sont enfin cliniquement dites. Mais puisqu'il s'agit ici de nous interroger sur cette sorte de métapsychologie des odeurs encore peu systématisée dans les travaux de notre groupe de recherches, pourquoi ne pas dire que cet analysant nous y introduit de manière tout à fait saisissante puisqu'il le fait en nous conduisant au cœur même du secret organisant l'activité proprement fétichiste de sa profession.

L'odeur du cuir

Reprenons la citation de Gaël qui nous a servi d'exergue :

> *«Dans mon travail je prends un truc qui est dégueulasse et j'en fait un truc superbe qui sent bon qui est (gouleyant). C'est comme les gens qui font des parfums, vraiment il ne faut pas être normal pour faire ça. C'est absolument dégoûtant, c'est au niveau des odeurs que ça se passe. Et là où les gens*

> *voient le final, c'est-à-dire un beau manteau de cuir, là où les gens voient un beau morceau de cuir, et bien moi je vois toutes les odeurs antérieures que ce soit les solvants ou tous les trucs puants qui l'ont précédé...»*

De précession en précession nous arriverons inexorablement jusqu'à la dépouille même du cadavre de l'animal dont il aura ici bien fallu «avoir la peau» pour que la mécanique sociale de production fétichiste se mette en route. Mais ce qui est formidable ici, c'est que la clinique du cas ne nous ramène pas seulement aux meurtres exigibles pour la production mécanisée dont il s'agit, elle nous amène au cœur même de la production du social puisque c'est bien, nous dit Freud, à l'issue du meurtre de la bête originaire (le père imaginaire) que l'organisation sociale de droit a pu se mettre en place.

D'une certaine manière nous aurions donc ici à rappeler que ce n'est pas seulement une chaîne de production qui s'alimente du meurtre de l'animal, mais que c'est toute la production du social qui se construit sur les restes du cadavre originaire. Et si l'on veut ici se placer au plan de l'anthropologie freudienne pourquoi ne pas dire que l'espèce humaine est particulièrement fixée sur le registre des odeurs non seulement parce que la puissance du rappel pulsionnel (anal) dont il s'agit s'équivaut à celle de son rejet, mais encore (au plan mythologique du névrosé) parce que du cousinage entre l'odeur de merde et celle de la mort revient perpétuellement aux frères parricides le rappel que c'est bien leur pacte social tout entier qui se trouve nimbé depuis son origine d'une persistante odeur de mort.

Le fétiche de cuir

Retournons à la clinique du cas pour faire maintenant apercevoir le rapport que cet analysant entretien avec le cuir ici véritablement positionné dans le lieu du fétiche. De ce point de vue nous relèverons que Gaël se satisfait du cuir à une condition : c'est qu'il ne soit pas porté par un autre. Lorsque ce cuir est porté par un autre il perd de sa valeur.

Donc nous constatons qu'à simplement laisser se dérouler la chaîne signifiante qui part du symptôme (le rhum) on en arrive aux coordonnées sexuelles de sa jouissance qui à leur tour ont des incidences sociales tout à fait précises (pour tous), puisque c'est à partir de la dépouille malodorante de la bête que se met en marche le travail d'idéalisation réalisé par la fabrique.

Par cette activité, notre ingénieur crée ces beaux atours que les élégantes portant fourrures utilisent dans la brillance de leur mascarade féminine, à condition toutefois que personne ne vienne brutalement leur rappeler d'où viennent ces manteaux voilant au mieux leur castration. Qui aurait donc le cœur de les rappeler à la règle commune si ce n'est évidemment quelques écologistes ou autres protecteurs du règne animal n'hésitant pas à barbouiller de quelques pots de peinture rouge leur couverture agalmatique brutalement devenue importable ?

À rappeler alors la dépouille originaire qu'il y a «sous le manteau», l'objet (de cuir) s'en trouve brutalement dévalorisé exhibant, par là, la sorte d'illusion exigible à la reproduction même de l'imposture sociale comme pratique collective du fétiche.

N'est il pas exigible de refouler le meurtre pour instituer le social ?

Le social est-il autre chose que cette formidable série d'appareils de fétichisation déjà pointée par l'œuvre de Marx, démontrant de manière inégalée la façon dont il s'agit de mobiliser de la force de travail pour produire des formes et obtenir de la valeur dans une stricte logique de fétichisation des marchandises ?

Dans cette perspective où il faut partir des matières premières, pourquoi ne pas rappeler que la peau est une matière première se déduisant d'un meurtre (animal) et que, pour Freud, le père originaire, ou mieux dit, les restes de ce père constituent très exactement cette sorte de «matière première» perpétuellement retravaillée par les fils dans leur fabrique idéalisante où ils tissent leurs liens sociaux.

Voyez au passage la manière dont une lecture freudienne d'un trait fétichiste dans une structure obsessionnelle peut nous conduire au cœur de la fabrique du social et tout ce que l'on gagnerait à lire Marx avec Freud.

Par le secret qu'il possède concernant le processus de transformation de *«ce qui pue»* vers ce qui va devenir un objet formidablement beau sur un des marchés de la mascarade la plus aristocratique, Gaël nous conduit en tout cas au cœur du mythe freudien concernant le refoulement originaire.

Il possède lui le secret sur ce mythe freudien car sa fixation à l'odorat l'amène à l'élaboration fétichiste d'une peau noire sans sujet, un bout de corps défait de l'autre. Ce que l'on pourrait peut être appeler dans une orientation lacanienne un objet (a)phallicisé, idéalisé, auquel Gaël vouera sa vie sensuelle. Car cet objet polarise sa jouissance et le coupe de toute relation à l'Autre sexe et au-delà même.

L'incidence sociale de sa position subjective se trouvera d'ailleurs directement affectée par la discrète odeur qui nimbe sa présence et se découvre comme parfaitement insupportable à la finesse des nez caractérisant la grande bourgeoisie provinciale dont il est issue. La prégnance de l'odeur le tiendra toujours plus à l'écart de sa classe d'origine et du même mouvement l'intégrera toujours plus nettement dans son nouvel univers social : le monde des tanneurs. Et chacun le sait : les tanneurs occupent en général les places les plus basses dans la hiérarchie sociale. Ils sont le plus souvent tenus à l'écart de la ville. Pourquoi ? Parce qu'ils puent. Mais voilà, certains comme Gaël viennent nous rappeler que ce rejet pulsionnel-là non plus n'a rien de «naturel», et ce faisant il nous ramène à cette sorte de vérité de la structuration subjective sans quoi ni la clinique du cas ni celle de l'organisation sociale ne seraient intelligibles.

Alors comment conclure ?

Nous dirons tout d'abord que Gaël nous amène à interroger la place de la peau dans les restes de corps parce qu'en l'espèce il peut être exorbitant dans notre logique de fournir à la peau un véritable statut d'objet (a). En effet, ne suffit–il pas de retirer la peau d'un sujet pour qu'il meure ? Or l'objet (a) chez Lacan sert à la symbolisation. C'est pour cela me semble-t-il qu'il n'a pas endossé l'invention d'un «stade du respire» que lui proposait en son temps tel de nos meilleurs cliniciens.

Le sujet doit pouvoir survivre à la perte de ses objets. Voilà peut être une définition minimale permettant de ne pas élargir à l'infini de nos inspirations (c'est le cas de le dire pour les odeurs) la liste des objets (a). Il y a une pratique de l'objet (a). L'homme pense avec ses objets (a) indique Jacques Lacan, et ça veut dire que l'objet qui se détache du corps doit pouvoir disparaître et réapparaître tout en épargnant au moins la vie du sujet.

Alors la peau peut elle être comptée dans une autre liste : celle des objets fétiches ? Oui, puisque c'est de la peau de l'Autre qu'il s'agit. À suivre cette ligne d'analyse-là, on s'apercevrait très vite d'ailleurs que ce bout de cuir est en lieu et place très précisément du fameux phallus postiche de la mère que se construit le fétichiste après ce que nous appellerons le trauma scopique.

Juste avant de voir, un écran quelconque est convoqué.

De la fourrure se déduisent des Vénus à la fourrure, mais on sait aussi la place privilégiée du cuir dans la mascarade fétichiste. Bien sûr nous pourrions développer ici ce qu'il y a de commun entre la peau de l'autre, la mort, le phallus anal qui prendra aussi bien la place du phallus manquant de la mère, et nous nous retrouverions alors sans nul doute avec notre bon vieil objet (a) qui pour le registre des odeurs n'est pas grand chose d'autre que le flatus anal. Nous ne proposons donc pas d'élargir avec la peau la liste des objets (a).

Que nous apprend – ou nous confirme – maintenant la clinique de Gaël qui se trouve être aussi une clinique du social ?

Premièrement : qu'un morceau de cuir est un déchet de corps qui peut se trouver élevé par un travail d'idéalisation manifeste au rang d'objet fétiche.

Deuxièmement : que le culte privé entretenu par le sujet pour son fétiche le sépare de la jouissance sexuelle d'avec le corps de l'autre.

Troisièmement : que ce culte peut être socialisé ou en d'autres termes pratiqué collectivement et donc faire lien social sur le versant de l'idéalisation. Nous retrouvons là un ressort libidinal au principe de la constitution même de la confrérie des tanneurs. Ce qui démontre aussi que l'homologation sociale de ce travail d'idéalisation passe par le refoulement collectivement accrédité d'une motion pulsionnelle pour se déployer sur le versant social de formes idéales mobilisant une force de travail (celle des tanneurs) à des fins véritablement fétichistes (au sens freudien du terme). De ce point de vue, il est d'ailleurs tout à fait saisissant de constater combien la clinique freudienne du fétiche, non seulement conforte, mais précise la découverte marxiste révélant dans la production de la forme le secret de la valeur des marchandises et de leur fétichisation.

Quatrièmement : Gaël nous rappelle (avec ses vêtements de cuir) que l'élaboration idéalisante du fétiche se présente bien dans le registre spéculaire, alors que le travail du refoulement à l'œuvre dans cette position subjective reste celui qui se trouve parfaitement précisé par l'enseignement clinique de Freud en ces termes :

«Actuellement, les zones qui, chez l'homme normal adulte, ont cessé d'être le siège de décharges sexuelles sont les régions anales et bucco-pharyngienne et ceci de deux manières :
1° Leur aspect et leur représentation ne doivent plus provoquer d'excitation ;
2° Les sensations internes qui en émanent ne fournissent plus d'apport à la libido comme le feraient les organes sexuels eux-mêmes. Chez les animaux, ces zones sexuelles conservent leurs propriétés à ces deux points de vue. Si ces dernières persistent chez les êtres humains, il en résulte une perversion» (1973)

Chez Gaël il n'y aurait pas eu abandon des réjouissances olfactives et il y aura donc eu perversion ou peut être plus précisément constitution d'un trait de perversion préservant la sexualisation des régions anales et bucco-pharyngiennes. Sexualisation apparaissant ici sur le registre du goût et des odeurs (*«le cuir gouleyant»)*.

Registre qui nous «mène par le bout du nez» jusqu'à celui de l'érotique anale. Au plan de la clinique du cas, nous constatons alors la persistance d'une espèce de carrefour pulsionnel unissant les réjouissances du goût et des odeurs (celle des régions bucco-pharyngiennes) à celles des régions anales. D'être fixé à ce carrefour se déduit pour ce sujet le goût du rhum, celui d'une inconsciente homosexualité, des mystères du cuir et d'un compagnonnage qui l'amènera à s'expatrier pour mieux retrouver les siens (les tanneurs), après avoir réveillé pour nous le secret de la fétichisation de la marchandise.

Références bibliographiques

FREUD S.
1984 «La sexualité dans l'étiologie des névroses». [1898], *Résultats, idées, problèmes*. Paris, P. U. F. , vol. 1.
1973 «Lettre à Wilhelm Fliess N°75, du 14/11/1897», *La naissance de la psychanalyse*. Paris, P. U. F.

Trois histoires de nez aux origines de la psychanalyse

Annick Le Guérer

L'importance de l'odorat dans la genèse de la psychanalyse doit beaucoup à la rencontre de Freud avec Wilhelm Fliess qui faisait du nez un organe dominant. La pathologie nasale du père de cet éminent oto-rhino-laryngologiste, aurait d'ailleurs orienté le fils vers cette spécialité médicale, pivot de ses larges intérêts scientifiques. Fliess avait la conviction d'avoir découvert une entité clinique : une névrose réflexe issue des voies nasales. Selon sa théorie, les affections des cornets et des sinus, les œdèmes de la muqueuse nasale étaient à l'origine de tout un complexe de symptômes : migraines, névralgies dans presque toutes les parties du corps, troubles fonctionnels, cardiaques, respiratoires, digestifs et sexuels. Tous ces maux pourtant extrêmement divers avaient une caractéristique commune : ils pouvaient disparaître momentanément en anesthésiant par la cocaïne les zones nasales responsables.

Persuadé que son nez était à l'origine de ses propres migraines, Fliess le soumit à des interventions chirurgicales qui laissèrent parfois Freud perplexe : «vas-tu te transformer complètement en pus devant moi ? Au diable toutes ces opérations ; finis-en une fois pour toutes» (Schur,

1975 : 106), lui écrit-il le 29 août 1894. Néanmoins, souffrant lui-même de céphalées et de problèmes cardiaques, Freud en vînt à se confier aux mains expertes de son ami berlinois. La pathologie nasale des deux hommes, source de grand inconfort, de soins nombreux et d'abondants commentaires augmente encore leur intimité autour de cet appendice. En fait, et Didier Anzieu le souligne, les deux hommes «sont en quelque sorte liés par le nez, lien que la cocaïne vient renforcer» (1959 : 201).

Une raison complémentaire a pu déterminer cette attention quasi obsessionnelle accordée au nez. Elle réside, selon Jay Geller, dans l'abondance des références négatives concernant les Juifs dans l'imaginaire olfactif du dix-neuvième et du début du vingtième siècles. Les caricatures antisémites affichées dans les rues de Berlin et de Vienne auraient conduit les deux amis à une surévaluation de l'organe nasal dans une tentative de détournement d'une image du racisme. Pour eux, déclare Sander Gilman, le «judennase», n'est plus un objet de dérision ni un signe d'hypervirilité décadente» (Geller, 1992 : 435 et Gilman, 1991) mais une source de vérité scientifique pouvant soulager la misère humaine.

Déjà omniprésent dans leurs échanges intellectuels et leurs préoccupations quotidiennes, l'intérêt pour le nez va se trouver encore renforcé par une malencontreuse intervention chirurgicale sur celui d'Emma Eckstein dans lequel Wilhelm Fliess oublia un demi mètre de gaze iodée.

Rappelons brièvement l'histoire de cette jeune veuve hystérique qui inspira le célèbre rêve de «l'injection faite à Irma». Pour s'assurer que les symptômes abdominaux de sa malade n'avaient pas de cause organique, Freud avait demandé à Fliess de vérifier l'état de son nez. Certains troubles ayant été diagnostiqués, Fliess vient à Vienne, fin février 1895, opérer le nez d'Emma. Mettant à profit son déplacement, il cautérise aussi les cornets de Freud qui souffre d'une rhinite purulente. Mais, après le départ de Fliess, le nez de la jeune femme douloureux et suintant dégage une odeur fétide.

Un premier spécialiste appelé par Freud n'obtient aucun résultat. Un second, plus perspicace, aperçoit dans la cavité nasale quelque chose qui ressemble à un fil. Il tire et extrait, à la surprise générale, un long morceau de 50 cm de gaze chirurgicale. Les yeux exhorbités, d'une pâleur extrême, la malade défaille dans un flot de sang. L'hémorragie est enrayée mais, bouleversé par la négligence professionnelle de Fliess et l'état alarmant de sa patiente, Freud se sent mal. Il doit s'éclipser et reprendre ses esprits avec un peu de cognac.

Encore sous le coup de ces émotions, il révèle à Fliess, le 8 mars, ce qui s'est passé. Ils ont été injustes avec Emma : les saignements de nez postopératoires n'étaient pas, comme tous deux l'avaient d'abord cru, de nature hystérique. C'est le morceau de gaze, resté à l'intérieur pendant quinze jours, qui a empêché la cicatrisation et provoqué une hémorragie cataclysmique. Toutefois, il s'efforce à tout prix de rassurer et de disculper son ami qui a fait de son mieux et que personne ne songe à blâmer.

Dans les semaines suivantes l'épisode tragi-comique du nez d'Emma a des prolongements. De nouvelles hémorragies menaçant sa vie nécessitent d'autres interventions. Suit une période où Freud cherche à faire taire ses soupçons sur les compétences de son confident et chirurgien.

Oscillations entre confiance et défiance sont tout à fait perceptibles dans la lettre du 20 avril 1895. Témoin d'une autre hémorragie qui aurait pu être fatale à la jeune femme, il redit néanmoins à Fliess toute son estime : il est le «guérisseur» (Schur, 1975 : 110-111), le type d'homme auquel on confie sans hésiter sa vie et celle de sa famille. Tout reproche serait «stupide» et «injustifié». Mais les doutes de Freud se déplacent : «En ce qui concerne mon mal, j'aimerais que tu aies raison de croire que le nez est pour beaucoup dans cela et que le cœur n'y est pour rien. Seul un juge très sévère me tiendra rigueur de ce que je crois souvent le contraire, avec ce pouls et cette insuffisance. Je ne puis venir maintenant à Berlin selon ta proposition». L'ambivalence de ses sentiments resurgit dans les dernières lignes : Fliess avait raison : c'est de son nez que découlent tous ses troubles cardiaques puisqu'une application nasale de cocaïne a arrêté une pénible crise. Une intervention lui semble à nouveau envisageable toutefois, précise-t-il, «cela n'est pas possible pour le moment» (*Idem* : 112).

Six jours plus tard, Freud fait savoir à Fliess qu'une cocaïnisation du nez entraînant une forte suppuration nasale est encore parvenue à le soulager de terribles douleurs cardiaques. Un empyème de l'os sphénoïdal le rend aussi «très heureux». Ces bonnes nouvelles en annoncent une autre : le nez de leur «bourreau» à tous deux, Emma Eckstein, semble aller beaucoup mieux. D'autres informations réjouissantes le 25 mai : l'éminent physiologiste Joseph Breuer, a accueilli favorablement les théories nasales de Fliess et lui prépare à Vienne une réputation «énorme». Et Freud de poursuivre à propos de son propre nez :

> «j'ai eu d'abondants écoulements de pus et je me suis senti merveilleusement bien. Maintenant la suppuration s'est presque arrêtée et je continue d'aller très bien» (*Ibidem*).

Et pour ce qui est d'Emma, qui lui avait encore causé quelque souci, elle se porte à merveille.

En fait, plus Freud souffre du nez, plus il peut croire au diagnostic de Fliess sur l'origine nasale de ses maux cardiaques. L'amélioration de la santé de leur malade favorise aussi son désir d'oublier ce qui l'a gêné dans cette histoire. Rassuré sur la bénignité de ses troubles et les capacités de son chirurgien, il peut enfin lui annoncer, le 22 juin, qu'il viendra à Berlin au début du mois de septembre.

Quelque temps après avoir pris cette décision et alors qu'il est agréablement installé dans sa résidence d'été, un visiteur vient raviver ses doutes. Oscar Rie, le pédiatre de ses enfants, l'informe qu'il est allé voir Emma et sa famille à la campagne. Freud s'enquiert de la jeune femme. Dans la réponse de son confrère : «elle va mieux mais pas tout à fait bien» (Freud, 1976 : 99), il croit entendre un blâme. Pour se mettre à l'abri des critiques, en particulier de celles de Joseph Breuer, il consigne immédiatement à l'intention de cette autorité médicale, l'observation du cas de sa patiente. La nuit suivante, il fait un rêve :

> «Un grand hall – beaucoup d'invités, nous recevons. – Parmi ces invités, Irma, que je prends tout de suite à part, pour lui reprocher, en réponse à sa lettre, de ne pas avoir encore accepté ma 'solution'. Je lui dis : 'Si tu as encore des douleurs, c'est réellement de ta faute.' Elle répond : 'Si tu savais comme j'ai mal à la gorge, à l'estomac et au ventre, cela m'étrangle.' – Je prends peur et je la regarde. Elle a un air pâle et bouffi ; je me dis : n'ai-je pas laissé échapper quelque symptôme organique ? Je l'amène près de la fenêtre et j'examine sa gorge... j'aperçois d'extraordinaires formations contournées qui ont l'apparence des cornets du nez, et sur elles de larges escarres blanc grisâtre» (*Idem* : 99-100),

Les escarres des cornets, comme Freud le dira plus tard dans *l'Interprétation des rêves*, sont liés à des inquiétudes au sujet de sa pathologie nasale et aux effets nocifs de la cocaïne. Il avait fait grand usage, à une certaine époque, de cette substance pour soulager un gonflement douloureux de sa muqueuse. La prescription inconsidérée de cette drogue lui avait aussi attiré de sérieuses remontrances de la part de ses collègues et précipité la mort de son ami morphinomane Ernst von Fleischl-Marxow. L'olfactif réapparaît un peu plus loin dans l'analyse du rêve :

> «Le soir où j'ai consigné l'histoire de ma malade, raconte Freud, ma femme a ouvert un flacon de liqueur sur lequel on pouvait lire le mot 'ananas' (ananas assone avec le nom de famille de ma malade Irma) et qui était un cadeau de notre ami Otto... Le flacon ouvert dégagea une telle odeur de rikiki que je me refusai à y goûter» (*Idem* : 108).

Le rappel de cette odeur déclenche toute une série d'associations aboutissant à évoquer Fliess, ses travaux sur l'olfaction et la sexualité, ses suppurations nasales fort préoccupantes ainsi que la demande faite à cet ami si précieux d'examiner Emma pour vérifier l'état de son nez.

Ainsi l'appendice nasal des trois protagonistes du petit drame qui s'est joué à Vienne en février 1895 figure en bonne place dans ce rêve qui tend, selon Freud, à le décharger de toute responsabilité à l'égard d'Emma et à le venger d'Oscar Rie qui l'avait culpabilisé.

La courte lettre du 24 juillet se borne à des questions d'ordre général : «Comment vont le nez, la menstruation, les douleurs de l'accouchement, les névroses, ta chère femme et le petit en gestation ?» (Schur, 1975 : 116). Omission révélatrice : il n'est fait aucune allusion à ce songe capital ni au secret de sa signification. Freud vient de découvrir que le rêve est l'accomplissement d'un désir mais ne peut s'avouer ni avouer à Fliess que le sien est de l'innocenter et de lui conserver à tout prix son admiration. Mais l'anxiété perce à nouveau un peu plus tard : le traitement qu'il s'apprête à subir lui laissera-t-il assez d'énergie pour exposer ses théories psychologiques ? En septembre, il se rend néanmoins comme prévu à Berlin pour se faire opérer. Deux mois plus tard, il redit à Fliess sa totale confiance :

> «je me sens étonnamment bien, comme jamais depuis le début de toute cette affaire. En outre, je n'ai plus de suppurations, mais simplement une sécrétion de type muqueux. Je n'ai d'ailleurs jamais douté de tes petites interventions» (Idem : 121).

Ce processus de refoulement Freud l'avait pourtant déjà rencontré dans une autre histoire d'odorat et d'odeurs. En 1892, un confrère lui avait adressé une jeune anglaise, gouvernante chez un directeur d'usine habitant la banlieue de Vienne, présentant des troubles olfactifs paradoxaux. Elle sentait à la fois trop et trop peu puisqu'elle était devenue anosmique à cause d'une rhinite purulente et qu'elle était, en même temps, poursuivie par des hallucinations olfactives fort pénibles. Elle se plaignait aussi de fatigue, de morosité, de lourdeurs de tête et de manque d'appétit. La première exhalaison qui tourmente Lucy R. est celle d'un entremets brûlé. Alors qu'elle s'amuse avec les deux petites filles de son employeur à faire la cuisine, le facteur apporte une lettre de sa mère qui habite Glasgow. Elle veut l'ouvrir mais les fillettes l'en empêchent.

> «Tandis que les enfants s'amusent ainsi autour de moi, voilà qu'une intense odeur de brûlé se répand tout à coup. Les enfants avaient planté là l'entremets qu'elles faisaient cuire, et il brûlait. Cette odeur me poursuit, je la sens tout le temps et elle devient plus forte quand je m'énerve» (Freud et Breuer, 1956 : 88-89).

Ainsi, l'effluve était apparu pour la première fois et dans la réalité lors d'un conflit d'affects : repartir chez sa mère ou rester auprès des enfants dont elle avait la garde. Ce tiraillement entre deux penchants contradictoires avait donné à ce petit évènement son caractère traumatisant. Mais pourquoi avoir choisi comme symbole mnémonique de cette scène une odeur, alors même qu'elle était enrhumée et qu'elle n'avait presque pas d'odorat ?

Freud soupçonne que cette petite histoire n'a pu provoquer une hystérie. La jeune fille doit être amoureuse – peut-être même sans le savoir – de son patron. Elle le reconnaît volontiers. Mais au lieu de l'amélioration profonde escomptée, une autre odeur, celle de la fumée de cigare la tourmente désormais. «Cette odeur devait exister auparavant mais avait été dissimulée par celle de l'entremets brûlé. Maintenant elle apparaissait à l'état pur [1]» (*Idem* : 93).

Lucy R. ignore quand elle est apparue. La pression insistante de la main de Freud sur son front fait surgir une image : c'est l'heure du déjeuner. Tout le monde est autour de la table de la salle à manger. Il y a aussi un invité, le chef comptable, un vieux monsieur qui aime les enfants comme s'ils appartenaient à sa propre famille.

1. Il faut rappeler que Freud était un grand amateur de cigares et que cette odeur a pu jouer un rôle dans le transfert

> «Au moment où les enfants lui disent au revoir, le chef comptable veut les embrasser. Le patron se lève brusquement et lui crie : «n'embrassez pas les enfants !» Cela me donne un coup au cœur et comme les messieurs sont déjà en train de fumer, c'est l'odeur de cigare qui me reste dans la mémoire» (*Ibidem*).

L'anamnèse se poursuit. Un souvenir encore plus ancien de baisers donnés sur la bouche aux enfants par une visiteuse. Après son départ, le père qui était présent fait de violents et injustes reproches à la gouvernante, saccageant du même coup ses espoirs amoureux. Le véritable traumatisme est ainsi découvert. Deux jours plus tard, Lucy R. semble transformée, d'humeur joyeuse. Sensibilité et réflexes du nez sont réapparus presque complètement. Elle commence à distinguer les odeurs.

Comme Freud l'écrit, en note, à propos des sentiments amoureux de Lucy R. :

> «Je n'ai jamais disposé d'une autre et meilleure description de cet état singulier où le sujet sait tout sans le savoir». [Lui-même se rappelle avoir eu une expérience semblable] «Je vis alors quelque chose qui allait à l'encontre de ce que j'attendais, mais cela ne me fit nullement renoncer à certains projets bien déterminés que cette perception aurait dû me faire abandonner... Je fus atteint de cet aveuglement des non-aveugles que l'on s'étonne de constater chez les mères quand il s'agit de leurs filles, chez les maris quand il est question de leurs femmes, chez les souverains à l'égard de leurs favoris» (*Idem* : 92).

Ces souvenirs et analyses pertinentes ne le conduiront pas cependant à une réelle remise en cause de son attitude à l'égard de Fliess. Son attachement passionnel qui comporte, comme il le dira plus tard, un élément homosexuel est une entrave à sa lucidité.

Le 13 février 1896, Freud attend impatiemment le travail de son ami sur le nez et le sexe. Il espère y retrouver certaines de leurs idées communes sur la sexualité. Fliess lui envoie son manuscrit sur *Les Relations entre le nez et les organes sexuels féminins...* Il y développe la théorie exposée dans sa précédente étude d'une correspondance entre le nez et les organes génitaux féminins. Des altérations nasales apparaissent pendant la menstruation, l'acte de reproduction, la grossesse, l'accouchement. Tuméfaction, sensibilité accrue, saignements de nez, se produisent à ces moments précis. Plus encore :

> «Le saignement de nez vicariant ressemble à la menstruation non seulement parce qu'il se produit au moment où devrait apparaître le saignement utérin, mais aussi parce qu'il peut ne pas se produire, dans les mêmes circonstances où le saignement utérin menstruel normal cesse également, à savoir au moment de la grossesse» (Fliess, 1977 : 24).

Les similitudes ne s'arrêtent pas là : les corps érectiles des «points génitaux» de l'organe nasal, de construction caverneuse, sont comparables à ceux du clitoris et en rapport avec le système sympathique. Cocaïnisations et interventions chirugicales sur le nez soignent la dysménorrhée, interviennent sur la durée du cycle menstruel, les douleurs de l'accouchement. Cette thérapie fait également merveille dans les troubles liés à l'onanisme et à la ménopause. Les résultats obtenus le confortent dans ses conclusions : l'importance du nez ne tient pas seulement à sa fonction respiratoire et olfactive mais aussi à ses liens avec la sexualité. Particulièrement nette chez la femme, cette relation entre le nez et la sexualité existe aussi chez l'homme. Le cas d'un médecin de 54 ans affecté, pendant des années, d'abondants saignements désignés par ses amis comme sa «menstruation» le conforte dans cette idée et l'amène à conclure que cet homme a «eu ses règles directement par le nez» (*Idem* : 244).

À l'époque de l'amitié passionnée, Freud ne trouve rien à redire à ces théories contestables :

> «J'ai lu tout d'un trait ton manuscrit. Il m'a énormément plu, tant par la façon aisée et sûre dont tu exposes tes idées que par l'enchaînement lumineux et paraissant évident des divers points... je n'ai rien eu besoin de corriger» (Freud, 1969 : 140).

La reconstruction du cas Emma et la réhabilitation de Fliess peuvent donc se poursuivre. Fin avril, Freud lui confirme que les saignements de leur patiente sont provoqués par le désir : Fliess avait vu juste en diagnostiquant qu'ils étaient hystériques. De toute évidence, elle a toujours saigné pour se faire aimer. Enfant déjà, elle avait des saignements de nez très abondants. À 15 ans, elle utilisa ce moyen pour attirer l'attention d'un jeune médecin. Lors de la grande hémorragie dont Freud fut témoin, voyant combien il en était affecté, elle se sentit plus heureuse que jamais malgré le danger encouru : l'ancien désir d'être aimée dans la maladie se réalisait.

L'histoire d'Emma Eckstein qui maintenant va «au mieux» devient de plus en plus claire, lui écrit-il, le 4 juin. Nul doute, ses hémorragies étaient bien liées au désir. Une métaphore olfactive lui sert à rendre hommage à la sagacité de son ami et à classer cette sulfureuse affaire : «Ton nez a de nouveau décelé la bonne piste» (Freud, 1985 : 192). Le 4 décembre 1896, tout doute «refoulé», il peut écrire à Fliess : «Je songe à quelque chose qui pourrait assurer une coordination entre nos travaux communs et me permettre d'installer ma colonne sur ton socle» (Freud, 1969 : 153).

Quelques mois après, Freud établit un lien direct entre l'olfactif et le refoulement :

> «pour nous exprimer plus crûment, le souvenir dégage maintenant la même puanteur qu'un objet actuel. De même que nous détournons avec dégoût notre organe sensoriel (tête et nez) devant les objets puants, de même le préconscient et notre compréhension consciente se détournent du souvenir. C'est là ce qu'on nomme refoulement» (*Idem* : 206).

Cette thématique élaborée dans le cadre d'une relation transférentielle avec un spécialiste du nez fourvoyé dans une histoire «sentant mauvais», s'inscrit aussi dans l'esprit du temps. Déjà le grand naturaliste Charles Darwin affirmait, en 1871, que le sens olfactif, primordial chez la plupart des mammifères, n'était plus chez l'homme qu'une faculté résiduelle, lointain héritage de quelque ancêtre qui en faisait grand usage. Dans sa célèbre *Psychopathia Sexualis*, parue en 1886, le médecin autrichien Richard von Krafft-Ebing considère, à son tour, que l'olfaction joue un rôle essentiel dans la sexualité animale mais intervient peu dans la sexualité humaine, du moins lorsqu'elle est normale. À cette époque psychiatres et sexologues estiment d'un commun accord qu'une grande acuité olfactive est symptomatique de comportements sexuels bestiaux et pathologiques.

Freud partage ces conceptions mais en établissant un rapport explicite entre le refoulement et la mise à l'écart du sens olfactif, il se démarque de ses confrères :

> «Il m'est souvent arrivé de soupçonner qu'un élément organique entrait en jeu dans le refoulement et je t'ai raconté un jour qu'il s'agissait de l'abandon

d'anciennes zones sexuelles... Cette hypothèse se rattachait pour moi au rôle modifié des sensations olfactives : au port vertical, aux narines s'éloignant du sol et, par cela même, une foule de sensations antérieurement intéressantes qui émanant du sol devenaient repoussantes – ceci par un processus que j'ignore encore...» (Idem : 205).

Apparue à une période où la désodorisation de l'espace public et privé est devenue plus exigeante (Le Guérer, 1987a : 115-121) et où les représentations scientifiques (Le Guérer, 1990 : 25-45), psychiatriques et philosophiques (Le Guérer, 1987b : 49-56) de l'olfaction sont essentiellement négatives, cette articulation de l'odorat et du refoulement que Freud développera par la suite est indissociable de sa rencontre avec Fliess et Emma.

L'amitié avec Fliess prend fin en 1904, au bout de dix sept ans, mais non l'intérêt de Freud pour l'odorat. En 1929, dix ans avant sa mort, Freud reprend dans *Malaise dans la Civilisation* certains thèmes qu'il avait précédemment exposés. Le rôle de l'olfaction se serait estompé lors du redressement de l'Homme qui, en le soustrayant à l'importance des stimulations olfactives, aurait permis aux sensations visuelles, favorables à la durabilité du processus sexuel et à l'attachement au partenaire, de devenir prépondérantes et de relayer le pouvoir excitant des odeurs menstruelles. D'intermittente, l'excitation sexuelle serait devenue régulière, rendant possible la fondation de la famille, premier pas vers la civilisation.

Dans la participation au lourd tribut qu'exige le processus civilisateur, l'odorat apparaît fortement imposé. Son affaiblissement, condition d'un non-retour à une phase antérieure du développement humain, s'accompagne d'une mise à l'écart des femmes durant leur période menstruelle. L'effet de leur odeur sur les mâles constitue en effet une menace de régression, de réapparition d'un comportement sexuel archaïque. Ainsi le dépassement du stade animal aurait-il imposé répression et exclusion, l'olfaction et la femme apparaissant comme des entraves complémentaires. Ce rôle négatif des femmes connaîtra d'ailleurs des prolongements dans les phases ultérieures du développement de la civilisation :

«Elles exercent une influence tendant à le ralentir et à l'endiguer. Elles soutiendront les intérêts de la famille et de la vie sexuelle alors que l'œuvre civilisatrice, devenue de plus en plus l'affaire des hommes, imposera à ceux-ci des tâches toujours plus difficiles et les contraindra à sublimer leurs instincts, sublimation à laquelle les femmes sont peu aptes... La femme, se voyant ainsi reléguée au second plan par les exigences de la civilisation, adopte envers celle-ci une attitude hostile» (Freud, 1971).

L'essor de la civilisation nécessite encore que l'être humain renonce à ses intérêts coprophiles qui le rapprochent du chien, cet «animal olfactif», amateur d'excréments. La répulsion pour les matières fécales intervient lors du développement de la propreté et c'est par le biais de l'odeur qu'elle s'avère possible :

> «L'impulsion à être propre procède du besoin impérieux de faire disparaître les excréments devenus désagréables à l'odorat. Nous savons qu'il en est autrement chez les petits enfants auxquels ils n'inspirent nulle répugnance. L'éducation s'emploie avec une énergie particulière à hâter la venue du stade suivant, au cours duquel les excréments doivent perdre toute valeur, devenir objet de dégoût et de répugnance, être donc répudiés. Pareille dépréciation serait impossible si leur forte odeur ne condamnait pas ces matières retirées au corps à partager le sort réservé aux impressions olfactives après que l'être se fut relevé du sol. Ainsi donc l'érotique anale succombe la première à ce «refoulement organique» qui ouvrit la voie à la civilisation» (*Idem* : 50).

Nécessaire au processus civilisateur, la régression de l'odorat n'est cependant pas sans danger. Les restrictions qu'elle fait subir à la libido diminuent les aptitudes de l'individu au bonheur et peuvent être la source de psychoses et de névroses.

Si Freud comme Nietzsche met en évidence la dépréciation de l'odorat dans la civilisation occidentale, la façon dont il la considère diffère. Alors que le philosophe la pense d'abord par rapport à la connaissance et aux limites qu'elle lui impose, le psychanalyste l'aborde sous l'angle des restrictions qu'elle dicte à la jouissance. Mais tous deux se rejoignent pour relier cette dévalorisation à une répression de l'instinct et aux dommages qui s'ensuivent pour l'individu. Néanmoins, Freud lui accorde un rôle beaucoup plus décisif puisqu'il établit un rapport direct entre le point de départ du processus civilisateur et le refoulement organique du sens olfactif. (Le Guérer, 1988 : 270-78)

Cette thèse sera reprise par l'humanisme freudomarxiste de Marcuse qui introduit toutefois une distinction supplémentaire dans l'analyse de la répression de l'odorat. Celui-ci est victime d'un double refoulement : l'un, primaire, fondamental et nécessaire aux fins légitimes de la civilisation, porte sur les composantes instinctuelles coprophiles ; l'autre, secondaire et inutile, concerne les plaisirs olfactifs et sert les intérêts de la domination sociale. L'olfaction, mais aussi le goût, sont plus réprimés que les autres sens parce qu'ils font obstacle, par les jouissances physiques intenses qu'ils dispensent, à l'enrégimentement des individus et à leur exploitation :

> «L'odorat et le goût procurent un plaisir pour ainsi dire non sublimé, en soi (et un goût non refoulé). Ils unissent (et séparent) les individus d'une manière immédiate, en dehors de l'influence des formes généralisées et conventionnalisées de la conscience, de la morale, de l'esthétique... Le plaisir né des sens de proximité agit sur les zones érogènes du corps et ne le fait qu'au bénéfice du plaisir. Leur développement non refoulé érotiserait l'organisme à un point tel qu'il s'opposerait à sa désexualisation rendue nécessaire par son utilisation sociale comme instrument de travail aliéné» (Marcuse, 1963 : 47).

Sens subversif menaçant à la fois l'endiguement des pulsions partielles et les impératifs d'une organisation sociale spécifique, l'odorat fournit «un bon exemple des relations réciproques entre répression primaire et sur-répression» (*Ibidem*). C'est cette dernière qui contraindrait inutilement les individus sans concourir utilement aux buts civilisateurs. S'opposant au pessimisme de Freud qui considère la répression comme l'essence même de la civilisation, le sociologue tente de penser une civilisation moins cœrcitive grâce à l'abolition de la sur-répression. La suppression du refoulement supplémentaire de l'odorat participerait, par conséquent, à ce mouvement de libération. Il omet néanmoins d'indiquer comment elle pourrait s'effectuer sans mettre en danger le refoulement primaire de l'olfaction qui aurait permis l'évolution de l'espèce humaine.

On aurait pu s'attendre à ce que les psychanalystes, si attentifs à la sexualité de leurs patients, se soient intéressés de très près à un sens intimement lié à la sexualité. Paradoxalement ce n'est pas le cas. L'idée d'une faculté archaïque, animale, liée surtout à la sexualité anale semble avoir été paralysante. En dehors du père de la psychanalyse et de ses premiers héritiers comme Karl Abraham, Ernst Jones, Sandor Ferenczi, Georg Groddeck, Lou Andreas-Salomé, Ruth Mac Brunswick, Abraham Brill ou Daly, très peu de psychanalystes se sont par la suite préoccupés de ce sens (Le Guérer, 1997 : 339-385). Dans le sillage de Freud, Lacan se borne à constater : «La répression organique chez l'Homme de l'odorat est pour beaucoup dans son accès à la dimension Autre» (Lacan, sd). Entaché de références négatives, son étude a été négligée. Certains comme Françoise Dolto, Didier Anzieu ou Boris Cyrulnik se sont même étonnés de ce traitement. Lié à l'élaboration de la théorie du refoulement, tout se passe, en effet, comme si l'odorat avait eu ensuite pour destin d'être mis à l'écart de la scène psychanalytique. Pourtant, aux origines de la psychanalyse, le nez et l'olfaction sont omniprésents.

Références bibliographiques

ABRAHAM K

1965 «Psychanalyse d'un cas de fétichisme du pied et du corset» (1912) *Oeuvres complètes, vol. I, Rêve et mythe. Etudes cliniques de psychanalyse appliquée*, Paris, Payot,, 91-98.

ANDREAS-SALOMÉ L.

1980 « 'Anal' et 'Sexuel' » (1915), *L'amour du narcissisme*, Paris, Gallimard.

ANZIEU D.

1959 *L'auto-analyse. Son rôle dans la découverte de la psycho-analyse par Freud. Sa fonction en psychanalyse*, Paris, P. U. F. ,

ANZIEU D.

1985 *Le Moi-peau*, Paris, Dunod.

BRILL A.

1932 «The sense of smell in the neuroses ans psychoses», *The Psychoanalytic Quaterly*, I, 7-42.

CYRULNICK B.

1991 *La naissance du sens*, Paris, Hachette.

DALY C. D., SENIOR WHITE R.

1930 «Psychic reactions to olfactory stimuli», *The British Journal of medical Psychology*, X, 70-87.

DALY C. D.

1927 «Hindu-Mythologie und Kastrationskomplex» *Imago*, 10, XIII, p. 145-198.

DARWIN CH.

1981 *La descendance de l'Homme et la sélection naturelle* (1871), Bruxelles, Complexe.

DOLTO F.

1980 *D'amour et de lait...* Paris, Stock, coll. Les Cahiers du nouveau-né n°3, 341-344.

s. d (ca 1976) «Fragrance» *Sorcières*, 5, 10-17.

1985 *La cause des enfants*, Paris, Robert Laffont.

ELLIS H.

1925 *Studies in the Psychology of Sex. Sexual Selection in Man* (1906), vol. 4, Philadelphia, Davis Compagny, 1925.

FÉRÉ C.

1899 *L'instinct sexuel. Evolution et dissolution*, Paris, Alcan, 1899.

FERENCZI S.

1968 Mots obscènes. Contribution à la psychologie de la période de latence (1910), *Psychanalyse I – Oeuvres complètes*, Paris, Payot.

1974a

Les gaz intestinaux privilèges des adultes (1913)

Ontogénèse de l'intérêt pour l'argent (1914).

Pecunia olet (1917)

Psychanalyse II - Oeuvres complètes - (1913-1919), Paris, Payot.

1974b

«Thalassa, Essai sur la théorie de la génitalité» (1924), *Psychanalyse III-Oeuvres complètes* (1919-1926), Paris, Payot.

1985 «Paranoïa et odorat et Odeur spécifique des malades mentaux», *Journal clinique* (janvier-octobre 1932), Paris, Payot.

FLIESS W.

1893 «La névrose nasale réflexe», *Congrès médical de Wiesbaden*, 384-394.

1977 *Les Relations entre le nez et les organes génitaux de la femme* (1897), traduit de l'allemand par P. Ach et J. Guir, Paris, Le Seuil.

FREUD S.

1969 *La Naissance de la psychanalyse*, Lettres à Wilhelm Fliess (1887-1902), Paris, P. U. F.

1971 *Malaise dans la civilisation* (1929), Paris, P. U. F.

1976 *L'Interprétation des rêves* (1900), Paris, P. U. F.

1985 *The complete letters of Sigmund Freud to Wilhem Fliess-1887-1904*, Cambridge, Massachussetts, and London, England, The Belknap Press of Harvard University Press.

1988 «Le refoulement», *Metapsychologie*, (1915), *Oeuvres complètes*, XIII, Paris, P. U. F.

FREUD S. , ET BREUER J.

1956 *Etudes sur l'hystérie* (1895), Paris, P. U. F.

GELLER J.
1992 «'A glance at the nose' : Freud's inscription of jewish difference», *American Imago*, 49, 4, 427-444.

GILMAN S.
1991 *The Jew's body*, New-York, Routledge.

KRAFFT-EBING (R. VON),
1931 Psychopathia sexualis. Eine Klinisch-Forensische Studie (1886), Paris, Payot.

LACAN J.
S. d *L'identification*, (1961-62), Paris, Editions du Piranha.

LE GUÉRER A.
1990 «Le déclin de l'olfactif, mythe ou réalité ?», *Anthropologie et Sociétés*, Montréal, vol. 14, n°12, 25-45.
1987 «Du miasme au microbe», *Autrement*, n°92, 115-121.
1987 «Les philosophes ont-ils un nez ?», *Autrement*, n°92, 49-54.
1988 *Les Pouvoirs de l'Odeur*, Paris, éd. François Bourin.
1996 «Le nez d'Emma. Histoire de l'odorat dans la psychanalyse», *Revue Internationale de Psychopathologie*, *La passion des odeurs*, P. U. F. juillet n°22, 339-385.

MACK BRUNSWICK R.
1971 Supplément à l'«extrait de l'histoire d'une névrose infantile» de Freud (1928), *L'Homme aux loups par ses psychanalystes et par lui-même*, Paris, Gallimard.

MARCUSE H.
1970 *Eros et civilisation* (1955), Paris, éditions de Minuit.

SCHUR M.
1975 *La mort dans la vie de Freud*, Paris, Gallimard.

Sens entre dits

1.
Les mots pour le dire

Le chauve, la femme souillée, la vierge

Annick Lévy-Ward

Si dans nos sociétés, une hiérarchie des cinq sens devait être établie, l'odorat détiendrait vraisemblablement l'un des derniers rangs, tant la vue et l'ouïe sont aujourd'hui sollicitées et deviennent prédominantes dans nos pratiques quotidiennes. Le monde aseptisé qu'est le nôtre, met à l'écart les subtilités olfactives, comme si, au quotidien, elles devaient être rejetées. Les physiologistes de l'odorat connaissent cependant les puissances émotionnelles et manipulatrices qu'elles suscitent au point que les résultats de leurs travaux sont exploitées à des fins mercantiles (Winter 1992). Ces perceptions sensorielles jouent donc un rôle tant aux registres individuel que social.

Certes, dans le domaine des sciences sociales, elles se prêtent mal à l'analyse en raison d'une relative pauvreté lexicale pour les désigner, en raison aussi d'une absence de valeurs fondamentales classificatoires comme le signale U. Almagor. L'auteur faisant un parallèle avec les couleurs, déclare en effet :

> «On peut presque généraliser et dire que les odeurs, contrairement aux couleurs et aux sons, ne sont pas organisées dans une structure reconnue qui différentie et donne une graduation des différentes odeurs» (1990, 20, 3 : 181-195)*.

*. Voir aussi les travaux de D. Howes (1986), P. G. Largey and D. R. Watson (1972).

Nous tenterons néanmoins d'en explorer le champ à travers une étude de cas afin de voir si les références olfactives, tant dans les pratiques langagières que sociales, sont tout aussi signifiantes que d'autres domaines de la vie culturelle. En d'autres termes, il convient de se poser la question : les perceptions olfactives peuvent-elles servir d'outil d'analyse et permettent-elles de saisir certains des traits d'une société ?

Les données qui vont suivre portent sur la langue et les pratiques thaï de Thaïlande tant dans la capitale que dans la plaine centrale. Les particularismes régionaux (lao) du nord-est seront accessoirement pris en compte tandis que ceux du nord et du sud de la Thaïlande en seront totalement exclus. En revanche, et uniquement pour quelques termes principaux, on fera référence à l'ensemble des langues thaï proprement dites, celles qu'on trouve dans la péninsule, du coude du Brahmapoutre à la frontière sino-vietnamienne et qui ont permis à A. G. Haudricourt, par la méthode comparative, de reconstruire l'état ancien de la langue, le thaï commun.

En quelques mots, précisons d'abord que la langue thaï est une langue étymologiquement monosyllabique mais les nombreux emprunts sanskrit, pali, et khmer rendent cette affirmation caduque ; c'est aussi une langue à tons, elle en compte cinq*, et, à grands traits, on peut se limiter à dire qu'elle relève du type isolant, que sa syntaxe comporte une règle fondamentale : le déterminé précède le déterminant dans le syntagme nomi-

*. Nous adoptons une notation étymologique des tons, les chiffres impairs marquant les occlusives sourdes et sourdes aspirées ainsi que les nasales et semi-voyelles anciennement sourdes, tandis que les chiffres pairs marquent les occclusives anciennement sonores et devenus sourdes aspirées ainsi que les nasales et semi-voyelles sonores. Dans un état antérieur de la langue (XIIIe siècle), le siamois (thaïlandais contemporain) comptait trois séries d'occlusives, (sourde, sourde aspirée et sonore) et deux séries de nasales, (sourde et sonore). À la suite du passage de la série des occlusives sonores à celle des sourdes aspirées et de celui de la série des nasales sourde à celle des sonores, s'est produit une bipartition du système tonal composé initialement de trois tons, qui assure le maintien des oppositions utiles. Si l'écriture thai maintient la distinction de ces quatres séries, la transcription implique de distinguer, la série haute des occlusives sourdes aspirées d'origine et des nasales anciennement sourdes et la série basse des occlusives anciennes sonores et des nasales sonores. Pour répondre à cette obligation, nous utilisons une notation chiffrée employée par les auteurs chinois pour leur langue et les langues qui ont connu la même évolution tonale. Les nombres impairs correspondent aux tons de l'ancienne série haute,

nal, que les modifiants du verbe se placent également après le verbe. Enfin, une action est généralement divisée en séquences rendues par une succession de verbes. Ces quelques éléments suffiront, je crois, pour comprendre les exemples que nous citerons.

Les termes fondamentaux

Lorsqu'on aborde le monde des odeurs à travers leurs désignations en langue thaï, la première constatation, sans doute partagée par de nombreuses autres langues, porte sur l'opposition binaire mεn^{1}, «dégager une odeur désagréable, puer» et hɔɔm^{1} «dégager une odeur agréable». En revanche il n'existe pas d'unité lexicale propre pour désigner «percevoir une odeur». Deux syntagmes jouent ce rôle : le premier mii^{2} klin^{5}, littéralement «y avoir / avoir [une] odeur», le seul attesté dans le dictionnaire Pallegoix daté de 1854, tandis que le second dai^{3} klin^{5}, littéralement «obtenir une odeur» c'est-à-dire «percevoir une odeur/sentir», n'apparaît qu'au vingtième siècle dans les deux premières éditions du dictionnaire de l'Académie Royale de Thaïlande (ca 1950 et 1980). Sans trop de risque d'erreur, il semble bien que ce syntagme récent soit apparu sous l'influence occidentale.

Cette première terminologie, pourrait nous amener déjà à saisir la relation existante entre le sujet et le monde extérieur, propre à cette étude de cas. Ici, ce n'est pas l'homme qui perçoit l'odeur mais bien plutôt l'odeur qui est perçue par l'homme, ce dernier étant, si l'on traduit la remarque en termes grammaticaux, le *patient* et non l'*actant*. En ce sens, cette terminologie définirait un certain rapport au monde dans lequel la place du *patient* ne serait pas centrale vis à vis de l'environnement.

et les nombres pairs à ceux de l'ancienne série basse. Nous disposons ainsi d'un système étymologique, donnant la possibilité de restituer l'écriture thai avec une transcription caractérisée par une économie graphique. Le tableau suivant le résume

	syllabe ouverte			syllabe fermée
série haute	1	3	5	7
série basse	2	4	6	8

Néanmoins, la comparaison des trois unités lexicales énoncées, (mɛn^1, «dégager une mauvaise odeur», hɔɔm^1 «dégager une bonne odeur» et klin^5 «odeur») entre les différentes langues apparentées au thaï commun montre que si les deux premières sont régulièrement représentées, la troisième ne l'est pas. Le terme est inconnu en thai blanc, thai noir et lao, langues pour lesquelles le terme ʔaay^1 est employé avec une double catégorisation grammaticale «odeur» et «percevoir une odeur»[*], de sorte que les remarques qu'on vient de faire d'après le corpus thaï, à propos du sujet et de son rapport au monde extérieur, sont contredites par des données linguistiques relevant de la diachronie et ne s'appliquent en définitive qu'à un état de langue récent. Le terme existe aussi en thaï et nous y reviendrons plus loin.

À partir de ces trois termes mɛn^1, hɔɔm^1 et klin^5 et en portant notre attention sur leurs modifiants, une première analyse peut être faite sur l'intensité des odeurs auxquelles s'associent parfois les notions d'espace et de temps.

Mɛn^1 chuu^5 : cette expression correspond à une très mauvaise odeur sans véritable spécification, chuu^5 étant un intensif employé uniquement avec mɛn^1. Un deuxième intensif choo^5 présente sensiblement la même valeur avec toutefois une nuance de dipersion très vaste dans l'espace. Notons que ces deux unités, au XIXe siècle (Pallegoix) ne s'appliquaient qu'aux rumeurs, c'est-à-dire avec un sens figuré, valeur qui subsiste aujourd'hui encore mais secondairement. Le second intensif, choo^5, notamment se rapporte aux scandales, aux affaires de corruption et d'adultère, comme on me l'a souligné[**]. Sans s'en étonner, on peut souligner ici que la mauvaise odeur est associée à des valeurs morales négatives.

À cette paire d'intensifs s'oppose une paire de termes contraires, modifiant le verbe mɛn^1 dans un sens restrictif : mɛn^1 tɯ^7 et mɛn^1 tu^7 tu^7 ayant tous deux un même signifiant «sentir légèrement mauvais», l'odeur étant généralement apparentée à celle de la viande séchée. Peut s'y ajouter une idée de durée, l'odeur étant «tenace», rendue par le syntagme mɛn^1 tu^7 taŋ^1.

---

*. Un récent travail nous a amené à affiner le signifiant de ce terme qui recouvrirait aussi la valeur «saveur». *Cf.* A. Lévy-Ward 1996.

**. Je saisis l'occasion de remercier Charuwan Lowira et Lakanna Daoratanahong qui ont bien voulu se prêter à deux ou trois interviews.

Enfin deux autres intensifs ont la particularité de s'appliquer indifféremment aux deux verbes mɛn^1 et hɔɔm^1, c'est-à-dire qu'ils concernent des odeurs aussi bien agréables que désagréables. Il s'agit de chuy^1 et de chun^1. çhuy^1 précise la soudaineté de la diffusion d'une forte odeur tandis que chun^1, qui détermine aussi une saveur telle que le tabac, souligne davantage l'intensité de l'odeur jusqu'à l'excès et ainsi sa violence donne à la perception, quand bien même serait-elle agréable, une nuance péjorative[*].

Curieusement, hɔɔm^1 «dégager une odeur agréable» compte très peu de modifiants outre les deux précédents. Il faut citer néanmoins raruay^2 signifiant «légèrement» mais qui intéresse aussi le verbe phat^8 «souffler», souffler légèrement donc. Plus communément, on se réfère aux modifiants les plus fréquents de la langue, maak^8 «beaucoup», nɔɔy^4 «peu» ou encore ʔɔɔn^5 «tendre, léger» pour indiquer les degrés d'intensité. Un autre procédé, conforme à la syntaxe thaï, consiste à accoler un second verbe tel que fuŋ^4, talop, ou hwon^1, tous trois de signifiants sensiblement identiques «diffuser», «se diffuser en enveloppant et en virevoletant».

Enfin klin^5 «odeur» est un terme neutre qui se voit spécifié tout aussi bien par hɔɔm^1 que par mɛn^1. On dira klin^5 hɔɔm^1 «odeur agréable», klin^5 mɛn^1 «odeur désagréable». En revanche, le syntagme mii^2 klin^5 «y avoir/avoir une odeur» s'enrichit, aujourd'hui, d'une connotation péjorative dans un contexte tant concret que figuré et s'appliquera par exemple à une nourriture douteuse par son manque de fraîcheur mais aussi à une affaire dans laquelle on soupçonne une malversation.

Quant au terme ʔaay^1, il est le seul terme attesté, nous l'avons vu, dans les autres langues apparentées au thaï commun pour désigner l'«odeur» et «percevoir une odeur». Or, si en Thaïlande, il possède en 1854 le signifiant «émanation, vapeur», il est aujourd'hui uniquement

*. On remarque que ces modifiants présentent tous à l'initiale la palatale aspirée de la série haute, écrite qui ne remonte pas au thaï commun. Les termes ayant cette initiale transcrivent généralement des emprunts soit chinois soit khmer.

employé en couple avec klin^5 (le dictionnaire académique en témoigne). Son signifiant premier se rapporte désormais au domaine du comportement, «être timide», valeur qu'il possédait déjà au XIXe siècle.

Expressions et représentations

Lorque l'on aborde la qualité de l'odeur, les déterminants employés dans des syntagmes, figés ou non, nous introduisent fréquemment dans l'univers des représentations, il y a une interaction entre le récepteur des odeurs et ses références culturelles olfactives. L'examen de ces représentations peuvent alors aboutir parfois à la découverte de catégorisations culturelles très marquées.

Les bonnes odeurs et le corps

Le langage publicitaire connaît les mêmes dérives en Thaïlande que dans les cultures occidentales. Les expressions créées vraisemblablement à l'occasion du lancement d'un détergent ou d'un produit d'entretien, ont fait fleurir, voici une quinzaine d'années environ, deux expressions que les puristes, respectueux de leur langue, considèrent comme une aberration. Il s'agit de klin^5 saʔaat^7, klin^5 sakaprok, respectivement et littéralement «odeur, être sale», «odeur, être propre». Une odeur ne peut être à l'évidence propre ou sale. Cependant au cours des interviews que j'ai menées, j'ai pu constater que l'odeur agréable connotait une idée de bien être, et l'odeur désagréable, le malaise, que ces sensations soient l'une et l'autre psychologiques ou physiques. Dans ce cas, les deux syntagmes révèleraient une triple relation entre les notions 1) de l'olfactif, 2) du corps ou de l'esprit et 3) de la propreté ou de l'hygiène (mentale ou corporelle) ou de leur contraire, la saleté et le manque d'hygiène, relation qui ne serait donc pas inconnue des références culturelles thaï. Néanmoins l'expression nouvelle, usant d'un raccourci syntaxique peu commun, il faut en convenir, empêcherait que la correlation soit perçue. On aurait sans doute mieux compris par exemple klin^5 hɔɔm^1 saʔaat^7 et klin^5 mɛn^1 sakaprok ou encore klin^5 kwaam^2 saʔaat^7 klin^5 kwaam^2 sakaprok «sentir la propreté, sentir la saleté».

Les bonnes odeurs et le goût

La relation entre l'olfactif et le goût qui fait référence à deux perceptions issues des cinq sens, relève d'associations beaucoup plus conventionnelles. Les physiologistes du goût ont en effet montré que la gustation s'accompagnait régulièrement de perceptions olfactives simultanées. C'est pourquoi, le syntagme hɔɔm^{1} ʔarɔɔy^{2} lit. «dégager une bonne odeur, être de bon goût», c'est-à-dire «être appétissant», est couramment accepté. Parmi les désignations corrélant aliments et goûts, on distingue encore les odeurs de sucré waan^{1}, de salé khɛm^{2} ou de brûlé mai^{3} sans qu'il y ait véritablement, soit de connotation figurée, soit d'à priori sur la nature de l'odeur, agréable ou désagréable, les références étant alors individuelles et non pas sociales.

Au contraire, le choix des deux verbes mɛn^{1} et hɔɔm^{1} associé à des aliments régionaux peut être révélateur de l'origine culturelle du locuteur. C'est un jeu auquel je me suis livrée à propos du paa^{1} laa^{4}, saumure et conserve de poissons préservées pendant plusieurs mois et qui sert à assaisonner tous les mets dans le nord-est de la Thaïlande, en pays isan de population lao. Une personne originaire de cette région considère que le paa^{1} laa^{4} hɔɔm^{1} «dégage une bonne odeur». Une seconde, d'origine chinoise celle-ci, bien que née dans la même région, m'avouera discrètement que véritablement le paa^{1} laa^{4} mɛn^{1} «dégage une mauvaise odeur». Enfin une troisième, d'un niveau d'éducation supérieure, habitant la capitale, Bangkok, mais ayant des ascendances dans cette région, fera, pour employer l'un ou l'autre verbe, la distinction entre un paa^{1} laa^{4} de bonne ou de mauvaise qualité*.

On trouve encore d'autres références aux saveurs telle que l'expression hɔɔm^{1} ʔian^{1} qui définit un goût simultanément sucré et huileux au point de donner la nausée. Dans la pratique, l'expression est également employée pour définir un parfum qualifié de la même manière, *«sucré et huileux au point d'être nauséeux»*. Un tel parfum est perçu par les Thaï comme trop lourd et trop capiteux pour satisfaire leurs goûts mais il est supposé mieux convenir aux habitudes olfactives des populations de l'Inde ou du Moyen-Orient. Cette remarque expliquerait peut-être l'aver-

*. C'est-à-dire selon que l'on aura nettoyé le poisson avec plus ou moins de soin à l'aide d'eau claire.

sion manifeste des femmes prostituées de Bangkok pour la clientèle arabe qu'elles disent dégager une mauvaise odeur, comme le remarque E. Cohen (1988 : 44). Cette odeur caractériserait aussi la cuisine de cette partie du monde dans laquelle il est fait un usage abondant d'huile et de curcuma. L'expression hɔɔm^{1} ʔian^{1} est thaï mais, comme on le voit, elle définirait des odeurs qui seraient étrangères à cette société, qui serviraient de marqueur d'idendité de l'autre, attitude commune, semble-t-il, à tous les peuples. Les Japonais, de leur côté, selon B. Birolli (1987 : 150 sq.), qualifieraient les Occidentaux de bata kusai «Pue-le-beurre» sur des critères précis : «hygiène douteuse..., sudation excessive..., alimentation protidique trop riche..., boisson alcoolisée». Etrangement des critères identiques sont partiellement partagés par les Thaï à l'égard des mêmes Occidentaux exhalant, dit-on, des odeurs de «lait et de beurre» nom^{2} nəəy^{2}. On ne peut mieux faire que de citer, à propos de ces remarques, quelques lignes de l'ouvrage «*Odeurs, l'essence d'un sens*» (1987 : 137) :

> «...[les] théories racistes sont indissociables du nez et des odeurs, et ceci aux quatres coins de la planète ; la poutre étant toujours dans le nez du voisin».

S'il est clair qu'on doit réprouver ces théories, on ne peut manquer de remarquer d'une part que, de fait, elles existent, et d'autre part qu'elles font, pour la plupart, référence à des aliments étrangers au régime alimentaire de ceux qui les profèrent*, dont on sait qu'il est l'un des plus forts marqueurs d'identité.

Les mauvaises odeurs et le goût

Du côté des mauvaises odeurs, tous les miasmes sont désignés, allant du putride nao^{6} à la charogne khlɯɯŋ^{2} en passant par une nuance plus complexe khluŋ^{4} pour laquelle le putride se mêle à une odeur d'aliment salé et écrasé, comme l'indique la première édition du dictionnaire académique (1950) ignorée pourtant de la suivante, datée des années 1980. L'odeur rance est également désignée : hɯɯn^{1} s'applique en effet aux huiles trop usagées, ou à la pulpe rapée de la noix de coco conservée trop

*. À ce propos, le lait autrefois rejeté pour son goût et son odeur en Thaïlande est, aujourd'hui, largement consommé tant par les populations urbaines que rurales. À grand renfort de publicité vantant ses propriétés nutritives, cet aliment est devenu le symbole de l'occidentalisation à laquelle un fort prestige social est désormais attaché.

longtemps sans usage. Enfin, l'acidité et l'âcreté appliquées au aliments priaw[3] expriment aussi la mauvaise haleine dans le syntagme priaw[3] paak[7] («acidité», «bouche»). Il va sans dire que ces différentes qualifications sont généralement précédées soit du verbe mɛn[1], soit du substantif klin[5].

Il est nécessaire de s'arrêter à deux désignations relatives aux mauvaises odeurs chargées de sens et riches de représentations. La première, mɛn[1] khiaw[1], littéralement «dégager une mauvaise odeur, être vert», outre qu'elle associe une autre perception sensorielle, la vue et plus spécialement une couleur, définit l'odeur désagréable de feuilles vertes, telle que celles de la moutarde, ou de *Ipoméa aquatica*, en d'autres termes de légumes crus, qu'on a, de plus, froissés. À cette référence au monde végétal, s'en opposerait une autre, connotant le monde animal : mɛn[1] khaaw[2] décrite comme une odeur de poisson ou de viande fraîche crue mêlée à l'odeur de sang. La crudité de ces deux types d'aliments les verserait dans le monde sauvage, source des plus grands périls redoutés auxquels s'associeraient donc les mauvaises odeurs, inspirant un malaise physique ou psychique, comme nous l'avons déjà évoqué.

Les «mauvaise odeurs», le corps et l'anormalité

Au-delà de cette dichotomie, ces deux expressions désignent, de plus, des odeurs relatives au corps humain. Il m'a été cité, en effet, à plusieurs reprises l'adage suivant : hua[1] laan[4] mɛn[1] khiaw[1] litt. «tête chauve, exhaler une mauvaise odeur [de] feuilles vertes froissées». Dans la pratique, il apparaît que certaines personnes seraient capables de percevoir effectivement cette odeur caractéristique auprès d'un homme chauve, d'autres restant plus dubitatives. Kasem Sibunruang (1960), traductrice du poème populaire thaï *Khun Chang, Khun Phen** en français, fait également allusion à ce dicton à propos de l'un des deux héros de l'œuvre, *Khun Chang*, «le vilain», né précisément chauve et qui le demeurera durant toute son existence. Du présage de sa naissance, au début du poème, annoncée en songe par la dépouille d'un éléphant pourri, jusqu'à la fin de l'œuvre

*. *Khun Chang, Khun Phen*, «la femme, le héros et le vilain», poème populaire thaï est une œuvre de tradition orale. Elle fut recueillie et recomposée par le Roi Rama II -début du XIXe siècle- avec l'aide du poète Suthon Phu et n'a finalement été éditée qu'en 1872. Son caractère historique est encore discuté ; il serait possible qu'elle relate des évènements ayant eu lieu pendant la période d'Ayuthya (XVe-XVIIe siècle), ou peut-être même antérieurs à elle.

où grâce à la magnanimité du héros magnifique *Khun Phen*, il réchappe de la décapitation ordonnée par le roi, le malheureux héros accumule sans partage tous les traits de caractère et les actes négatifs : être chauve c'est être affligé d'une «infirmité» (op. cit. p. 27), infirmité qu'il ressent et qu'on lui fait ressentir comme une honte. De même, il est l'amoureux malheureux et ses actions ne sont conduites que par la ruse, la médisance et le mensonge en vue de conquérir ou reconquérir sa belle. Sous l'emprise du pouvoir magique de *Khun Phen* ou s'adonnant à la boisson, il est victime des mésaventures les plus répugnantes, se souillant de ses propres excréments, ou marchant dans la crotte de chèvre. Le roi même l'affuble de sobriquet et le surnomme «le chauve» ou encore «crâne luisant».

Donner une interprétation à propos des connotations liées à la calvitie est hasardeuse. Tout au plus, peut-on faire remarquer que, dans un contexte bouddhique, un laïque chauve se trouve physiquement en porte-à-faux vis-à-vis de la communauté des moines. Khun Chang, enfant, n'est-il pas toujours invité à tenir le rôle du bonze lorsqu'il joue avec ses petits camarades ? De plus, selon la religion populaire, le sommet du crâne est un point essentiel du corps. C'est le lieu par lequel les trente deux âmes d'un individu, forces vitales de son corps au même titre que ses vicères, peuvent s'échapper et mettre ainsi sa vie même en péril. On peut éventuellement les faire revenir lors de la cérémonie du «rappel de l'âme» (tham^{2} kwan^{1} ou suu^{5} khwan^{1} en lao), rituel sur lequel nous reviendrons plus loin.

Le second syntagme, mɛn^{1} khaaw^{2}, appelle des commentaires moins nombreux même si les connotations sont tout aussi chargées de sens. En effet, il définit aussi l'odeur du sang menstruel et fait percevoir un second rapport avec le corps, dont les termes cependant changent : il s'agit cette fois du corps de la femme, et les odeurs tenues pour être désagréables ressortissent au monde animal.

Sans pousser trop loin l'analyse, il est possible de discerner deux relations parallèles : d'une part, celle du monde végétal avec l'homme, mais de condition amoindrie en raison de sa calvitie, d'autre part celle du monde animal avec la femme, mais dans un état transitoire de souillure. Un récent travail (Lévy-Ward, 1993) sur l'alimentation lao dans le nord-est de la Thaïlande a permis de montrer que les activités horticoles et de cueillette sont ordinairement réservées à la femme, tandis que la pêche, en particulier saisonnière, et la chasse quand elle subsiste, mais certainement autrefois quand le gibier était encore abondant, sont du domaine de l'homme*. En situation ordinaire, la femme se situerait donc du côté du végétal et l'homme du côté du monde animal. Mais les propositions se renverseraient radicalement quand l'anormalité, éphémère ou définitive, s'installe ; c'est semble-t-il ce que le règne des odeurs, et particulièrement des mauvaises odeurs, révèle.

On observe un prolongement de cette classification grâce à un autre terme : saap^{7}, dont le signifiant concerne cette fois en premier lieu le corps et non plus les aliments en dénotant l'odeur de transpiration du corps humain imbibant les vêtements. Le champ sémantique de l'unité s'étend à l'odeur fauve dans le syntagme saap^{7} sɯə˝(sɯə^{1} «tigre») ou à l'odeur de chèvre saap^{7} phɛɛʔ^{8} (phɛɛʔ^{8}, «chèvre»), l'odeur de transpiration connotant ainsi l'odeur de fauve ou de chèvre. Mais un troisième syntagme unit encore cette odeur à la jeune fille vierge saap^{7} saaw^{1} (saaw^{1} «jeune fille») dont on dit qu'elle n'est pas encore socialisée, qu'elle demeure encore dans le domaine du «cru» auquel une notion de «neuf» est aussi attachée. Ces qualificatifs ont de quoi surprendre en milieu bouddhique dans lequel une morale rigoureuse est en vigueur vis à vis de la virginité. Un dicton le dit assez : «avoir une fille c'est avoir des tinettes au devant de la maison». En d'autres termes, avoir une fille est source de scandale en raison des relations amorales et tapageuses qu'elle peut entretenir avec la gente masculine, la mauvaise réputation qu'elle s'acquiert alors, rejaillissant sur toute la famille. Néanmoins, la littérature coloniale consacrée aux populations thai situées hors de la sphère d'influence du bouddhisme theravada et localisées, par exemple, au nord du Vietnam, aujourd'hui encore *in situ*, attestent que la conduite des jeunes filles n'impliquait pas la préservation de la virginité jusqu'au mariage. La liberté sexuelle de la jeune fille était totale même une fois mariée et ce jusqu'au premier enfant, s'exprimant tout particulièrement lors des fêtes de printemps, comme l'a montré H. Maspéro (1971 : 232-243). Par conséquent, l'expression saap^{7} saaw^{1}, en

*. Même si leurs langues apparentées ont évolué différemment, Lao et Thaï, sont issus d'un même foyer culturel et se situent dans un même environnement culturel fortement marqué par le bouddhisme de sorte que le parallèle mené ici reste fondé.

corrélation avec les autres syntagmes, dénoterait que la jeune fille vierge, si on considère que la virginité est un autre état transitoire pour la femme, se situerait, elle aussi, dans le monde animal sauvage.

Curieusement, le lexique désignant les «mauvaises» odeurs d'origine humaine est très pauvre. Exception faite de l'expression qui vient d'être citée, la langue a recours à une paraphrase pour désigner notamment la mauvaise odeur des flatulences mɛn^{1} tod^{7}[*] (tod^{7}, «lâcher des vents, péter») ou encore la mauvaise odeur des excréments mɛn^{1} khii^{3}, (lit. «dégager une mauvaise odeur d'excréments»). Sans trop nous éloigner du domaine des odeurs, il faut signaler que le lexème khii^{3} est employé comme terme générique dans de nombreuses expressions, désignant tant les humeurs ou autres excrétions corporelles telles que la morve khii^{3} muk^{8} (muk^{8}, «nez»), la chassie des yeux khii^{3} taa^{1} (taa^{1}, «yeux»), ou encore la cire des oreilles khii^{3} huu^{1}, (huu^{1}, «oreille») et les pellicules khii^{3} hua^{1} (hua^{1}, «tête»). Le terme trouve encore une extension dans la désignation de certains résidus de matière tels que les cendres du foyer khii^{3} thao^{3} (thao^{3}, «foyer»), les copeaux khii^{3} kop^{7} (kop^{7}, «rabot»). Enfin il est également terme générique pour désigner les travers de comportement, ayant, dans ce cas, une acception particulière, «caractérisé par, enclin à, être adonné à». On peut citer quelques exemples : khii^{3} mao^{2} «être adonné à la boisson» (mao^{2}, être ivre), khii^{3} lɯɯm^{2} «être enclin à l'étouderie» (lɯɯm^{2}, «oublier») khii^{3} kiat^{7}» «être enclin à la paresse» (kiat^{7}, être indolent, inactif) etc. Toutes ces expressions sont considérées comme familières et chargées d'une forte connotation péjorative pouvant aller jusqu'à servir d'injure.

Les pratiques quotidiennes et les odeurs.

La nomenclature qui, à elle seule, ouvre déjà la voie très largement à l'analyse des odeurs peut être avantageusement complétée par des données issues de l'observation des pratiques sociales. Par exemple, un aspect de la division sexuelle du travail a été perçue à travers les désignations des mauvaises odeurs liées aux aliments et au corps, qu'en est-il lorsque les

*. Le terme tod^{7} est considéré comme extrêmement familier, on lui préfère la paraphrase phaay^{1} lom^{2} «lâcher des vents» de la même manière qu'en français au demeurant.

pratiques quotidiennes sont considérées ? Dans ce cas, ce ne sont plus les désignations précises relatives aux odeurs qui doivent retenir notre attention, mais plutôt l'emploi de substances odorantes.

Jusqu'au début du siècle, la femme thaï se devait d'être parfumée. L'affirmation vaut principalement pour les femmes du palais royal, bénéficiant d'un statut particulier. La coutume voulait que leurs vêtements fussent parfumés ʔɔp[7] phaa[3] (litt. «parfumer vêtement»). Pour obtenir ce résultat, au moment de leur lavage, leurs vêtements étaient rincés avec de l'eau parfumée nam[4] ʔɔp[7] à base de résine de 'kamyaan' (Malais : kameyan ?) ou benjoin (*Styrax benzoides*)*. Le parfum doit envelopper et imprégner non seulement les vêtements mais encore le corps de la femme au point qu'après son départ, on s'attend à ce que l'arôme de son parfum persiste à l'endroit qu'elle occupait. Un dicton exprime cette idée : «le parfum doit se fixer au plancher» 'klin[5] tɔɔŋ[3] tit[7] kradaan[1]'(litt. «parfum, devoir, se fixer, plancher»), comme si l'odeur agréable en imprégnant le corps de la femme, la remplaçait et l'incarnait une fois absente. Une référence littéraire extraite de *Khun Chang Khun Phen*, le poème populaire déjà cité, en témoigne encore. *Khun Phen*, le héros séduit une jeune fille et va la rejoindre pendant la nuit à l'insu des parents des deux jeunes gens. Le lendemain matin, *Khun Phen* arrive en retard auprès de son père et lui donne un faux prétexte qu'il ne peut alléguer très longtemps. Il est trahi par les parfums de la jeune fille qui embaument encore son corps également taché de talc (op. cit. : p. 84).

Le talc vient d'être cité. C'est un autre procédé employé par la femme pour se parfumer. Par commodité je l'ai appelé talc mais en réalité il s'agit d'une poudre calcaire din[1] sɔɔ[1] phoŋ[2] (litt. terre, blanche, gonfler) qu'on délaye avec de l'eau parfumée au jasmin quand on l'applique sur le visage** et qui y laisse des traces blanches en séchant. Dans les années soixantes, il était encore commun de voir, le long des rues, en fin de journée, les visages et les membres des femmes et des enfants bariolés de

*. «Le benjoin est une résine stimulante très usitée. On en retire l'acide benzoïque ou fleurs de benjoin. La teinture de benjoin est très employée pour parfumer les pâtes, les poudres, les taffetas d'Angleterre[...]» *Cf.* E. A. Duchesne, 1836, 117.

**. Voici l'explication qu'en donne K. Sibunruang (op. cit., 23, n. 3) : «Le talc siamois est [...] une sorte de terre blanche, qu'on prépare en rondelles, aussi grandes qu'une pièce de taches blanches indiquant ainsi que mères et enfants avaient pris leur bain du soir. Aujourd'hui le talc industriel fortement parfumé de fabrication occidentale s'est substitué aux produits traditionnels de sorte que les enfants ont toujours coutume d'être parfumés. Il m'a été rapporté qu'une jeune étudiante thaïlandaise fraîchement arrivée de son pays avait fait la remarque suivante : «les enfants français sont gentils mais ils ne dégagent aucune odeur agréable.» L'habitude culturelle thaï est si forte que la présence d'un enfant fait attendre un parfum ; la perception olfactive manquante serait alors perçue comme une lacune dans la personnalité de l'enfant. Il faut d'ailleurs souligner, à ce propos, qu'»embrasser un enfant» se dit hɔɔm^{1}, homonyme de «dégager une odeur agréable», et qui consiste à procéder à quelques brèves inspirations par le nez, au moment du contact joue contre joue. Ce «baiser» est de plus distinct du baiser sur la bouche des adultes dans le passé exprimé par l'unité lexicale cuup^{7}.

Les hommes, en revanche, n'auraient pas eu coutume de se parfumer dans le passé ; ainsi une dichotomie se dessinerait entre l'usage du parfum dévolu à la femme et l'odeur naturelle du corps réservée à l'homme, qu'on dit parfois être de senteur plus forte, et désignée par le syntagme klin^{5} phuu^{3} chaay^{4} «odeur d'homme». De nos jours, néanmoins, cette division sexuelle vis à vis des parfums n'est plus de rigueur : l'emploi du parfum occidental s'est largement répandu, du moins dans les classes aisées de la société, tant chez les femmes que chez les hommes. Pour ces derniers, le parfum deviendrait ainsi la marque du statut social. Mais n'en est-il pas de même en Occident ?

Odeurs et religions

Il est, en revanche, une catégorie d'hommes pour lesquels le parfum est interdit. Dans la religion bouddhique, en effet, «ne pas se parfumer» fait partie des huit «bases d'exercice» de la règle monastique que le moine observe. Au moment du Kathin* par exemple, les présents, tel que savon, talc, papier de toilette qui accompagnent l'offrande de la robe safran ne

---

5 francs, ou bien en petits grains pointus, préparés en liquides pâteux dont on remplit un cornet en feuille de bananier. On dépose des petits grains de talc sur une feuille de bananier. Une fois ces grains secs, on les ramasse, on les met dans des bols et on met du jasmin pour les parfumer. Pour se poudrer, on dépose ces grains de poudre dans la paume de la main, on y verse de l'eau parfumée, on les délaye sur le visage, le cou et les bras, faisant ainsi partout de petites taches blanches»

doivent comporter aucun parfum. Cette règle se situe au sixième rang des préceptes, les cinq premières étant considérées comme «pratiques vertueuses» permanentes (ne pas tuer, ne pas voler, ne pas céder aux convoitises de la chair, ne pas mentir, s'abstenir de faire usage de stupéfiants). À considérer la place que l'interdiction de l'emploi du parfum occupe dans les «commandements» de la Doctrine, le sens olfactif paraît donc bien être considéré comme prédominant dans la vie religieuse et le contrôle de ce sens devient primordial si l'on veut atteindre l'extinction du désir.

En revanche, si l'on aborde le domaine des dons présentés à Bouddha, on remarque, que le parfum en est une partie constitutive. Ainsi, l'espace compris dans l'enceinte du monastère est propice à la plantation, par les laïques, d'arbres généralement odoriférants, tel que le frangipanier (*Plumeria acutifolia*), cet acte étant considéré comme méritoire au même titre d'ailleurs que l'offrande. L'offrande à Bouddha comporte trois éléments : outre les bougies qui sont lumière par essence, elle compte trois baguettes d'encens, adressées aux trois joyaux, le Sangha, c'est-à-dire la communauté des moines, le Dharma ou la loi bouddhique, et enfin Bouddha. Leurs fragrances multiples sont fréquemment à base de plantes appartenant à la famille des Burséracées ou des Thymélacées, le bois d'Aigle en particulier (*Aquilaria agallocha*). Les fleurs constituent la troisème composante de l'offrande qu'elles soient odorantes ou non. Cependant, le parfum de la fleur, telle que le Ylang Ylang, kradaŋ^{1} ŋaa^{2} (*Cananga odorata*) ou encore le jasmin, fait partie intégrante de l'offrande. Il convient de s'abstenir d'en sentir le parfum avant de l'offrir à Bouddha, sinon l'intégrité de l'offrande serait entamée. Une croyance veut que si l'on enfreint cette règle, on risque de tomber malade. La beauté d'une fleur peut, au besoin, remplacer son parfum mais en aucun cas une fleur aux odeurs désagréables sera choisie, on pense notamment au *Thyphonium trilobatum*, dont l'«odeur rappelle celle des excréments», mɛn^{1} khii^{3} ləy^{2}, selon les termes recueillis auprès d'un lao. Ce ne sont là que quelques traits partiels pour montrer l'importance des perceptions olfactives liées au bouddhisme.

*. Cérémonie bouddhique au cours de laquelle les laïcs font présents de robes safran à la communauté des moines. Elle se situe à l'issue des trois mois de retraite qui coïncide avec l'apex de la saison des pluies.

Les parfums et l'au-delà

Hors des traditions bouddhiques, les offrandes de fleurs parfumées jouent également un rôle. Elles sont déposées sur le plateau d'offrandes préparé lors des cérémonies du tham[2], khwan[1] déjà évoqué. Le rituel est conduit par un officiant, le moo[1] khwan[1] qui récitera les invocations et liera d'abord les poignets de la personne concernée, puis ceux des autres participants, à l'aide d'un fil de coton. L'une de ses principales fonctions consiste à unir les forces vitales (khwan[1]), à les maintenir solidement dans le corps, lorsqu'on est à la veille d'un départ ou d'une épreuve difficile, soit encore à les rappeler en cas de maladie. Quelles que soient les circonstances invoquées qui sont beaucoup plus nombreuses, telles que les cérémonies propitiatoires lors de la construction d'une maison, d'un mariage, d'une naissance, d'un hommage rendu aux parents par exemple, les fleurs odoriférantes sont présentes, remplissant, semble-t-il, la même fonction de don à l'égard, cette fois, des forces vitales et non plus envers Bouddha.

D'autres rituels comptent des offrandes alimentaires ; c'est alors leurs fumets qui sont considérés comme les véritables aliments et qui en conséquence nourrissent les génies ou les dieux honorés. Tel était le cas, autrefois, du sacrifice du buffle à Chieng Khwang (Laos) célébré au moment de la fête annuelle dédiée au génie de la principauté Phii[1] mɯəŋ[2]) (Archaimbault 1991 : 8-10) au cours de laquelle, d'ailleurs, étaient présentées des chiques de bétel aux génies des arbres «pour parfumer [leur] gosier». De nos jours encore, lors de la fête de la moisson dans le nord-est de la Thaïlande, un poulet entier est offert à la déesse du riz qui en hume les bonnes odeurs pour s'en nourrir. Ainsi les offrandes, qu'elles soient fleurs ou aliments, qu'elles s'adressent à Bouddha ou aux forces vitales pour les premières, ou encore aux génies pour les secondes, ne prennent toute leur valeur que lorsqu'elles s'accompagnent de parfums ou de fumets.

Le monde des morts ne peut pas davantage échapper à l'univers des odeurs. Si en effet le parfum entoure la femme pour maintenir sa présence comme pour l'incarner après une absence temporaire, on peut présager que les soins donnés à un défunt comporteront aussi des arômes au moment de l'ultime départ comme pour en honorer sa mémoire et lui rendre hommage. Si l'on prend une référence historique extraite de *Khun Chang Khun Phen*, il apparaît que le corps, lors du bain mortuaire, est trai-

étude est partielle, elle permet de répondre à la question posée à son début. Elle montre en effet que les perceptions olfactives peuvent servir d'outil d'analyse d'une société. Elle montre aussi combien l'odorat, à travers tous les domaines qui le concerne, constitue un réseau de références sociales qui, très certainement, participent du lien social et contribuent à la cohésion de la société*.

Références bibliograhiques

ALMAGOR URI
1990 «Some thoughts on Common Scents», *Journal of the Theory of Social Behaviour*, 20, 3, 181-195.

ARCHAIMBAULT C.
1991 *Le sacrifice du buffle à S'ieng Khwang* (Laos), (Publ. de l'EFEO vol. CLXIV). Paris, Ecole Française d'Extrême-Orient.

BIROLLI B.
1987 À l'ouest, sommes-nous tous des «Pue-le beurre ?» in *Odeurs, l'essence d'un sens, cf.* infra, 150-154.

COHEN E.
1988 «The broken cycle : Smell in a Bangkok soi (lane)», *Ethnos*, 1-2, 37-49.

DUCHESNE E. A.
1836 *Répertoire des plantes utiles et des plantes vénéneuses du globe*, Paris, J. Renouard édit.

DUPIRE M.
1987 «Des goûts et des odeurs : classifications et universaux», *L'Homme*, 104, oct.-déc. 1987, XXVII (4), 5-25.

HOWES D.
1986 «Le sens sans parole : vers une anthropologie de l'odorat», *Anthropologie et Société*, 10, 3, 29-42.

LARGEY G. P., WATSON D. R.
1972 «The sociology of Odors», *Américan Journal of sociology*, 77, 1021-1034

LÉVY-WARD A.
1993 «Êtes-vous capable de manger la nourriture isan ?», *Autour du riz, le repas chez quelques populations d'Asie du Sud-Est*, Paris, l'Harmattan, 17-81.

*. Nous remercions B. Brac de la Perrière qui a bien voulu faire une lecture attentive de ce travail. Les éventuelles erreurs nous restent bien évidemment imputables.

Lévy-Ward A.
1996 «ʔaay[1] odeur ou saveur ou bien odeur et saveur ?», *Mon-Khmer Studies*, Vol XXV, 103-109.

Maspéro H.
1971 «Les fêtes de printemps», (P. II La société et la religion des Chinois anciens et celles des Thai modernes), *Le Taoïsme et les religions chinoises*, 221-276, Paris, Galllimard.
1987 *Odeurs, l'essence d'un sens*, dirigé par J. Blanc Mouchet et Martyne Perrot, Paris, Autrement, (série Mutations n°92).
2525 (E. B.) 1982 [ca 1950]
Phacanaanukrom chabab rajabandhitsathan, [Bangkok], 930 p. [Dictionnaire de l'Académie royale], [en thaï].

Pallegoix Mgr.
1854 Dictionarium linguae thaï sive siamensis interpretatione latina, gallica et anglica illustratum auctore... episcopo mallensi, vicario apostolico siamensi, Parisiis, Jussu imperatoris impressum.

Tambiah S. J.,
1985 Buddhism and the Spirit Cults in North-East Thaïland, Cambridge, Cambridge Univ. Press.

Sibunruang J. K. (trad)
1960 *«Khun Chang, Khun Phen», la femme, le héros et le vilain*, poème populaire thaï, trad. par, Paris, P. U. F. , (Ann. du Musée Guimet, T. LXV).

Winter R.
1987 «L'odeur de l'argent» *Odeurs, l'essence d'un sens,* dirigé par J. Blanc Mouchet et Martyne Perrot, Paris, Autrement, (série Mutations n°92), XX–XX.

Nguyên Tùng
Nelly Krowolski

L'argent, le gras du bœuf et le pet du mandarin

Si vous demandez à un Viêtnamien de traduire le terme «odeur» dans sa langue, il vous répondra sans hésiter *mùi*. La réalité langagière est en fait beaucoup plus complexe. Ce terme, ancienne prononciation du caractère chinois qui, à partir du Xe siècle se dit *wei* (ou *vị* en sino-viêtnamien[1]), signifie, tout comme le caractère dont il est dérivé, à la fois «odeur» et «saveur» ou «goût», lesquels sont étroitement liés dans la pratique alimentaire. Et c'est dans son sens de saveur que *mùi* est utilisé dans de nombreuses expressions toujours en vigueur aujourd'hui : *mùi đạo* ou *đạo vị*, la «saveur de la religion», *mùi thiền*, la «saveur du zen» (il s'agit de la saveur au sens propre puisque ces expressions font allusion au régime strictement végétarien des moines bouddhistes[2]) ; *mùi đời*, la «saveur

1. Le sino-viêtnamien est la prononciation viêtnamienne des caractères chinois.

2. C'est ce qu'exprime ce vers du Kiều, le plus populaire roman en vers du Viêt Nam, écrit par Nguyễn Du (1765-1820), «je me suis habituée aux saveurs du sel et des légumes de la vie monacale» *(mùi thiền đã bén múi dưa)*.

de la vie» (les plaisirs de la vie, notamment les plaisirs sexuels) ; *bén mùi,* «prendre goût» ou «s'habituer au goût de» ; *mùi đắng cay,* «saveur amère et piquante» et par extension «souffrance»... Aujourd'hui cependant, les Viêtnamiens ont de plus en plus tendance à cantonner *mùi* [3] dans son sens d'odeur et *vị* dans celui de saveur. Signalons enfin une autre acception du terme qui a cours dans certaines régions où il désigne aussi la couleur *(màu)*[4].

Par ailleurs le terme *hơi,* qui signifie «souffle, haleine, air, vapeur, gaz», s'emploie à la place de *mùi* dans certaines expressions qui dépeignent l'odeur spécifique d'un homme ou d'un objet, comme par exemple : *đánh hơi,* «flairer» ; *quen hơi* ou *bén hơi,* «s'habituer à l'odeur spéciale de...» ; *hơi hám* ou *hơi hướng,* «légère odeur spéciale» ; *hơi đồng,* littéralement «odeur spéciale du cuivre», au figuré «l'odeur de l'argent» (c'est-à-dire des pièces de monnaie jadis fondues en cuivre)[5] ; *hơi men,* «odeur de l'alcool»...

---

3. Au nord du pays, le coriandre *(Coriandrum sativum)* est appelé *rau mùi,* («légume/odeur»), le panicaut *(Eryngium fœtidum)*, *mùi tàu* (littéralement *mùi* chinois) et le persil *(Petroselinum sativum)*, *mùi tây* (littéralement *mùi* occidental).

4. Par exemple : *áo mùi nâu,* «habit de couleur brune»

5. *Cf.* ce vers du *Kiều* : «Cupide, elle est comme hypnotisée dès qu'elle sent l'odeur de l'argent» *(Máu tham hễ thạy hơi đồng là mê).*

Vocabulaire des odeurs (mùi)	
Verbe ou déterminant	*Nom*
Odeurs agréables	
thơm : «sentir bon», «odorant»	*mùi thơm* : «bonne odeur» dont *mùi hương* : «senteur, parfum»
Odeurs plus ou moins (dés)agréables selon les individus	
nồng (ou *hăng, hắc, gắt)* : «sentir âcre» comme la chaux	*mùi nồng* : «odeur âcre»
Odeurs désagréables	
hôi : «sentir mauvais, fétide, malodorant»	*mùi hôi* : «odeur fétide»
Odeurs désagréables spécifiques	
hoi : «qui sent le lait rejeté par les nourrissons» *khai* : «pisseux» *khét* : «qui sent le roussi» *gây* : «qui sent la viande de mouton, la graisse» *tanh* : «qui sent le poisson ou la viande crus» *thối* : «pourri, puer, puant»	*mùi hoi* : «odeur de lait rejeté par les nourrissons» *mùi khai* : «odeur d'urine» *mùi khét* : «odeur de roussi» *mùi gây* : «odeur de la viande de mouton, de la graisse» *mùi tanh* : «odeur de poisson ou de viande crus» *mùi thối* : «puanteur»

Les odeurs agréables

Le vocabulaire concernant les odeurs agéables *(mùi dễ chịu,* «odeur/facile/supporter») est très pauvre en viêtnamien. Disons qu'en gros ce sont «des odeurs qui sentent bon» *(mùi thơm).* Par redoublement, *thơm* donne l'adjectif *thơm tho* (odoriférant en général).

Associé à d'autres termes, *thơm* est à l'origine de nombreuses expressions qui décrivent toutes un parfum intense, capiteux et qui se répand largement : *thơm lừng, thơm nức, thơm phức* ou *thơm phưng phức, thơm lựng, thơm ngào ngạt,* ou *encore thơm ngát.* Pris dans un sens figuré, il permet d'évoquer la «bonne réputation» de quelqu'un, grâce aux expressions *danh thơm* («nom qui sent bon») ou *tiếng thơm* («son, réputation qui sent bon»).

Les bonnes odeurs sont en général des parfums *(mùi hương)*[6] qui proviennent essentiellement des substances végétales, notamment les fleurs (lotus, jasmin, pamplemoussier, orchidées...). Dans les croyances populaires, le parfum de certaines fleurs telles celles du frangipanier, du magnolia, du cynanthe odorant... attire les mauvais esprits, si bien qu'on évite de les planter dans les jardins particuliers, on les rencontre en revanche très souvent dans les pagodes protégées, elles, par la toute-puissance du Bouddha. Composées de substances végétales odorantes, les baguettes d'encens sont appelées *cây hương,* «baguettes parfumées», à distinguer du petit autel souvent fixé sur un pilier en bois *(cây)* ou en maçonnerie dressé dans les jardins en l'honneur de toutes sortes de génies et qu'on dénomme également *cây hương,* sans doute parce qu'y sont toujours disposés des bâtonnets d'encens dans un vase *(bình hương).* Il faut dire en effet, qu'au cours de toutes les cérémonies, on brûle quantité de baguettes d'encens et de bois de santal qui dégagent beaucoup de fumée *(khói)* et répandent un mélange de parfums. Ces deux termes se combinent d'ailleurs : *hương khói* ou *khói hương* pour signifier «célébrer ou entretenir le culte». Signalons encore d'autres expressions formées avec *hương* : *hương hoả* («encens»[7] / «feu») désigne la part des biens destinés au culte des ancêtres[8] ; *hương hoa* («encens» / «fleurs»), les offrandes pour le culte ; *hương liệu* («parfum» / «produit»), les épices ; *hương vị* («parfum» / «saveur»), les arômes ou les

6. *Hương* est un terme sino-viêtnamien.

7. *Hương* a ici le sens d'encens, et non de «parfum» *(cây,* «baguettes», étant sous-entendu).

8. Si *hương* («parfum») rappelle les baguettes d'encens et le bois de santal indispensable au rituel, *hoả* («feu») évoque quant à lui les chandelles qu'on dépose sur l'autel des ancêtres.

saveurs ; *hương hồn* («parfum» / «âme»), les âmes défuntes ; *bán phạn buôn hương* («vendre» / «fard» / «commercer» / «parfum»), se prostituer. Enfin, *hương* sert également dans la langue littéraire à désigner une belle femme[9].

Les herbes aromatiques (menthe, coriandre, persicaire poivrée, basilic etc.), consommées fraiches ou cuites, qui jouent un rôle important dans l'art culinaire viêtnamien[10], sont dénommées de manière générique «légumes parfumés» *(rau thơm)* (Krowolski, 1988 : 39-40). Les eaux de senteur et les parfums se disent «eau de fleur» *(nước hoa).*

Entre les odeurs nettement agréables et désagréables, il y a des odeurs qu'on peut qualifier de neutres parce que leur appréciation varie en fonction des individus. Ce sont les odeurs dites âcres *nồng, hăng, hắc : mùi nồng* pour l'alcool ou la chaux éteinte qui entre dans la composition du bétel, *mùi hăng* pour l'écorce de mandarine, ou encore *mùi hắc* pour la persicaire poivrée.

Les odeurs désagréables

Le vocabulaire spécifique des odeurs désagréables *(mùi khó chịu,* odeur/difficile/supporter») est plus riche. Deux groupes peuvent être distingués.

D'abord, celui des odeurs malodorantes, fétides, nauséabondes *(mùi hôi)* liées à certaines parties du corps humain telles que les aisselles *(hôi nách)* et la bouche *(hôi miệng),* à la sueur en général, ou à certains animaux tels que le hibou, le rat musqué[11], et en particulier des insectes tels la punaise des bois, le cafard (odeur de ses excréments)... Certaines de ces odeurs portent des noms spécifiques : *mùi hoi* pour l'odeur de renvoi du lait maternel d'un nourrisson[12] ou de la viande de mouton, *mùi khai* pour celle de l'urine, *mùi khét* pour les cheveux ou le coton brûlé, *mùi thủm* ou *mùi thum thủm* pour la saumure qui commence à tourner, *mùi ỉnh* pour le

---

9. Comme dans ce vers du *Kiều* : *Thương gì đến ngọc tiếc gì đến hương,* «Il n'a aucune pitié pour la belle femme».

10. Elles contribuent à le démarquer nettement de celui de la Chine.

11. On dit «sentir mauvais comme un hibou» *(hôi như cú)* ou «sentir mauvais comme un rat musqué» *(hôi như chuột chù).*

12. «Avoir la bouche qui sent encore le lait maternel» *(miệng còn hoi sữa)* se dit d'un blanc-bec.

faisandé, *mùi gây* ou *mùi gây gây* pour l'odeur de la viande de mouton ou du gras de bœuf, *mùi tanh* pour celle de la viande et du poisson crus...

C'est cette dernière odeur, *mùi tanh*, qui provoque le plus de répulsion comme en témoigne cette expression utilisée pour qualifier des personnes féroces : «manger de la chair humaine sans la trouver *tanh*» *(ăn thịt người không tanh)*. Nguyên Du, dans le *Kiêu*, emploie le terme de la même façon pour forger l'expression *giống hôi tanh* qui peut se traduire par «espèce puante et répugnante» qui lui permet de qualifier le maquereau Mã Giam Sinh au moment où il viole avec brutalité l'héroïne du roman. Enfin, dans une chanson populaire on fait ainsi l'éloge de la fleur de lotus, symbole de l'honnête homme : «elle pousse dans la boue, mais elle ne sent *(tanh)* pas l'odeur de la boue» *(gần bùn mà chẳng hôi tanh mùi bùn)*.

Par redoublement, *hôi* donne l'adjectif *hôi hám* qui signifie «malodorant» en général. On lui forge également des superlatifs *hôi ình, hôi rình* (très malodorant).

Enfin, viennent toutes les odeurs engendrées par la pourriture *(thối)* comme celle du crapaud crevé[13]. Lorsqu'elles sont extrêmement fortes, on les qualifie de *thối ình, thối rình, thối hoăng* ou *thối hoắc* (très puantes).

De tous les termes désignant les odeurs désagréables, les plus utilisés sont *tanh, hôi* et *thối*. Couplés, ils désignent les mauvaises odeurs en général : *mùi tanh hôi, mùi hôi tanh*, ou *mùi hôi thối*.

Dans la vie quotidienne, les puanteurs *(mùi thối)* par excellence auxquelles on est confronté sont celles de l'excrément humain et du pet dont les Viêtnamiens n'hésitent pas à se servir pour provoquer le rire.

L'excrément (en particulier la diarrhée) est utilisé dans les contes à rire comme un moyen de souillure particulièrement réjouissant, mais sans qu'il soit fait allusion à son odeur pourtant considérée par ailleurs comme particulièrement nauséabonde si l'on en croit l'expression populaire «puer comme l'excrément» *(thối như cứt)*.

De son côté le pet, objet sinon de honte du moins d'indécence, est aussi source de plaisir. La médecine traditionnelle le considère comme bénéfique pour la santé parce qu'il dégage un gaz nuisible bloqué dans le ventre. Dans les contes à rire, le pet est essentiellement une trangression sonore des bienséances, sa sonorité et surtout la puissance du vent qu'il

13. «Puer comme un crapaud crevé» : *thối như cóc chết*.

provoque sont valorisés et engendrent l'hilarité, voire une certaine admiration comme celle de cette vieille femme fière de sa bru, grande péteuse devant l'Éternel, capable de remettre à l'eau un sampan échoué sur la berge à l'aide d'une simple pétarade. Mais son «parfum» est loin d'être négligé comme en témoignent les comparaisons élogieuses avec les exhalaisons d'herbes aromatiques émises par les flagorneurs[14] d'un mandarin, au grand désespoir de ce dernier persuadé du même coup que sa dernière heure approche puisqu'un pet normal et bénéfique est aux yeux de la médecine, nous l'avons dit, un gaz nuisible, sous-entendu nauséabond. Ou encore ce talentueux bachelier qui compose tout un poème pour célébrer le pet du roi des Enfers qui l'accueille après sa mort. Ce bachelier était à la fois savant et flatteur. Après sa mort, il descendit au Palais des Ombres et déclara au roi de l'Enfer : «J'ai eu, un temps, dans tout le nord du pays, la réputation d'être un grand lettré.»

Devant une telle vantardise, le roi de l'Enfer éclata de rire, laissant du même coup échapper un pet.

Aussitôt, le bachelier improvisa un poème de félicitations :

Assis sur son haut trône dans le palais de jade,
Il fait entendre un auguste pet comme dans un rêve d'or.
Il est doux à l'oreille comme le son de la flûte,
Embaume comme les parfums de l'orchidée et du lys,
Exquis comme la senteur du musc,
Mélodieux comme un air de musique,
Aussi sonore que le grand pétard de la fête du printemps,

14. «Deux flagorneurs de première tenaient compagnie à un grand mandarin quand soudain Son Excellence laissa échapper un pet. L'un d'eux tendit l'oreille comme pour mieux entendre puis affirma : 'Le son est tout à fait semblable à celui de la flûte'. L'autre ouvrant largement les narines pour mieux humer l'air déclara à son tour : 'L'odeur est aussi suave que celles des herbes aromatiques *chi* et *lan**.' Son Excellence parut fort contrariée : 'J'ai entendu dire que le pet provient du fait que l'air comprimé dans un endroit clos doit s'échapper. Il sent normalement mauvais. S'il sent bon, c'est que je ne vivrais plus très longtemps.' Il n'avait pas fini de parler qu'un de nos flagorneurs s'empressa de tendre les mains comme pour «capturer» l'air, inspirait profondément à plusieurs reprises : 'Votre Excellence, mais c'est qu'il sent mauvais *(thối)* à présent !' L'autre renifla lui aussi plusieurs fois avant d'affirmer : 'Oui, maintenant, il pue vraiment *(thối thật)*, il pue terriblement *(thối quá)*. Votre Excellence vivra très, très longtemps'».

* *chi* et *lan* sont deux plantes aromatiques dont les parfums s'harmonisent si bien qu'elles symbolisent l'amitié.

Ou pareil à la détonation de l'explosif qui détruit les remparts.
Assis sur son trône en haut de l'estrade, le roi ouvre les portes des cinq carosses,
Agenouillé au bas de l'estrade, j'ai le bonheur d'en profiter un peu !

Si, pour les Français l'argent n'a pas d'odeur, pour les Viêtnamiens c'est le contraire comme en témoigne cette devinette :

«D'odeur fétide et écœurante *(hôi tanh),* il n'est pas digne intérêt,
Cependant beaucoup l'entourent d'égards et le chérissent»
Hôi tanh chẳng thú vị gì
Thế mà cũng lắm kẻ vì người yêu

Mais il ne faut pas se laisser dominer par cet argent si apprécié, bien qu'il «sente mauvais». La morale veut que l'on sente «bon» car comme le conseillent les dictons non seulement «bonne (odorante) réputation vaut mieux que beaux vêtements» *(thơm danh hơn lành áo),* mais il faut «même affamé, rester propre, même en haillons, sentir bon» [avoir bonne réputation] *(đói cho sạch, rách cho thơm).*

Références bibliographiques

A. F. I. M. A.
1931-1939 *Việt Nam từ điển* [Dictionnaire viêtnamien], Hanoï, Imprimerie Trung Bắc Tân Văn.

ĐÀO DUY ANH
1950 *Hán Việt từ điển* [Dictionnaire chinois-viêtnamien], Paris, Minh Minh Tân.

GÉNIBREL, J. F. M.
1898 *Dictionnaire annamite-français,* Saïgon, Imprimerie de la Mission à Tân Định.

GOUIN, E.
1957 *Dictionnaire viêtnamien-chinois-français*, Saïgon, Imprimerie d'Extrême-Orient.

HUE, G.
1937 *Dictionnaire annamite-chinois-français*, Saïgon, imprimerie de la Mission à Trung Hoà.

HUỲNH TỊNH PAULUS CỦA
1895-1896 *Đ ời Nam quốc âm tự vị* [Dictionnaire annamite], Saïgon, Imprimerie Rey-Curiol.

KROWOLSKI N.
1988 «De l'usage des 'légumes parfumés' dans la cuisine quotidienne à Da Nang (Vietnam)», *Parfums de plantes*, Paris, Muséum National d'Histoire Naturelle, 39-40.

LỨ KHỜ KẾ, NGUYỄN LŨN
1992 *Từ điển Việt-Pháp* [Dictionnaire viêtnamien-français], Hanoï, Nhà xuạt bản Khoa học xã hội.

LỨ NGỌC TRỤ
1993 *Tầm nguyên tự điển Việt nam* [Dictionnaire étymologique viêtnamien], Saïgon, Nhà xuạt bản Thành phố Hồ Chí Minh.

NGUYỄN DU
1961 *Kim Vân Kiêu,* traduit du viêtnamien par Xuân-Phuc et Xuân-Viêt, coll. Connaissance de l'Orient, Paris, Gallimard.

NGUYỄN TÀI CẨN
1985 *Một số vạn đề chữ nôm* [Problèmes des caractères démotiques], Hanoï, *Nhà xạt bản đại học và trung học chuyên nghiệp.*

THIỀU CHỬU
1993 *Hán Việt từ điển* [Dictionnaire chinois-viêtnamien], Saïgon, Nhà xuạt bản Thành phố Hồ Chí Minh.
1993 *Từ điển thành ngữ Việt Nam* [Dictionnaire des expressions viêtnamiennes], Hanoï, Nhà xuạt bản Văn hoá.
1994 *Từ điển Hán Việt* [Dictionnaire chinois-viêtnamien], Pékin, Thương vụan thư quán.
1994 *Từ điển tiếng Việt* [Dictionnaire viêtnamien], Hanoï, Nhà xuạt bản Khoa học xã hội.
1994 *Từ điển truyện Kiều* [Dictionnaire du Kiều], Hanoï, Nhà xuạt bản Khoa học xa hội.

Paroles odorantes, chant d'amour

Saraswati Joshi

En pays hindou[1], à une époque mythique, les odeurs, comme nombre d'autres choses, furent englouties par La Terre. Poursuivie par le roi *Pṛthu*, la Terre, prise de peur, se transforma en vache et dit au roi : «Les rois et les gens se sont mis à ne plus me respecter et à ne plus observer les règles de conduite, alors, j'ai tout englouti. Si vous désirez que les choses soient autrement, trouvez un veau, un pot, et une personne pour traire mon lait, et ainsi, je vous restituerai tout ce que vous désirez.»(*Shrimad-Bhagvat Purāṇ*, 1986 : Tome 1, 457- 458). Le roi fit le nécessaire : *Citra Rath* roi des musiciens célestes joua le rôle du veau, et *Varruci*, un autre musicien, entreprit de traire les odeurs dans une feuille de lotus en guise de pot (*Matsya-Puranank*, 1984 : 32-33).

Depuis ce temps, l'odeur retrouvée fait sentir son importance à chaque pas de la vie. Transportée par sa monture, la divinité vent, de la naissance au décès, elle est au cœur de tous les rites de passage et marque l'identité des corps vivants et morts.

1. La plupart des données que j'expose ont été recueillies au Rajasthan.

La taxinomie des odeurs

Le dictionnaire *Hindi Shabda Sagar*, (1967, Tome 3) livre, à l'entrée *gandha* «odeur», dix groupes d'odeurs, dont les dénominations sont héritées du sanskrit. En voici une présentation quelque peu simplifiée :

a) *iṣṭa* = désiré, souhaité ; la divinité préférée d'une personne ; la personne préférée ; Dieu ; le Dieu Vishnu, le mari ; approprié et propice. L'odeur *iṣṭa*, est comme celle du musc,

b) *aniṣṭa* = non souhaitée, non désirée, néfaste. L'odeur *aniṣṭa*, est comme celle d'un cadavre,

c) *madhur* = dont le goût est comme le miel, sucré, sans amertume, calme et plein de sérénité, agréable. L'odeur *madhur*, est comme celle du miel, et des fleurs,

d) *amla* = dont le goût est âpre- acide. L'odeur *amla*, est comme celle du «mirobolant»*(Phylanthus emblica)*,

e) *kaṭu* = au goût amer, désagréable, qui pique comme le piment rouge. L'odeur *kaṭu*, est piquante, pénible comme celle du piment rouge,

f) *nirhārī* = celui qui expulse, *(nirhār* est le contraire d'*āhār* (ingurgitation, repas), donc *nirhār* signifie dégager des éléments comme des selles, des urines, etc.). L'odeur *nirhārī*, est comme celle de l'assa-fœtida. Pour les Indiens, cette gomme-résine, utilisée comme épice a une odeur agréable, à l'inverse les Français, qui – ils l'utilisent uniquement en tant qu'antispasmodique – trouvent son odeur détestable,

g) *sãhat* = bien solide, dense. L'odeur est *sãhat*, comme celle du *hartāl* _ sulfure d'arsenic jaune,

h)*snigdha* = doux, huileux, lubrifié. L'odeur *snigdha*, est comme celle du beurre clarifié,

i) *rukṣa* = aride, sec. L'odeur *rukṣa*, est comme celle de la moutarde,

j) *vis´ad* = blanc, claire, limpide, propre. L'odeur *vis´ad*, est comme celle du riz.

Cette liste n'englobe pas l'ensemble des signifiants d'odeur que la langue hindi énumère : en effet, il existe l'odeur de l'humidité : *sīlan kī*, de la pourriture : *saṛī*, du brûlé : *jalī*, une odeur de cuisson au grill : *sikne ki*, (un arôme) fin et léger : *bhīnī*, le parfum de la terre mouillée : *sõdhī*, l'odeur de rassis : *bāsī* (pas frais, fleur ou nourriture).

Chanter les odeurs

Humer un parfum, c'est en toute circonstance s'unir à son bien aimé. Grâce au parfum, la distance ou le temps qui sépare d'un être cher est comblée ; en effet, même depuis l'au-delà, le parfum vous revient, les Dieux ne peuvent détruire la relation établie grâce au parfum.

Le mari : Il peut exhaler un parfum de rose ou d'un œillet d'Inde.

sājan-sājan mhẽ karũ, sājan jīvjaṛī, sājan phūl gulāb kā, mhẽ sũghũ khaṛī-khaṛī.

Je ne cesse de répéter : mon chéri, mon chéri, mon mari est l'élixir de jouvence de ma vie, il est une fleur de rose, dont je savoure le parfum tranquillement.

mhārā phūl hajārī sāhibā, mhārā phūl gulābī sāhibā, kadī āvasī?

Oh, mon seigneur qui est la fleur d'œillet d'Inde, mon seigneur qui est la fleur de rose, quand reviendra-t-il ?

L'œillet d'Inde est très beau en apparence mais ne dégage pas un parfum très agréable au contraire de la rose ; ces fleurs indiquent les deux comportements du mari, tour à tour, attachant et plein de tendresse, puis délaissant son épouse sans la moindre hésitation.

L'enfant : Le fils est pour sa mère une guirlande de mille bourgeons qui répandra le parfum de la gloire de la famille. Elle souhaite installer la balançoire de son enfant sur la branche d'un manguier (symbole de la famille unie, heureuse et prospère) à l'ombre de l'affection (parfum) exhalée par la famille toute entière.

nānyā, thāro pālṇo ghalā dũ āmbā ḍāḷ jī, jhūlo lāl jhūlo, mhārā sẽs kaḷyā̃ kā hār jī, āvtā to jāvatā, dādāsā/dādīsā jhūlā devai jī.

Mon petit, je vais faire mettre ta balançoire sur la branche du manguier, balancez-vous, mon enfant, balancez-vous, oh, ma guirlande de mille bourgeons, ton grand-père/grand-mère (et de même tous les membres de la famille) vont te balancer, en passant par là.

Le frère : Un chant décrit le rêve d'une femme qui voit des choses étranges et elle en demande la signification à son mari :

ā̃gaṇro marvo jhukantā̃ jī dīṭho, āvai sugandhī vāsaṛyā̃ jī, suṇo-suṇo o, sāsū-sugṇī rā jāyā, sapnā ro arath batāvjo.

J'ai vu la plante de Marvā (Mogrā) [3], dans la cour de ma maison, elle était complètement courbée (tellement elle était chargée de fleurs), son parfum agréable embaumait l'atmosphère et arrivait jusqu'à moi, écoutez, oh fils de ma belle-mère, femme pleine de vertu, écoutez, expliquez-moi le sens de mon rêve.

Alors le mari répond :

ā̃gaṇ ko marvo gorī, vīr tumhāro, āvai sugandhī vāsaṛyā̃ jī.

La plante de Marvā (Mogrā) dans la cour de votre maison, oh ma belle, est votre frère, il répand le parfum qui arrive jusqu'à vous.

Le rêve se réalise et, au moment de la cérémonie du *«bhāt»*, à l'occasion du mariage de son enfant, le frère doit venir avec des cadeaux pour elle et toute la famille de son mari. Elle l'avait invité le premier et l'attend impatiemment, mais il arrive avec du retard. Alors elle lui fait des reproches et lui demande :

vīrā, saglā̃ pehlī o thā̃ne nūtiyā, kaṭhai lagāī atrī vāṭ? ūghaṛ jā re phūl gulāb rā.

Oh, frère, je t'avais invité avant tous les autres, où étais-tu resté si longtemps ? Épanouis-toi, oh fleur de rose.

Elle engage son frère à dépenser très généreusement et à rester humble et poli quoiqu'il arrive, comme une rose qui, bien qu'entourée de mille épines, ravit et parfume l'atmosphère.

vīrā, phūl mahke jyū̃ hī mahak jyo, vīrā, mahako sagā jī rī poḷ.

Oh frère, exhale le parfum comme une fleur, exhale-le chez les beaux-parents de ta sœur, épanouis-toi pleinement.

Mais, malgré l'amour qu'elle a pour son frère, elle voit en sa belle-sœur un obstacle qui se met entre elle et celui-ci, donc elle dit :

mhārā vīrā sā phūl gulāb rā, mhārī bhāvaj asal kaṇer.

Mon frère est une rose, (mais) ma belle-sœur est une vraie fleur de laurier-rose.

C'est-à-dire une personne très hypocrite belle et tendre en apparence mais sans parfum, aux racines venimeuses. La femme reste toujours très attachée à la famille de ses parents et son frère est pour elle, (comme le mari) la rose ou le jasmin qui fleurit dans la cour de sa maison répandant le parfum de la gloire de la famille de son père en dépensant de l'argent pour elle à chaque occasion, avec la même vigueur que le jasmin diffuse son odeur.

3. *Marvā* et *Mogrā* sont deux plantes distinctes. La plante de *Marvā -Artemisia vulgaris-*, ressemble à la plante sacrée de basilic *-Tulsī-*. Dans les chansons, il s'agit souvent de *Marvā-Mogrā* ensemble ou seul le *Marvā* qui est une variété de jasmin aux fleurs blanches très parfumées *-Jasminus Sambac -, belā, mogrā.*

Les mariés : Dans les chants prodigués pendant l'onction les femmes s'adressent au fabricant d'huile :

> «Oh fabricant d'huile de la ville de X, écoute bien, dans ton pressoir il y a le safran et le musc, et j'y ajoute la noix de muscade et son écorce, cette huile (parfumée) sera appliquée sur le corps du marié/de la mariée, qui est comme une fleur pleine de délicatesse.»

Elles apprécient le parfum de l'onguent appliqué au fils du roi assis sur le tabouret réservé à cet usage :

> gehū̃ e caṇā ko ūbaṭaṇo, rāy campelī ko tel, rāyjādo baiṭho ūbaṭne, campā - marvā rī kaliyā̃ suvās ghaṇī, thārā ūbaṭṇā mẽ vās ghaṇī, vo to tel-phulel campā kī kalī.
>
> Cet onguent préparé avec de la farine de blé et de pois-chiche, et d'huile des meilleures fleurs de Camelī, et des boutons de fleurs de Campā, et de Marvā (Mogrā), oh prince, ton onguent est bien parfumé, il contient de l'huile parfumée des bourgeons de Campā.

Avant le départ de la procession du marié, des guirlandes et un voile des fleurs lui sont offerts. Alors, on demande à la jardinière d'apporter un voile de fleurs bien parfumées, qui va ravir le marié. On demande également au marié d'aller participer à la cérémonie de mariage, en ayant cet ornement floral parfumé sur lui.

La mariée, en plein épanouissement de sa jeunesse comme une fleur au printemps, dégage le parfum dont les rafales vont loin jusqu'au marié et, celui-ci envoûté par ce parfum demande :

> ī maihl kuṇī kā, kañcan kā khambhā dīkhai dūr sū̃? ī maihl banī kā, antar kī lapṭā̃ āvai dūr sū̃.
>
> À qui appartiennent-ils ces palais, dont on aperçoit les piliers en or de loin ? Ce sont [sûrement] les palais de la mariée, dont les bouffées [flammes] parfumées d'essences, arrivent de si loin.

Bien que la mariée et sa demeure soient bien ornées et parfumées, son souhait le plus cher est que son bien-aimé, le marié, lui offre du parfum en témoignage de son amour. Elle lui demande de venir avec le parfum :

> mhā̃ne lāy do śīśī antar kī, mhā̃ne lāy do phūl champelī rā.
>
> apportez-moi un flacon d'essence, apportez-moi des fleurs de jasmin

Le marié, dès la réception du message, alors que l'aube n'est pas encore présente, va réveiller les marchands d'essences et de fleurs pour les acheter avant de partir de chez lui. Il lui répond alors :

banī jī, thā̃ke kāraṇe, mhẽ sūtā gā̃dhī/ māḷī jagāyā rā
Oh belle mariée, pour vous, j'ai réveillé les parfumeurs/ les jardiniers en plein sommeil.

Les femmes : Selon leur vertu, leur pureté, leur beauté, et leur nature, elles sont divisées en quatre catégories. La plus appréciée d'entre elles est la «*Padminī* «, dont la couleur de la peau est aussi claire que la fleur de *-Campā- (campā varṇī)* et douce comme la pétale de lotus, chaque partie de son corps exhale un parfum très agréable. Le corps d'une femme est un jardin d'où, à l'arrivée du printemps, de belles fleurs de *Campā* et *Kevṛā*, safran et fruits juteux, dégagent un parfum si fort et agréable qu'il devient irrésistible au paon (le soupirant) qui l'entoure. Il lui demande :

moraṇī, thāre bāgā̃ mẽ kaī-kaī nīpajai, jā̃ kī āvai re sugandhī bās?
Oh paonne, quelles sont ces fleurs qui poussent dans ton jardin, et qui exhalent cette douce fragrance ?

Alors elle répond :

moriyā, mhārā bāgā̃ mẽ campo/ kesar-kevaṛo, jī̃kī āvai re sugandhī bās.
Oh paon, dans mon jardin, il y a le Campā, le safran, et le Kevṛā, qui embaument l'air de leur parfum.

Le paon, envoûté par ce parfum, lui demande d'ouvrir la fenêtre et de le laisser entrer. Bien qu'elle ne lui ouvre pas la fenêtre, elle craint et redoute le paon tel un séducteur obstiné, d'ailleurs comment contrôler le débordement de sa jeunesse dont le parfum se répand et attire les autres tandis que celui qui doit le savourer se trouve loin. Elle regrette son absence et dit dans une autre chanson :

morī dhānī cunariā itar gamkai.
Mon sari -cūnar-[4] de couleur verte répand le parfum de l'essence des fleurs -itra-

D'habitude le *Cūnaṛ* est un *sari* rouge, mais ici il est vert, car le vert est la couleur de la verdure qui symbolise l'épanouissement, la fécondité et la joie. Le parfum qui embaume l'atmosphère est le parfum de la jeu-

---

4. *Cū̃daṛ* : il y a une variété de saris propice de couleur rouge de «*Bā̃dhej* » *(tai & die)*, très apprécié par la femme. Bien que celui-ci soit lié au bonheur conjugal, la femme a le droit de le mettre même avant le mariage. Lors de la cérémonie de mariage, la belle-famille envoie des vêtements pour la mariée ; le *cū̃naṛ* en fait généralement partie, et son souhait le plus cher serait de partir de ce monde en *Cū̃naṛ*, c'est-à-dire comme une femme mariée, et avant son mari.

nesse. Le *sari -cūnar-* représente le corps de la femme, il est également lié au bonheur conjugal et à la chasteté de la femme.

dhani bālī umariyā naihar tarsai, kaliyā̃ cun-cun sej bichāī, merā paurhanvālā vides´ tarsai.

Moi, une femme au seuil de la jeunesse, je me languis chez mes parents, j'ai choisi les meilleurs boutons des fleurs, j'ai préparé le lit conjugal (parfumé), mais celui qui doit y coucher se languit à l'étranger.

La fleur de *Campā* continue à se dessécher et le jardinier se trouve dans un pays lointain. L'idée qu'elle est elle-même la fleur parfumée de *Campā* se retrouve souvent dans les chansons. Elle demande au petit nuage plein d'eau d'amour et à l'éclair plein de feu (symbole de *Shakti,* demeurant dans le corps de son mari) :

Oh petit nuage, pourquoi ne fais-tu pas la pluie (d'amour sur mon palais), oh éclair, pourquoi ne brilles-tu pas (dans le cœur de mon mari) ? Dans la chambre de réjouissance de mon mari, qui est un véritable dandy, la fleur de Campā se dessèche.

Une fois fanée, et la jeunesse finie, il n'y aura aucune possibilité de parfumer le palais de son mari et de lui donner un enfant.

L'âme et le Dieu

Souvent l'âme est assimilée à l'odeur et le corps à une fleur, à un bouton de fleur ou à un jardin. Une femme (symbole de l'âme) dit à son bien-aimé :

vo saurabh hū̃ maĩ, jo uṛkar kalikā mẽ lauṭ nahī̃ pātā, par kalikā ke nāte hī priya, jisko jag ne saurabh jānā, (Adhunik kavi, Mahadevi, 1969´ 71.)

Je suis le parfum qui, une fois envolé n'arrive pas à retourner auprès du bouton de fleur, mais, oh mon chéri (Dieu), ce n'est que grâce à ce bouton de fleur, que le monde a reconnu (l'existence de) ce parfum.

Le parfum représente l'âme, et le bouton de fleur le corps humain. Une fois que l'âme quitte le corps, elle ne peut plus y revenir, cependant l'existence de l'âme n'est pas reconnue sans le corps. Le parfum n'est pas uniquement l'âme individuelle, il est également le Dieu suprême qui existe en chaque être :

terā sā̃ī tujjha mẽ, jyõ puhupan mẽ bās, kastūrī ke mirag jyõ phir-phir sū̃ghai ghās. (Madhu Park, KabirDas, 1974 : 7.)

Ton seigneur demeure en toi, comme le parfum à l'intérieur des fleurs, alors pourquoi le cherches-tu comme le cervidé qui cherche dans l'herbe le parfum de musc qu'il renifle ?

Marqueurs d'identité

L'odeur est un marqueur personnel et identitaire, on peut en donner quelques exemples :

Existence : *mānso gandhe.* (Être humain dégage son odeur -d'être humain). «Ça sent la chair fraîche.»

Caste : *usmẽ uskī jāt kī bū ātī hai.* (Lui en sa caste d'odeur vient.) On sent en lui l'odeur de sa caste.

Mort : a) *use maut kī gandha ā rahā thī.* (Lui-à mort d'odeur venait.) Il sentait l'odeur du mort/ Il sentait que la fin/ mort était proche.

b) *uske kamre mẽ maut kī bū ā rahī thī.* (Sa chambre dans mort d'odeur venait.) On sentait la mort dans sa chambre.

c) *use die kī gandha nahī̃ ātī.* (Lui-à lampe à l'huile de parfum pas vient.) Il ne sent pas le parfum de la lampe à huile, ce qui signifie «il va bientôt mourir».

Souvenir : a) *usmẽ dūdh kī sugandha ā rahī thī.* (Lui-en lait de parfum venait.) Il avait toujours l'air d'un enfant/ Il évoquait les souvenirs d'enfance.

b) *nadī ke kināre mujhe apnī javānī kī ḳhus´bū ā rahī thī.* (Rivière de bord moi-à ma jeunesse de parfum venait.) Au bord de la rivière je sentais le parfum de ma jeunesse.

Sentiments : *uskī bātõ mẽ jalan kī bū ā rahī hai.* (Ses paroles dans jalousie d'odeur vient.) On sent l'odeur de la jalousie dans ses paroles.

Immoralité : a)*ākho ghar garṇāī ryo hai.* (Entière maison sent mauvaise.) La maison/ la famille entière est envahie par une mauvaise odeur.

b) *pādyo to thoṛo paṇ vās´ yo ghaṇo.* (Péta quant à moins mais dégagea la mauvaise odeur trop.) La personne n'a pas pété beaucoup mais ceci a dégagé une odeur très forte.

Ce proverbe est utilisé lorsque la rumeur et la mauvaise réputation prennent une ampleur alors que la faute commise par la personne n'est pas aussi grave, cela est dit surtout pour une femme qui commet une action immorale par imprudence, et lorsque les gens en font un drame pour exploiter la situation.

c) *vo vās´ yo jo to vās´ yo, paṇ ghaṇo vās´ yo.* (Il dégagea la mauvaise odeur alors dégagea, mais trop dégagea.) Il avait dégagé une mauvaise odeur, mais le problème est qu'il en avait trop dégagé. Cela signifie que la personne en question avait fait quelque chose d'immoral et continuait à le faire.

Réputation (gloire) : *uskā yas´mahak rahā hai.* (Sa gloire exhale le parfum.) Sa gloire parfume l'atmosphère.

Mauvaise renommée : *is bāt kī gandha fail rahī hai.* (Cette parole (chose) d'odeur se répand.) L'odeur de cette action se répand.

Faire l'amour : *Xjīvāḷī phulṛā sū̃ghaṇ kū̃ cālī.* (Épouse de M. X fleurs renifler pour partit.) Mme. X est sortie de la maison pour sentir le parfum des fleurs.

Manger très peu et lentement : *phūl mat sū̃gh, jaldī khā.* (Fleurs pas renifle vite mange.) Ne renifle pas les fleurs, mange vite.

Goût : *ismẽ bhā̃g kī ḳhus´bū ā rahī hai.* (Ceci dans chanvre-indien de parfum vient.) Ceci sent le chanvre indien.

Situation : *ḳhus´bū acchī nahī̃ ā rahī hai.* (Parfum bonne pas vient.) Elle n'a pas un bon parfum c'est-à-dire la situation prend une fâcheuse tournure.

Soupçon, suspect : *mujhe kisī gaṛbaṛ kī bū ā rahī hai.* (Moi-à quelconque louche d'odeur vient.) Je sens l'odeur du louche.

Une petite quantité : a) *is sabzī mẽ mirc kī gandha tak nahī̃ hai.* (Ce légume dans piment rouge d'odeur même pas est.) Il n'y a même pas l'odeur du piment rouge dans ce légume. b) *is kām mẽ rājnīti kī bū tak nahī̃ hai.* (Cette action dans politique d'odeur même pas est.) Il n'y a même pas l'odeur du politique dans cette action.

Rumeur : *cārõ taraf is bāt kī bū fail rahī hai.* (Tous les quatre côtés cette chose d'odeur se répand.) L'odeur de cette chose se répand partout : tout le monde en parle.

Être au courant/ informé/ pressentir : a) *mujhe is ghaṭnā kī sū̃gh ā gaī thī.* (Moi-à cet événement d'odeur était venue.) J'avais eu le parfum de cet événement. b) *mujhe kisī bhayaṅkar durghaṭnā kī gandha ā rahī hai.* (Moi-à quelconque terrible accident d'odeur arrive.) Je ressens un terrible événement.

Révéler un secret : a) *vās´ jo mat.* (Dégagez odeur pas.) Ne dégagez pas l'odeur de cette affaire. b) *vo vās´gyo.* (Il dégagea odeur.) Il révéla le secret.

L'odeur et la vie

La terre, qui est le pouvoir créateur et qui représente chaque femme, est la mère de l'odeur *-gandha-mātā-* (odeur- mère), ou l'odeur elle-même *-surbhi-* (parfum), mais elle représente la bonne odeur qui est le fait de rester vertueuse *(surbhi=sadācārī)*. La femme la plus respectée est la femme mariée et mère, une femme en plénitude, qui est appelée *suvāsinī/ suvāsnī* (bonne odeur-embaumeuse) qui signifie à la fois celle qui exhale la bonne odeur et en même temps *suhāgin/ sadhvā/ saubhāgyatī strī*, c'est-à-dire une femme mariée et qui est dotée du bonheur. Mais le véritable porteur de l'odeur est le Dieu *Shiva -gandha-dhārī-* (odeur- porteur), de même la bonne odeur *-suvās-* est *Shiva* lui-même, *Shiva*, le maître du monde, qui avait réduit le désir *-Kām-* en cendre. Il est le maître du *Veda* d'odeur *-Gandha-Veda-* qui est la science de musique et son épouse *Durga* est sa *Gandharvā*. Le véritable parfum que nous devons savourer est l'Être Suprême, (les mots parfum ou bonne odeur *-suvās/ sugandhi-* signifient également l'Être Suprême *parmātmā)*, qui réside en nous, comme la douce fragrance à l'intérieur d'une fleur. Mais, aveuglé par *vāsnā* qui signifie la mauvaise odeur et l'appétit sexuel, nous n'arrivons pas à l'atteindre.

Ainsi, nous voyons que l'odeur est liée aux divers aspects de la vie qu'elle représente : la gloire ou la mauvaise réputation, la moralité ou l'immoralité, le péché ou la bonne action, la grande ou la petite quantité, le bon ou le mauvais goût. Manger, faire l'amour, les sentiments, les pressentiments, la mort, et l'enfance ont leur odeur. L'odeur agréable est souvent utilisée au sens figuré par la femme pour désigner la gloire, et représente les trois personnages qui lui sont les plus chers dans la vie : le frère, le mari et le fils. On voit également que c'est souvent la même odeur qui est liée tantôt au mari et tantôt au frère. De même, les mariés, la famille et la femme sont assimilés à différentes variétés de fleurs.

Le parfum a une valeur symbolique liée à l'attachement ou au renoncement. Certaines femmes mariées rejettent les parfums symboles du renoncement, c'est pourquoi elles ne se parfument pas de pâte de bois de santal, elles vont même jusqu'à refuser de prononcer le mot «santal» au moment des rites de passage de la naissance et du mariage. Par contre, dans les rites funéraires, le santal tient une place importante. Avant de faire partir le défunt de la maison, la famille le parfume en lui offrant du santal, et avant sa cérémonie funéraire, des produits parfumés comme le camphre, le santal, sont ajoutés au bûcher pour le préparer au départ définitif.

Quant aux parfums liés à l'amour et à l'attachement, ils ne doivent être utilisés par la femme que pour son mari ; elle devra donc cesser de se parfumer avec tous les produits liés à l'amour en cas de veuvage, d'absence de son mari ou de deuil dans la famille. Les odeurs peuvent lier ou délier toutes les relations sociales. La femme soucieuse de retenir l'homme hors du chemin vers le «salut» et les dieux, use de recettes composées d'odeur savamment dosées. Quant aux hommes, sauf les «renonçants», ils ont toute liberté de choisir les parfums qui mènent au renoncement suprême ou leurs garantissent la jouissance totale de la vie. Quel que soit le parfum, il ne risque pas de nuire à leur bonheur conjugal, car ils peuvent toujours se remarier au contraire des femmes abandonnées ou veuves.

Références bibliographiques

1986 *Shrimad-Bhagvat Puran,*
Gorakhpur, Gita press.

1984 *Matsya-Puranank, Kalyāṇ,*
Gorakhpur, Gita Press.

1967 *Hindi Shabda Sagar,*
Kashi, Nagri Pracharni Sabha.

1973 *S´iva Purāṇa,*
Transl. by a Board of Scholars, Delhi, Motilal Banarsi-Dass.

1980 *Hindou Devtaon ke Vividh Rup aur Vahan,*
Panday Banarsi Lal, Varansi, Jai Bharat Press.

1969 *Adhunik kavi, Mahadevi,*
Prayag, Hindi Sahitya Sammelan.

1974 *Madhu Park,*
Éditeur Narottam Das Swami, Agra, Sahitya-Sadan.

Michel Boccara

Pets parfumés et souffle vital

La langue maya yucatèque est une langue mono-syllabique où le jeu de mots joue un rôle essentiel. Etudier le champ sémantique des odeurs doit donc prendre en compte la polysémie et l'homophonie. Je commencerai cette étude avec deux vers du Livre des Bacabs[1], le plus important et le plus ancien recueil de textes religieux mayas en écriture latine.

Pel u na ta wach[2]
Sam tun bakin
Le sens premier de ces vers est :
Pel u na ta wach
Con de ta mère ton aiguillon /membre viril/

1. Le Livre des Bacabs, XXIII, fol. 128, manuscrit conservé à la Princeton University Library. Il existe deux éditions du Livre des Bacabs : une édition anglaise de Ralph Loveland Roys en 1965, *Ritual of the Bacabs : a Book of Maya Incantations* avec transcription du texte maya et traduction anglaise et une édition mexicaine de Ramon Arzapalo Marin en 1987, *El Ritual de los Bacabes*, avec transcription du texte maya et traduction espagnole. J'ai moi-même donné plusieurs traductions de textes de ce manuscrit (Boccara, 1997a), les transcriptions et traductions de cet article sont miennes.
2. La forme *wach* donnée par le Livre des Bacabs est une transformation commune pour éviter l'hiatus : *ta ach*.

sam tun bakin
moment donc quand

Ce qui peut se traduire par :
Ton aiguillon /membre viril/ est le con de ta mère
Depuis déjà un moment...

Mais *sam*, un moment, long ou court, signifie aussi une odeur forte, que l'on sent de loin. L'association d'un signifiant temporel général – un moment – avec un terme générique qui désigne l'odeur permet de jouer sur une des propriétés de l'odeur : elle persiste.

Cette odeur persistante remonte alors jusqu'au premier vers :
Pel u na ta wach, avec les différentes écoutes possibles de *ta*.
En effet *ta* est phoniquement proche de *ta'* qui signifie la lance et la merde, *ta'* peut donc redoubler *wach*, aiguillon avec le sens de lance mais aussi désigner l'odeur persistante de la merde, associée, insulte suprême, au sexe de la mère cosmique. Notre dixtique se traduit alors par :
Ton aiguillon /membre viril /merdeux est le con de ta mère
et pue depuis un moment /longtemps /...

Le premier sens : «ton aiguillon est le sexe de ta mère» en identifiant sexe masculin et sexe féminin fait référence à l'androgynie fondamentale du principe créateur des Mayas pensé sous la forme d'une mère-père.

Mais le second sens indique que ce sexe hermaphrodite est puant, se référant ici implicitement à un des noms du maître du monde souterrain, *kisin*, le péteux. Cette puanteur, si elle fonctionne sur le mode de l'insulte, peut aussi, dans un retournement symbolique classique, être valorisante : ce qui pue est puissant voire sacré.

Cependant la polysémie et le jeu sur les mots ne s'arrêtent pas là : en effet *wach*, aiguillon, est, d'après le *Diccionario de Motul*, un terme honnête et ancien pour désigner le membre viril. Le *Motul* donne *ach* : «membrum virile, y es de los viejos ; de aqui se componen muchos nombres que no son deshonestos y son muy usados como se vera en lo siguiente : aguijón de abeja, avispa y alacrán con que pican...»[3].

Mais *wach* est aussi un terme dépréciatif, en «argot» cette fois – langage «deshonnête» pour paraphraser le franciscain rédacteur de notre dictionnaire – pour désigner l'étranger le plus honni du Maya : le Mexicain, le conquérant venu du nord[4].

On obtient alors cette troisième version :

Le con de ta mère est un mexicain merdeux

et pue depuis un moment (lontemps)...

C'est d'ailleurs le terme mexicain tout entier qui est contaminé par le signifiant «merde» puisque *wach* a aussi le sens de diarrhée, ce qui donne comme quatrième version :

Le con de ta mère est une diarrhée (mexicaine) merdeuse

et pue depuis un moment (longtemps)...

Le Mexicain est donc identifié à une diarrhée, une merde liquide et malade.

3. On connaît trois éditions du Diccionario de Motul, j'en donne deux en bibliographie, la troisième, due à Ramon Arzapalo Marin, n'apporte guère d'éléments nouveaux par rapport à celle de René Acuña. Le *Diccionario de Motul* se retrouve aussi dans le *Diccionario maya Cordemex*, 1980. Le Dictionnaire Cordemex est un outil de travail qui regroupe l'ensemble des sources coloniales connues ainsi que les sources du XIX^{è} et du début du XX^{è} siècle. Je ferai un large usage de ce matériel dans mon travail d'analyse du vocabulaire des odeurs (*cf.* infra. §2). Le maya contemporain est, curieusement, moins bien décrit, la meilleure source, bien qu'encore très incomplète est le *Diccionario basico español-maya-español*, édité en 1992 par un groupe de Yucatèques dont certains avaient déjà collaboré au Cordemex : Juan Ramon Bastarrachea Manzano, Fidencio Briceño Chel, Ermilo Yah Pech. Lorsque je n'indique pas de sources, j'utilise le matériel recueilli à Tabi et dont on trouvera de larges extraits dans l'Encyclopédie de la mythologie maya (*cf.* Boccara, 1997a).

4. Contrairement à ce que pourrait penser un lecteur français, les Yucatèques ne se considèrent pas comme des Mexicains. Certes ils appartiennent à la République fédérale mexicaine mais ils ont toujours considéré les hommes du centre, les Mexicains comme des étrangers. D'ailleurs, à l'époque préhispanique, les Mexicains (Mexica, singulier : Mexicatl) désignent les habitants de Mexico, capitale de l'Etat de Tenochtitlan. Alfredo Barrera Vasquez, excellent philologue, précise pour ce sens de *wach* qu'il est attesté tardivement, dans les sources du XXe siècle, et qu'on n'en connaît pas l'origine. Si mon interprétation est exacte, on aurait ici non pas «une origine» mais une étymologie populaire convaincante pour ce terme (*Diccionario maya Cordemex*, 1980).

Un mythe de fondation d'un village maya développe ce sens en racontant que les habitants de ce village chiaient à l'origine de la merde verte : *Yax ta'*. Le village de Yaxcaba est donc devenu *Yax a ta' :* «verte ta merde», ce qui, avec la liberté qui caractérise l'étymologie populaire, a donné le nom de Yaxcaba[5]. Or cette merde verte, *Yax ta'*, renvoie à l'origine étrangère de ce village où un homme-aigle, animal d'origine mexicaine[6], est devenu le chef du village et le plus grand commerçant de la région.

On touche ici, avec les différents sens de ce dystique, à l'importance du jeu de mot dans le domaine du refoulé, au sens large, qui peut être aussi celui du sacré où le secret affleure sous le mot, de la même manière que l'odeur est un sens qui permet de humer sous le sens apparent un autre sens plus discret, invisible mais tout aussi efficace : c'est en maya le champ sémantique de *suhuy*, pur, sacré, caché, vierge, qui renvoie à la mère originelle et à son pouvoir autofécondant.

Après cette mise en situation, je m'attacherai, à travers l'étude du vocabulaire, à présenter les termes génériques et qualifiants de l'odeur en yucatèque[7].

---

5. Une autre décomposition est donnée de Yaxcaba, plus conforme à la phonétique : *Yax kaba*, «vert boa», *kaba* étant le nom d'une espèce de boa.

6. L'aigle, très rare en pays maya, est peu fréquent dans les représentations de l'époque classique (IIIe-IXe siècle). Il apparaît en revanche avec force dans l'iconographie autour du Xe siècle, notamment à Chichen Itza, ville fondée par les conquérants mexicains.
Pour une transcription et une traduction de ce récit, *cf.* Michel Boccara, 1997a, tome 5, corpus, texte 25.

7. Sources : *Diccionario maya Cordemex* regroupant l'ensemble des sources du maya colonial et quelques sources contemporaines, les grands textes religieux : Livre des Bacabs et Livres de Chilam Balam, le *Diccionario basico español-maya-español*, 1992, le vocabulaire que j'ai recueilli sur le terrain dans des villages des différentes régions yucatèques.

Termes génériques

(synthèse des significations)

BOK

C'est aujourd'hui le terme le plus employé dans le sens général d'odeur, mais il intervient moins dans les composés. On le trouve plutôt rarement dans les textes religieux et les taxinomies.

SAM

Un premier sens désigne une odeur forte et qui se sent de loin. Aujourd'hui il n'est apparemment plus employé alors que son homophone *sam*, un moment long ou court, est courant. On le trouve cependant encore en composition comme dans *sam ho'ol*, littéralement «tête qui sent de loin», «l'ours des ruchers» (*Tayra barbara)*. Un troisième sens exprime la notion de durée, d'étendue.

UTS'

Ce terme est plutôt employé en relation avec les fleurs et l'érotisme (le baiser), fleur et érotisme ont, comme en français, des sens très voisins. Il est presque toujours employé en composition.

UY/U'B

Ecouter/sentir, ce terme est attesté dans l'ensemble de la famille maya (Kaufman, T. S. , 1972 : 80-136) il est utilisé en composition, notamment avec le précédent (*Uts'ubil* : fragrance)

Termes génériques et qualificatifs

Termes génériques

Comme je l'ai dit au début de cet article, pour comprendre le champ sémantique d'un terme, il est important d'envisager tous les sens possibles d'un même mot. Ces sens, souvent très différents, sont cependant associés par les Mayas, soit qu'ils les considèrent comme des variantes d'une même racine, soit qu'ils mettent en relation, par le jeu de mot, l'allusion, la mythologie, les différents sens entre eux. Cette polysémie est d'ailleurs un des fondements de l'écriture glyphique des Mayas et de son caractère mythique et énigmatique (Michel Boccara, 1997b).

Bok

– À l'époque coloniale, ce terme désigne huître, poisson, dans le maya contemporain huître seulement.

– odeur (bonne ou mauvaise)

Attesté du XVIe au XXe siècle dans toutes les sources. Le *Diccionario basico* (*cf.* note 3) indique le sens de «fétide», «puant» mais mes propres enquêtes donnent le sens générique : odeur bonne ou mauvaise.

– nom donné à tous les alcools forts (rhum ou aguardiente) en raison de la forte odeur d'alcool qui se dégage de l'haleine du buveur le lendemain (Vocabulaire recueilli à Tabi).

– mauvais caractère, vaillant.

Attesté uniquement dans le Dictionnaire de Pio Perez, XIXe (Pio Perez, 1898)[8], s'agit-il d'un sens métaphorique comme dans le français : ce type est puant ?

– *Bokan* : «tumeur», «abcès».

Cette relation avec la tumeur, le pus se retrouvera pour d'autres qualificatifs odorants comme *p'us,* «puant», «bosse». Ce terme est attesté à toutes les époques jusqu'en 1930 ; il est peut-être encore en vigueur aujourd'hui[9].

Sam

– Un moment, long ou court, exemple : *sam a'akech* ? «Cela fait un moment que tu es réveillé ?». Attesté à toutes les époques.

– Une forte odeur qui se sent de loin (peut s'employer pour l'odeur des fleurs). Attesté à toutes les époques jusqu'en 1930, il est peut-être encore en vigueur aujourd'hui, on le trouve cependant en composition

8. Ce texte contient le *Diccionario de Ticul.*

9. Rappelons que le vocabulaire contemporain n'est qu'imparfaitement recueilli. La mention «il est peut-être encore en vigueur aujourd'hui», signifie que je n'ai pas recueilli ce terme mais qu'il est possible qu'il existe, notamment dans des régions où j'ai peu travaillé.

dans *sam ho'ol,* littéralement «tête qui sent de loin» que l'on peut rendre par le maître de la détection des odeurs, une autre traduction possible étant : «trou odorant», soit «l'ours des ruchers» (oso colmenero) ou Tayra, animal proche du fourmilier ou tamanoir qui s'alimente notamment de miel d'abeille *(Tayra barbara).*

– Dépense/dépenser, dépenser dans un voyage. Ce terme est attesté à toutes les époques.

– La côte, le sable. Ce terme est plus rare, on le trouve uniquement dans certaines sources, mais il est encore attesté aujourd'hui.

Uts'

– Respirer, sentir, sous cette forme simple, ce terme est attesté uniquement dans le maya contemporain ; on trouve aussi *Uuts'*. À l'époque coloniale, on le trouve uniquement en dérivation : *Uts'be'n* (sentir, flairer, respirer un parfum), *Uts'bana, Uts'be'nah...* Ces deux dernières formes signifient «sentir, renifler» et «embrasser», une source (Vienne, XVIIe (?) (*Diccionario de Viena*, 1972) indique : «embrasser en sentant comme le font les Indiens» (besar oliendo como hacen los Indios).

Parmi les autres compositions on trouve *Uts'ni'tah* (sentir/nez/suffixe verbal, *Diccionario de San Francisco*, (XVIIe ?) (1976)) : «marcher en sentant le sol comme un chien» (andar oliendo por el suelo como perro), référence probable au vocabulaire du chasseur.

Le Motul (Fin XVIe-début XVIIe) et le San Francisco, (XVII[e](?)) donnent *U'us ni* (notons pour «sentir» la forme *u'us'* au lieu de *uts'* et *ni (ni')* nez) : «chercher, traquer en sentant comme un chien» (buscar oliendo como perro) ; *Uts'ub* (de *uts'*, sentir et *ub*, contraction de *u'b*, en composition il y a fréquemment omission de la glottale, sentir dans le sens général de tous les sens) «sentir des fleurs et des roses» (oler floras y rosas), attesté tout au long de la période coloniale. Rose est la traduction courante pour le maya *nikte'*, fleur de frangipanier (*Plumeria sp* et autres espèces), mais *nikte'* est aussi un terme générique pour «fleur», et plus largement «sexe féminin», et «sacrifice».

La X-tabay, parfumée et puante à la fois (*cf.* infra), exhale souvent une odeurs acre de fleurs sauvages : fleurs de frangipanier ou roses. On trouve d'ailleurs *uts'ub nikte'* (sentir/senteur de fleur de frangipanier) dans le sens de parfum (Solis Alcala, 1930). *Utsub* (probablement de *uts'ub*, mais *uts* pourrait convenir car il s'agit du terme générique pour «bon») est attesté dans le Pio Perez (XIXe) pour le jasmin et plus généralement toute fleur odoriférante.

– crème à base de lait, bouillie de maïs (espagnol : *atole*)

– plier, rider, terme très courant car il désigne une étape du processus de la culture du maïs : en espagnol *doblar*, qui consiste à plier les cannes en deux de manière à ce que l'épi se trouve la tête en bas et soit ainsi protégé des oiseaux et de la pluie en attendant qu'il soit récolté.

4) *uts'ba* : dévier (Motul et Vienne soit XVIe et XVIIe (?) siècles)

Qualifiants des odeurs

Liste allant du haut (champ céleste) au bas (champ du monde souterrain et du pourri).

May odeur céleste (piment, tabac, miel).

Ce terme peut donner lieu à un jeu de mot/de sens sur maya, le nom ethnique[10].

Uts'ub odeur de fleurs, baiser

Lab odeur de vieux, miteux, végétal pourri

Kitam odeur animale : sanglier, musc, odeur d'aisselles, de bouche

P'us odeur animale (musc), et végétale : brûlé, rance (lait, cotton)

K'omah odeur de fruit de mer, d'œuf, de femme sale, de coton brûlé

Bok odeur animale : poisson, hûitre

Siih*, *Tsih odeur d'urine, de chaux

10. On le trouve dans un texte du *Libro de Chilam Balam de Chumayel* sur la fabrication du *balche'*, *cf.* M. Boccara, 1997a, tome 8, corpus, texte 89 :

lik u k'atik loe	ce que tu voulais également
Lay may a kihe	Le vin parfumé/maya

Hats'al bok (Littéralement : odeur frappée) odeur de sang (blessure produite par une action de fouetter, d'écraser)

Chab odeur de sexe féminin, de suint de tête, de crasse

Kis pet, vent, puanteur

Ch'ook odeur de pourri

tu' odeur de pourri

Le «bon» et le «mauvais»

Il existe deux termes génériques pour rendre les notions de bon et de mauvais : *uts* et *k'as*.

***Uts* :** est le terme générique pour bien. On notera le jeu de mot possible avec *Uts'*, respirer, sentir et odeur de fleurs. Il peut être employé pour qualifier une odeur mais on emploiera plutôt le terme de *Ki*, terme qui qualifie la douceur, l'harmonie, quel que soit le sens (*ki a t'an*, «ta parole est douce», *hach ki,* «c'est savoureux»). Rappelons que le terme générique pour sentir (*Uy*) est lié à l'ouïe. À l'inverse on dira *Uts tin wich* : ça me plaît (Littéralement : «bon à mon œil») et *Uts tin t'an* **:** c'est mélodieux (Littéralement : «bon à mon oreille»).

K'as : terme générique pour mal, mauvais, est en fait très peu employé pour les odeurs. Il a une connotation liée à la venue au monde, à la perforation originelle dans l'engendrement cosmique par le mère-père (*Cf.* Livre des Bacabs). *K'ak'asbal* (La très mauvaise chose) est aussi un terme générique pour les êtres maléfiques

L'opposition bon/mauvais ne structure pas le champ des odeurs. Ce champ est plutôt orienté suivant une opposition haut/bas et floral/pourri. Mais cette dualité n'est qu'apparente, elle renvoie en fait à une unité profonde qu'exprime la mythologie et les textes d'incantation (*Idem*). La voie royale de l'anus est à la fois céleste et souterraine comme celle de la pluie. En effet les pères Pluie plongent du ciel dans le domaine souterrain où ils vont chercher l'eau (toute l'eau est souterraine au Yucatan car il n'y a aucun cours d'eau) pour la faire remonter au ciel où elle est déversée sur la terre et pénètre à nouveau dans le sous-sol qui est aquatique.

Une représentation préhispanique (Codex de Madrid, p. 31a, 1969) montre la pince du scorpion cosmique sortant de l'anus d'un père Pluie pour se saisir d'une pierre précieuse (sans doute l'offrande du sacrifice).

Le souffle du corps céleste

Kisin (le puant, le péteux), maître du monde souterrain, et ses acolytes reçoivent la tête d'une victime sacrificielle[11]

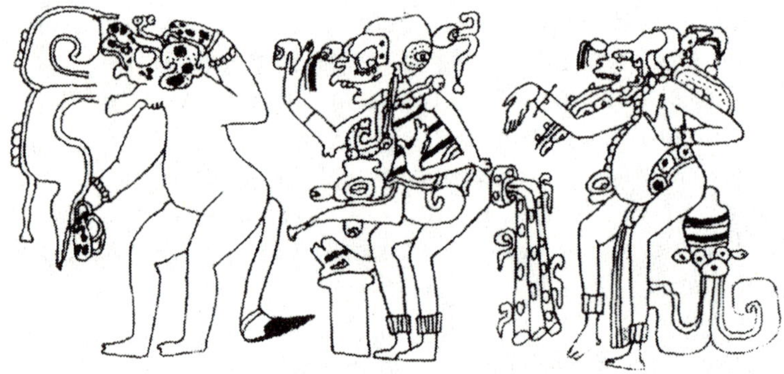

Décoration d'une poterie de la période classique tardive (600-800 ap. J. C) Museum of fine arts, Houston.

Les trois personnages représentés sont tous trois associés au monde souterrain, la scène représente la réception de la tête d'une victime sacrificielle.

11. Planche 109, Miller Mary Ellen, Schele Linda, 1986, ill. , p. 292-293, Notice p. 281.

On distingue sur cette céramique trois types fondamentaux de souffle : l'haleine, le pet, et un souffle lié au trou occipital et qui renvoie à la notion de *chab*, odeur de suint de tête[12].

Le personnage du milieu représente le maître du monde souterrain lui-même, connu sous le nom du Dieu A et que l'on peut identifier à Kisin, le péteux, le puant. Une tête de victime du sacrifice est posée sur un tambour (évoquant le bruit du pet ?) en face de lui. De son trou ocipital s'échappent deux volutes et de son anus deux grandes volutes qui évoquent des excréments sanglants (on reconnaît la représentation conventionnelle du sang).

Devant lui se trouve un jaguar dont l'haleine est représentée par deux énormes volutes et derrière lui une créature anthropomorphe au ventre replet – que les commentateurs interprètent comme gonflé par une parasitose – et qui exhale un pet représenté lui aussi par deux volutes de très grande taille. Cette créature possède deux ailes pouvant évoquer des ailes d'insecte. Peut-être s'agit-il d'une reine de fourmis puisque la fourmi est, dans les textes coloniaux et contemporains, associée fréquemment à Kisin et au monde souterrain.

Cette représentation montre l'importance des trois formes de souffle vital associées à ce que l'on peut considérer comme une captation d'énergie vitale par l'intermédiaire de la victime sacrificielle.

Trou du nez, trou du sexe et trou du cul de X-hun ahau, Première souveraine, la mère cosmique

Extrait du texte IV du Livre des Bacabs[13]

Bax tun bin	Qu'est-ce donc
ok tu hol a ni ?	qui entre dans le trou de ton nez ?
U... chab tak'in bin	Le (mot manquant)...d'odeur sexuelle argentée qui s'exhale
X-hun ahau.	de Première souveraine.

12. Cette idée d'une force vitale s'échappant par le sommet de la tête se retrouve chez les Thaï (*cf.* supra, A. Levy).
13. Livre des Bacabs, *op. cit.*, note 1.

Bax tun bin	Qu'est-ce donc
ok ta koo ?	qui entre dans ta dent ?
U suhuy puts' bin	L'aiguille originelle qui vient
X-hun ahau.	de Première souveraine.
Bax tun bakan	Et quel est donc
u hol a kal be ?	le trou du chemin de ta gorge ?
Che u ka kobol	Ce n'est rien que le sexe[14]
X-hun ahau.	de Première souveraine.
Bax tun bin	Et quel est donc
u wayesba	le symbole
a wak' be ?	du chemin de ta langue ?
U suhuy ta bin	C'est l'excrément (la lance)
	originel(le)[15] qui vient
x-hun ahau	de Première souveraine.
Bax tun bakan	Quel est donc
bin a wik' be ?	le chemin de ta respiration ?
Che u y(it) u yik bin	Ce n'est rien que la force vitale du trou
	du cul qui vient
X-hun ahau.	de Première souveraine.
Amen	Amen

Comme dans la représentation de *Kisin*, trois orifices sont associés à trois espèces de souffle vital. Cependant seul le trou du cul reste constant : à la place de l'odeur de suint de tête on trouve l'odeur de sexe

14. Je traduis par sexe et non par vagin car *Ko'okobol* est un terme qui désigne le sexe de la femme comme celui de l'homme.

15. Dans une version antérieure de ce texte (Boccara, (1983) 1985) j'avais proposé de lire *suhuy tab in X-hun ahau* : la corde originelle de Première souveraine. Bien que cette version puisse se soutenir, la corde étant un attribut de *Ix-tab* qui est une des formes de Première souveraine, la lecture *ta bin* est plus appropriée en raison du parallélisme avec le vers *suhuy puts' bin ou bin* se détache sans ambiguïté. De plus la structure rythmique de l'incantation repose dans cette partie sur le retour périodique de *bin*, forme du verbe aller mais qui se traduit aussi par être.

Il est possible cependant que le scribe ait, comme nous, pensé à *suhuy tab* car dans le manuscrit le **n** de *bin* est rajouté au-dessus et sans ce **n** l'expression se lirait *u suhuy tab ix hun ahau* soit comme je l'avais proposé dans ma première version, la corde originelle de Première souveraine (*ix* étant la forme développée de *x*, préfixe indiquant l'agent féminin).

féminin désignée cependant par le même terme : *chab*. On notera que vagin et tête sont homologues puisqu'ils sont deux orifices par où entre et sort la force vitale. Peut-être, dans la mythologie de la création, y a-t-il une relation plus ésotérique entre la tête et le vagin ? Enfin le nez est à la place de la bouche : le chemin de la respiration remplaçant le circuit de l'haleine.

On retrouve la liaison entre le vagin de la mère cosmique, ici nommément désignée puisqu'il s'agit de Première souveraine, et la puanteur de la merde (évoquée au début de cet article), ainsi que la polysémie merde/lance qui indique la nature bisexuelle de ce vagin.

Le texte dont nous proposons un extrait est une incantation qui vise à soigner l'impuissance et Première souveraine est ici nommément invoquée sous sa forme de patronne de la sexualité.

L'homme privé de puissance sexuelle est privé d'énergie vitale, de *ik'*, et il faut la lui redonner en la lui insufflant, par tous les canaux possibles.

L'odeur argentée qui s'exhale de ce texte est tout à fait représentative de l'ambivalence et du caractère sacré de la puanteur, qu'elle soit odeur de merde, de sexe ou de tête. Cette puanteur est caractéristique aussi bien de Première souveraine que de son «époux» Premier souverain mieux connu sous le nom de Kisin le Péteux dont nous avons vu qu'il combinait, dans la représentation décrite ci-dessus, le souffle de la tête, de l'haleine et du trou du cul.

Le chemin de la respiration est, dans cette incantation, identifié au trou du cul cosmique, *u yit u yik bin X-hun ahau*, littéralement «la force vitale du trou du cul qui vient de Première souveraine».

Dans les mythes contemporains, Première souveraine est devenue la X-tabay, la Grande trompeuse[16], parèdre de Kisin, le Péteux, et connue pour ses bruits claquants (pets mais aussi claquement de gomme à macher ou chewing gum[17]) et sa séduction infernale.

Elle dégage une odeur de fleur, plus exactement de *nikte'*, la rose maya, la fleur de frangipanier (*plumeria spp*) mais se transforme en cactus inodore lorsqu'elle frappe sa victime. Elle appartient aux domaines

16. On reconnaît à nouveau le signifiant *tab*, corde et piège, d'où son sens de tromperie.
17. La gomme à macher est associée au maître du monde souterrain, H-wan tul, sous la forme de H-wan del monte (Boccara, 1997a, tome 4).

céleste et infernal comme la lune elle-même et comme la divinité préhispanique dont elle dérive Ix tab, la Dame du lien. Elle est d'ailleurs associée à l'engoulevent, oiseau crépusculaire, oiseau double, du jour et de la nuit[18].

Son mythe d'origine qui associe puanteur de la pourriture et odeur de fleur nous éclaire sur l'unité du champ olfactif et sa division après la conquête sous l'influence du folklore catholique espagnol et notamment des odeurs de sainteté.

On raconte en effet qu'il existait autrefois deux femmes une *uts kolel*, «bonne femme, vertueuse» et une *x-keban*, «pécheresse». Mais la pécheresse n'est qualifiée ainsi que parce qu'elle s'adonne à l'acte charnel, en réalité il s'agit d'une femme charitable et bonne alors que la *uts kolel*, vertueuse et chaste, est en vérité dure et impitoyable. À leur mort le verdict des odeurs tombe : le cadavre de la fausse vertueuse dégage une odeur épouvantable alors que l'autre dégage une odeur suave de *x-tabentun*, petite fleur miélifaire de la forêt maya. La première devient la terrible X-tabay mais on peut penser que la pécheresse représente aussi la mère cosmique sous ses aspects généreux et bienveillant telle qu'elle est notamment mise en scène dans d'autres récits mythiques comme celui de la bonne dame des cénotes (puits souterrains associés à la lune et à l'eau originelle (*suhuy*))[19].

Ce jugement par les odeurs renvoie d'ailleurs à un autre mythe qui raconte qu'au jugement dernier on distinguera les Mayas des autres peuples à l'odeur. L'odeur apparaît dans ces récits comme le critère discriminant en dernière instance[20].

18. Boccara, 1997c.

19. *X-tabentun* contient, comme *X-tabay*, la racine *tab*. On peut donc identifier notre héroïne à la bonne *X-tabay*, figure de la *Ix tab* céleste. Une source du XVIIIe siècle (San Buenaventura, 1994) fait même de *x-tabentun* un composant du nom de la province qui se serait appelée *Mayab x-tabentun*, ce qui renforce l'idée d'une identification entre la *x–tabentun* et la mère cosmique.

20. Si on suit la note précédente, c'est alors l'odeur de la *x-tabentun*, mise en scène dans le mythe d'origine de la *X-tabay*, qui marque l'identité ethnique du Mayab. De même, on rappellera le jeu de mot *may*, odeur céleste/*maya*, signalé plus haut.

Dans le chant des fleurs de frangipanier ou chant des roses (*kay nikte'*), un important rituel de magie amoureuse, l'odeur joue un rôle essentiel : c'est en respirant une fleur que l'homme est enchanté (Sanchez de Aguilar, 1996 : 84). Cette édition contient la reproduction en fac-simile de l'édition de 1892, Mexico, Imprenta del Museo Nacional.

Mais derrière le *yit u ik'*, l'esprit du cul de Première souveraine, il y a aussi le seigneur Kisin, le Péteux.

Kisin désigne le seigneur du monde souterrain et se «traduit» en espagnol par «Diable» indiquant ainsi l'importance du souffle anal.

Le souffle anal des vencêtres[21] est le grand souffle protecteur et correspond au souffle inhalé par les humains : le cul des vencêtres sent la rose au sens propre puisque rose, *nikte'* et souffle anal sont réunis dans les attributs de la parèdre de Kisin, la X-tabay. Tous deux sentent la *nikte'*, la fleur de la lubricité originelle qui provoque l'engendrement cosmique et renvoie à la métaphore méso-américaine de la mort fleurie.

Les références à la *nikte'* dans ce contexte sont fréquentes dans le Livre des Bacabs. On y mentionne aussi à plusieurs reprises *u hol u yit mo*, «le trou du cul de l'ara», l'oiseau solaire des Mayas classiques. De ce trou du cul céleste sort un excrément très pur, *suhuy ta'*. Ce *suhuy ta'*, que l'on peut comparer au myconium, l'excrément originel du nourrisson, est l'excrément qui sort du cul céleste au moment où celui-ci par son vent qui accompagne l'engendrement cosmique produit la vie (il me fait d'ailleurs penser aux excréments non moins sacrés qui accompagnent souvent les accouchements).

Des récits mythiques associés à Kisin relient aussi ce souffle anal et ce souffle buccal comme dans la représentation qui figure sur la poterie que nous avons décrite précédemment. C'est le cas notamment de l'initiation par H-wan tul, autre figure du Péteux, qui avale ses sujets et les expulse par l'anus. Ceux-ci deviennent bouviers et toreros, c'est-à-dire maîtres dans l'art importé par les conquérants espagnols, ces nouveaux *wach*, dont nous avons montré la liaison avec le champ de la puanteur et de l'excrément au début de cette présentation.

Que les Espagnols soient assimilables à de la merde, à la fois au sens fertile et dépréciatif, cela n'est pas douteux. D'abord parce qu'ils sont les maîtres de l'argent[22], fils du Diable, *mehen Kisin*, mais aussi, cela est souvent commenté par les Mayas qui sont d'excellents apiculteurs, parce que

21. Le terme vencêtre est un néologisme forgé d'après le maya *ik'*, «vent», «ancêtre mythique»

22. Le terme *tak'in*, qui désigne l'argent et la monnaie, est associé dans le Livre des Bacabs au champ de la puanteur et de la merde.

les abeilles dont ils descendent[23] sont les seules à sucer de la merde, alors que les *Kolel kab*, «Dames du miel», les abeilles indigènes, mélipones et trigones, ne hument que des fleurs choisies[24].

Si nous revenons à notre point de départ, c'est-à-dire au souffle de la création, nous voyons que ce souffle est à la fois sexuel et puant, d'une puanteur eminemment féminine, mais que cette puanteur est sacrée, *suhuy*.

Cette valorisation de la puanteur n'empêche pas qu'elle puisse aussi fonctionner, à l'inverse, comme insulte pour désigner les étrangers. Mais on n'aura garde d'oublier que, chez les Mayas yucatèques, étrangers et ancêtres sont étroitement associés puisque un même terme, *ts'ul*, les désigne.

Le *ts'ul*, qu'il soit mexicain ou espagnol, est, comme je l'ai montré en détail dans un autre travail, toujours un père éloigné (Boccara, 1989), ce qui explique que les Mayas aient reconnu, au moment de la conquête, les Espagnols comme leurs ancêtres descendus du ciel pour les châtier. C'est aussi, et c'est le sens qu'il prend de plus en plus aujourd'hui, un maître de l'argent.

Contrairement à ce que pensaient les Romains l'argent a une odeur : il pue la merde et le sexe de la mère, c'est pourquoi il est sacré[25].

Références bibliographiques

BOCCARA M.

1985 (1983) *Les Rêveurs d'eau : analyse du mythe de fondation d'un village maya yucatèque*, Paris, Musée de l'Homme, Edition sur microfiches. Thèse de doctorat : Univ. de Paris X–Nanterre, Institut d'Ethnologie.

1989 «Un père éloigné : la notion de dzul dans la société maya yucatèque», *Le père : métaphore paternelle et fonctions du père : l'Interdit, la Filiation, la Transmission*, Denoël :386-408.

23. Les abeilles sont les mères-pères des hommes, et les premiers hommes avaient des yeux d'abeille).

24. Ce point est confirmé par l'éthologie : les trigones et les mélipones mayas sont beaucoup plus sélectives dans le choix des espèces de fleurs et leur production de miel est bien moindre que celle d'*Apis mellifera*, l'abeille originaire de nos contrées.

25. L'argent pue la merde dans deux autres cultures étudiées dans cet ouvrage : les Otomis, voisins des Mayas et les Vietnamiens.

1997a *Les labyrinthes sonores, encyclopédie de la mythologie maya*, Paris, Ductus-URA 1478 (CNRS-Université de Picardie), 7 vol. + 3 K7 vidéo.

1997b «Ak'ab ts'ib, Lettres de nuit des Mayas», *L'aventure des écritures*, Paris, Bibliothèque nationale.

1997c «Puhuy, l'amour déçu : la mythologie de l'engoulevent en pays maya», J.A. T. B. A. (*Journal d'Agriculture Traditionnelle et de Botanique Appliquée*), 1996, vol. XXXVIII (2) : 95-109.

«CODEX DE MADRID», *CODEX TRO-CORTESIANUS*

1967 True-colour fac-simile, ed. of the illustrated Maya-manuscript (two parts) in possession of the Museo de America, Madrid, Graz, Akademische Druck-u. Verlagsanstalt.

DICCIONARIO MAYA CORDEMEX MAYA-ESPANOL, ESPANOL-MAYA

1980 director Alfredo Barrera Vásquez, Mérida, Yucatan, Cordemex.

Hartig, Helga-Maria,

DICCIONARIO DE MOTUL

1929 (fin XVIe s-déb. XVIIe s. ; maya-espagnol et espagnol maya ; attribué à Fray Antonio de Ciudad Real) ed. hecha por Juan Martinez Hernandez, Merida, Talleres de la Compañia Tipografica Yucateca, Transcription de la partie maya-espagnol,

1984 Ciudad Real, Antonio de [attribué à],

Calepino maya de Motul, ed. de René Acuña, Mexico, UNAM, 2 vol (Instituto de investigaciones filologicas. Filologia. Gramaticas y diccionarios, 2). Reprod. en fac-simile de la partie maya-espagnol.

DICCIONARIO DE VIENA

1972 (début XVIIe s. ; espagnol-maya), Bocabulario de Mayathan, das Wörterbuch der yukatekischen Mayaschprache, Einleitung Ernst Mengin, Graz, Akademische Druck- und Verlagsanstalt, reprod. en fac-simile du ms. Österreichischen Nationalbibliothek, Codex Vindobonensis s. n. 3833.

DICCIONARIO DE SAN FRANCISCO

1976 (fin XVIIe s ? ; maya-espagnol et espagnol-maya), ed. de Oscar Michelon, Graz, Akademische Druck- und Verlagsanstaldt Graz, (Bibliotheca linguistica americana, 2).

HARTIG H. M.

1979 *Las Aves de yucatan : nomenclatura en maya-espanol-ingles-latin = the birds of Yucatan : nomenlature in maya-spanish–english–latin*, Mérida, Fondo Editorial de Yucatan, ill. (Cuadernos, 4).

KAUFMAN T. S.
1972 «Materiales linguisticos para el estudio de las relaciones internas y externas de la familia de idiomas mayanos», *Desarollo cultural de los Mayas*, ed. Evon Vogt, Mexico, CEM de la UNAM, 80-136.

LIVRE DES BACABS
1965 *Ritual of the Bacabs : a Book of Maya Incantations*, transl. and ed. by Ralph Loveland Roys, Norman, University of Oklahoma Press, Transcription du texte maya et traduction anglaise.
1987 *El Ritual de los Bacabes*, edición fac-similar con transcripción rítmica, traduccíon, notas, indice, glosario y cómputos estadísticos de Ramon Arzapalo Marin, Mexico, UNAM, Reprod. en fac-simile du manuscrit conservé à la Princeton University Library, transcription du texte maya et trad. espagnole.

LIVRE DE CHILAM BALAM DE CHUMAYEL (LIBRO DE CHILAM BALAM DE CHUMAYEL)
1913 *The book of Chilam Balam of Chumayel*, (1782), with introduction by George B. Gordon, Philadelphia, University of Pensylvania Museum.

MILLER M. E., SCHELE L.
1986 *The Blood of kings : dinasty and ritual in Maya Art*, New York, G. Braziller, Fort Worth, Kimbell Art Museum,

PIO PEREZ J.
1898 *Coordinación Alfabetica de las Voces del Idioma Maya que se hallan en el Arte y obras del Padre Fr. Pedro Beltrán de Santa Rosa con las equivalencias castellanas que en las mismas se hallan*, Merida, Imprenta de la Ermita.

SAN BUENAVENTURA F. J. DE
1994 *Historias de la conquista del Mayab 1511-1697* (1725), ed., introducción, paleografia y notas de Gabriela Solis Robleda, Pedro Bracamomonte y Sosa, Mérida, Facultad de ciencias antropologicas, Universidad Autonoma de Yucatan.

SANCHEZ DE AGUILAR, P.
1996 *Informe contra idolorum cultores del obispado de Yucatan dirigido al rey N. Senor en su real consejo de las Indias* (réd. en 1613, pub. en 1639), Renan A. Gongora Biachi, ed., 5a ed., Valladolid, Yuc., Ediciones del Instituto Cultural Valladolid.

SOLIS ALCALA E.
1949 *Diccionnario Español-Maya,* Merida, Yikal Maya Than.

Galina KABAKOVA

Du chou, du raifort et de l'ail

Le champ olfactif dans la langue russe est resté jusqu'à aujourd'hui en friche, ainsi même le dictionnaire ethnolinguistique des *Antiquités slaves* (Tolstoï 1995) qui fait la recension des éléments constitutifs de la culture populaire slave n'y consacre aucun article. Dans un premier temps nous présenterons le lexique spécifique aussi bien sur le plan diachronique que synchronique en prenant en compte les variations dialectales assez importantes ; ensuite nous essaierons de dégager les représentations liées aux odeurs, particulièrement à l'odeur humaine telle qu'elle figure dans la littérature orale.

La perception des odeurs

Bien qu'il existe un terme particulier pour désigner l'acte de sentir par le nez *obon'at'* dans la langue courante on a recours à des verbes à la signification plus large : *čuvstovat'* et *slyšat'*. Le premier signifie «palper, sentir» et par extension «ressentir, comprendre». Le verbe *slyšat'* dont la signification essentielle est «entendre» peut être utilisé occasionnellement dans le sens de «sentir une odeur», même si cette utilisation paraît aujourd'hui comme vieillie. Par le passé, ce verbe pouvait désigner pratiquement tous les sens à l'exception de la vue. Le *Dictionnaire explicatif de la langue vivante russe* (1re éd. 1863-66) de Vladimir Dahl nous fournit des exemples des diverses acceptions du verbe *slyšat' :* «Je *n'entends* (ne sens) presque jamais quand le poêle enfume», «La langue n'est pas une pelle, elle *entend* (sent) ce qui est amer, ce qui est doux». «Les aveugles sont dotés d'un sentir si fin qu'ils *entendent* (sentent) avec leurs doigts les points sur les cartes». *slyšat'* «entendre» peut aussi être le synonyme de «comprendre»(Dahl 1978-1980 : 4, 226). En ce qui concerne les nominaux, on préfère généralement *čut'e* de la même racine que *čuvstvovat'* qui signifie «flair, intuition, sentiment» à *obon'janie* «odorat», nominal dérivé du verbe *obon'jat'*.

Racines relatives à l'émanation des odeurs

Le vocabulaire concernant l'émanation des odeurs actuellement en usage se trouve, lui aussi, assez limité.

***pax-** Le seul verbe sans connotation relative à la qualité de l'odeur est *paxnut'* qui s'emploie aussi bien dans le sens propre que figuré. Nombreuses sont les expressions avec le verbe *paxnut'* qui par le biais d'une métaphore évoquent des situations, des états psychiques, biologiques ou sociaux : par exemple, sentir la vieille ou le vieux veut dire «vieillir», sentir l'encens «venir au terme» de sa vie, sentir la ville désigne un citadin, de même de celui à qui on attribue des traits psychiques d'un animal on dit qu'il «sent» cet animal, comme l'indique le *Dictionnaire des parlers russes* (Filine 1965 : 25, 291). Au verbe *paxnut'* correspond le substantif de la même racine *zapax* «odeur». Dans les dialectes on retrouve des mots apparentés qui signifient des odeurs fortes, intenses : *pax, paxota*. Quelques locutions (*ispuskat' zapax, izdavat' zapax, istočat' zapax*) «exhaler une odeur» sont d'usage courant. Remarquons, par ailleurs, que le verbe *ispuskat'* peut être aussi utilisé pour l'émission des cris, des soupirs et des rayons, *izdavat'* est également applicable à l'émission des cris. La différence dans les divers emplois de ces deux verbes concernent la variation aspectuelle : l'émission d'odeurs, comme d'ailleurs celle d'un rayonnement, ne peut se rendre que par l'imperfectif, en effet les verbes cités expriment un processus et non un résultat. Enfin le troisième verbe, istočat', apparaît aussi dans les expressions comme «distiller l'humidité, répandre des larmes».

La racine *pax-* figure également dans les noms de quelques plantes : paxučka (odorante) «reine du bois» ou «petit muguet», «clinopode» (*Clinopodium Labiatae*), paxučaja trava (herbe odorante) «mille-feuille» (*Achillea millefolium*) (dialecte de Smolensk).

dux** dans la langue moderne dispose d'un large éventail d'acceptions dont les plus récurrentes sont : souffle, souffle de vent, air (*voz**dux), vapeur, respiration, inspiration, esprit comme substance incorporelle, opposée à la chair, être immatériel, démon, souffle créateur de Dieu, essence, force principale, univers spirituel, confession et aussi odeur (Fasmer 1986 :1, 153). *Dux* «odeur» ne désigne pas le processus de l'émanation de l'odeur, mais son résultat, autrement dit ce qui fait reconnaître la vraie nature du vivant et qui est véhiculé par le souffle, l'haleine et par extension l'air, en témoigne l'expression *zabrat' dux* («prendre, capter l'esprit/odeur») en parlant d'une bête qui par l'odorat apprend la présence d'un chasseur dans les parages (Dahl 1978-1980 : 1, 503).

La complexité du concept se révèle à travers les expressions suivantes, difficilement traduisibles, où les significations esprit, nature profonde et odeur sont indissolubles. En mettant quelqu'un à la porte on dit *čtoby duxu tvoego zdes' ne bylo* — «que ton esprit/odeur disparaisse d'ici !» Ou bien *čtoby dux ego ne pax* : «que son esprit ne sente pas ici !» ou encore *on duxu ego ne terpit* ou *on na dux ego ne perenosit* «il ne supporte pas (à respirer) son odeur», c'est-à-dire «il ne peut pas le supporter».

On peut constater le phénomène d'énantiosémie dans le cas de *duxi.* Autrefois selon les dialectes la place de l'accent tonique sur ce mot était variable, et le vocable désignait l'arôme, actuellement dans la langue c'est la deuxième syllabe qui est accentuée et *duxi* a pris le sens de parfum, composition odorante à base d'alcool. D'autre part, sous la forme *duxi* ou *dyxi,* on désigne les narines et les voies respiratoires des chevaux (dialecte moscovite).

Les diminutifs *dušok* (ainsi que *zapašok*) dénotent une faible odeur, en général désagréable. Les augmentatifs *dušišča* (dans un des dialectes sibériens) et *duxota* (dans le dialecte de Tver) désignent une odeur forte et répugnante et une chaleur étouffante (dušit', «étouffer», dérive de la même racine). La racine donne lieu à une série de qualificatifs, désignant les odeurs répugnantes ou agréables de forte intensité (*duxovityj, dušistyj, dušnyj, dušnoj, duxm'anyj, duxatyj, dušm'janyj, dušnyj*) (Troubatchev 1974 : 5, 152). Certains diminutifs interviennent dans les noms de plantes par exemple, *dušek malinovyj* (petite odeur de framboisier) «obier», à côté d'autres dérivés de la même racine : *dušica* «marjolaine, origan» (dialecte de Smolensk).

Le verbe *dušit'* mentionné dans le dictionnaire de Dahl aujourd'hui n'est plus utilisé, en revanche, *dušit'sja* «se parfumer» est d'usage courant.

***blagoux** — De même que *dušit'*, le verbe *uxat'* attesté dans le Dictionnaire de Dahl comme un verbe désignant l'émanation des odeurs a disparu du russe moderne. La racine apparaît aujourd'hui dans le mot composé *blagouxat'* «sentir bon, répandre un parfum fort» qui marque le pôle positif du champ olfactif en mettant en avant l'intensité de la senteur. Le substantif respectif, *blagouxanie*, se rapporte également à un arôme fort. L'ancien russe associait le mot aux arômes et parfums utilisés avant tout dans l'office religieux, et notamment à l'odeur de l'encens, et à l'exhalaison d'un sacrifice mis au feu. D'où la signification dérivée «sacrifice». D'après les étymologies établies *uxat'* qui signifiait initialement «toucher l'odorat», «sentir bon», en ancien russe était également porteur du sens opposé : *uxati* «capter l'odeur» (Sreznevski 1893-1903 : 3, 1328) dans la forme réflexive *blagouxatis'* : s'accaparer de l'odeur «percevoir une odeur». Aujourd'hui, on peut le reconstruire dans *nuxat'* «renifler».

***von'** — La signification primitive de *von'* en ancien russe était «odeur» dont aujourd'hui témoignent les compositions, telles *blagovonie* (littéralement «bonne odeur») «parfum» et *zlovonie* («mauvaise odeur») «puanteur». Cette ancienne acception est attestée encore au XVIIIe siècle. Parallèlement en russe ancien s'est développée la signification «arôme», dont les traces se trouvent dans certains dialectes actuels et surtout dans d'autres langues slaves[1]. Ensuite le vocable *von'* a basculé dans le registre dépréciatif, tandis que les acceptions positive et neutre ont progressivement

1. *Cf.* ancien bulgare *von* glosé «aroma», bulgare *vonja* «puanteur», serbo-croate *vonj, vonja* «odeur», slovène *vonja*, tchèque *vune* «parfum, arôme, odeur», slovaque *vona*, polonais *won*, haut lusace *won*. Le mot est apparenté, d'après Vasmer, mais aussi Walde, Ulenbek et Mladenov, à ceux qui dans les langues indo-européennes déclinent les concepts du souffle, vent, âme, animal, etc. : sanscrit *anas* «souffle», grec *avemos* «vent, souffle», latin *animus, anima, animal*, gothe *us-anan* «expirer», *andi* «esprit», moyen irlandais *anal* «respiration», etc.

disparu : le dictionnaire de la langue russe du XVIIIe siècle mentionne encore *von'* «odeur en général» et sa variante *vonja* «odeur». Dans le russe actuel le vocable *von'* et ses dérivés appartiennent exclusivement au registre négatif : les verbes *vonjat'* «puer», les nominaux *von'* et *zlo**von**ie* «puanteur», les qualificatifs ***von'**učij, zlo**von**nyj* «malodorant, empesté». Le verbe *vonjat'* se trouve aussi à la base du *obonjat'* (**ob-**vonjat**'*) «percevoir les odeurs». La racine s'avère également très productive dans les taxinomies botanique et zoologique[2]. Dans le même registre on utilise aussi le verbe *nesti* dont le premier sens est «porter» «*ot nego neset česnokom* : il sent l'ail».

****smerd-/*smrad-*** cette racine se retrouve dans les mots qui appartiennent tous au registre négatif du champ olfactif : *smerdet'* «empester», *smrad* «fétidité», ***smrad**nyj,* ***smerd**učij* «infect». Les deux séquences basées sur les racines *von'* et *smerd-/smrad-*soulignent l'intensité de l'odeur. Le russe a utilisé très tôt la caractéristique olfactive pour caractériser un groupe social : ainsi dans la *Vérité russe* (XIe – XIIe), recueil de lois, on trouve le terme *smerd* «paysan, serf, vilain». La référence à la puanteur est récurrente dans les représentations racistes liées aux Juifs : par exemple, dans le dialecte de Smolensk reviennent souvent ces surnoms *smerdjuk, vonjučij* («celui qui pue»)[3]. Dahl, par ailleurs, cite cette métaphore faisant allusion à la nourriture typique des Juifs : il sent l'oignon ou l'ail, pour dire «il est d'origine juive» (Dahl 1978-1980 : 1, 434).

Sur le plan étymologique force est de constater, d'une part, les liens étroits entre les mots désignant la production et la perception des odeurs et, d'autre part, le transfert fréquent des mots entre trois registres (neutre, positif et négatif) du champ olfactif au fil du temps.

---

2. vonjučee zel'e «coriandre» *(Coriandrum sativum)*, *vonjučaja trava* «cicutaire» (*Cicuta virosa*) (Saratov), *von'kaja dudka* : archangélique» (Arkhangelsk), *vonjuga* «cicutaire» (Kursk), *vonjuk* «archangélique» (Tambov), *vonjuka* «cicutaire» (Tula), *djagil' vonjučij Archangelica officianalis* (Sibérie). Le terme largement répandu vonjučka se rapporte à la passerage (*Lepidium uderale*) (Kursk), au datura (*Datura stamorium*) (Kursk), à l'anthrisque (*Anthriscus Silvestris*) (Riazan, Samara), *Vincetoxicum officianalis* (Guriev), à la fabagelle (*Zygophyllum fabago*) (Guriev), au bois puant (*Anagyria fœtida*). *Vonjučka* peut se rapporter au carabe (vallée du Don) ou à un scarabée (Issyk-Kul).

3. Voir à ce propos le chapitre «La mauvaise odeur» dans l'ouvrage de Claudine Fabre-Vassas *La bête singulière* où elle affirme sans ambiguïté : «La «mauvaise odeur» du Juif est certainement le premier trait, et le plus constant, de l'antijudaïsme, le plus universel aussi», (120). Cette particularité les rapproche des porcs, au moins dans la tradition occidentale.

Les mauvaises odeurs dans la littérature orale

Si les bonnes odeurs, les parfums sont associés dans la culture slave à l'Église, à la notion de sainteté, la mauvaise odeur, voire la puanteur, est intimement liée à la notion de péché, donc de châtiment. Cette conception est certainement due à l'influence de la littérature religieuse et des apocryphes. Ainsi le démon (*bes*) est muni presque systématiquement de l'épithète redondante *zlosmradnyj* littéralement : mauvais puant.

À titre d'exemple citons une légende, *La lutte de Sabbaoth et Savaoul, esprits lumineux et obscur,* enregistrée au début du siècle dans la région de Smolensk par l'ethnologue et linguiste Dobrovolski.

Lorsque Savaoul fut précipité dans un gouffre profond, en punition de son comportement ignoble, le péché et la mort sortirent de sa bouche au moment de la chute. Ce fut le péché qui lui fraya la voie vers la mort. La mort lui ouvrit la porte du paradis et l'esprit impur entra au paradis. Tout d'un coup, il dégagea une puanteur infecte (*smirdjači*). Les oiseaux paradisiaques poussèrent des cris et caquetèrent : «Oh Seigneur, c'est l'esprit infect qui pue». Et dit le Seigneur : «L'archange Michel, va expulser le mauvais esprit». Ce que saint Michel ne tarda pas à faire (Dobrovolski 1891 : 226).

Un autre récit publié dans le même recueil relate l'histoire d'un homme qui s'apercevant que sa femme est une sorcière l'exécute sommairement et sans hésitation. Après lui avoir coupé la tête, il la dépeça, aidé par leur fils, et la brûla au milieu d'un champ en lisière du village. C'est alors que la puanteur (*smurod*) se dégagea tout alentour, et tous ceux qui furent imprégnés de cette odeur infecte devinrent à leur tour des sorciers(Dobrovolski 1891 : 393).

La mauvaise odeur apparaît donc susceptible de véhiculer un «mauvais souffle» et de contaminer de nouvelles victimes. Chez les peuples voisins, ukrainiens et polonais, on considère également que la «mauvaise mort», autrement dit la mort d'un pécheur, diffuse dans son environnement des exhalations fétides. Ainsi, une légende étiologique explique que le sureau sent le cadavre à cause de Judas qui s'y était pendu.

Les malaises du corps, les malaises de l'âme

La littérature religieuse, puis la littérature populaire, héritière de la conception dualiste du bien et du mal, opposent en permanence le corps malodorant à l'âme aromatique : dans les récits populaires les démons cherchent à s'accaparer l'âme et refusent avec virulence le «corps puant». La situation où le corps exhale un arôme, tandis que l'âme est en peine et répand une puanteur, est considérée comme le signe d'un profond malaise.

Pourtant dans la littérature populaire un grand nombre de textes mettent le corps malodorant en rapport direct avec la pourriture morale. La puanteur devient alors le symptôme majeur d'une maladie infligée en punition. Parmi les crimes châtiés de la sorte se trouvent souvent des calomnies. Le poème «spirituel»[4] *Quarante chanteurs ambulants et une chanteuse* raconte l'histoire de la princesse Apraxie. Elle échoue dans ses tentatives de séduction de son beau-fils, un jeune homme du nom de Kassian (Foma dans une autre version), et pour se venger elle l'accuse de viol. Pour son double crime (adultère et propos calomnieux), elle est punie par Dieu : elle est frappée par une maladie fétide (gangrène ?) et son corps se couvre de plaies purulentes qu'aucun remède ne peut soulager. Mais lors du jugement le jeune homme est sauvé miraculeusement par le Seigneur ; il renonce à la vengeance et son pardon s'avère le meilleur médicament. En effet, la princesse est guérie instantanément (Nikitina 1993 : 142).

On a déjà vu qu'en russe l'odeur est intimement liée au souffle, à l'haleine, donc, dans une certaine mesure, à la parole. Ainsi la «mauvaise langue» de la princesse Apraxie est punie par le relent dégagé par son corps purulent. À titre de comparaison évoquons une légende ukrainienne (région de Tchernigov) expliquant que la mauvaise odeur de la huppe tient à ses ambitions démesurées. Elle était déjà le roi des oiseaux, mais elle déclara : «je veux la place de Dieu». Celui-ci la punit de ce blasphème en lui infligeant une mauvaise odeur. On peut supposer que c'est pour cette même raison qu'elle est appelée également le coucou juif (Nikitina 1983 : 141).

4. Les poèmes «spirituels» c'est-à-dire à caractère religieux, étaient exécutés autrefois par des chanteurs ambulants (*kaliki*).

Dans d'autres situations les excès langagiers, tels des injures, des mensonges, etc., sont sanctionnés par une mauvaise haleine.

Dans *La parole dite par le saint père à tous les chrétiens orthodoxes sur l'utilité spirituelle,* attribuée parfois à saint Jean Chrysostome, l'auteur détaille ce qui peut arriver à un blasphémateur :

Le jour où l'homme a prononcé des jurons, ce jour-là sa bouche s'emplit de sang à cause de la foi mauvaise et de la puanteur que sa bouche exhale et ce jour-là il ne convient pas qu'il entre dans une église de Dieu, qu'il baise la croix ou l'évangile, et à fortiori il ne faut pas lui donner la communion (Rodosski 1893 : 425).

Dans un manuscrit du XVIIIe qui donne l'interprétation psychologique des traits physionomiques, on trouve la confirmation de cette mise en relation de l'odeur, de la parole et de l'âme : «Dans celui dont la bouche pue il n'y a pas de vérité» (Filine 1994 : 35).

Mais ce défaut peut être génétique, dû à la faute commise par la mère lorsqu'elle portait son bébé. Le savoir-vivre traditionnel (ou plutôt le savoir-dire) tel qu'il est pratiqué encore aujourd'hui interdit aux femmes enceintes de cracher en voyant une charogne, ou en sentant la pourriture de dire «ça pue» et les oblige à dire «ça sent» (région de Briansk, Nikitina 1983 : 60). Si néanmoins le «mal» était transmis à l'enfant, il ne resterait à sa mère qu'à «rejouer» la scène : en inspirant par la bouche la puanteur exhalée par une charogne elle doit affirmer que celle-ci n'empeste pas. Un autre moyen serait de combattre la maladie en consommant des légumes réputés pour leur forte odeur : oignons, ail, raifort ou navet pourri.

La mauvaise haleine est une des seules odeurs physiologiques perçue comme telle, (en Zabaïkalié on utilise l'adjectif *von'korotyj,* littéralement bouche puante pour désigner celui qui a mauvaise haleine) et que l'on cherche à éviter. À l'inverse la sueur, l'urine, les menstrues, les sécrétions vaginales, le sperme, même les fèces ne sont pas réputés pour être malodorants, car les sécrétions font partie intégrante de l'être humain. L'instauration de liens indissolubles entre deux personnes peut passer par les vêtements empreints de sueur ou par le contact avec d'autres sécrétions. Ainsi l'usage très répandu d'emmailloter le nouveau-né dans les habits usagés et non lavés de ses parents (la chemise ou le pantalon du père, la chemise ou la jupe de la mère) est commenté de diverses façons, mais la plus récurrente est la référence à la sexualité : la sueur et d'autres sécrétions sont censés assurer à l'enfant l'amour de son père, mais aussi dans le futur celui du sexe opposé. Par ces mêmes vêtements on espère aussi transmettre à l'enfant les qualités de ses parents.

On utilise les sécrétions également dans la magie de séduction. Ainsi à la fin du siècle dernier dans la région de Vladimir, pour attirer un jeune homme, une jeune fille préparait des galettes avec l'eau dont elle se lavait au moment des menstrues ou une galette au miel qu'elle portait ensuite sous sa chemise et qui s'imprégnait de sa sueur (Afanassiev 1993 : 136).

L'odeur de mort, l'odeur de l'autre monde

L'homme ne sent pas tant qu'il est vivant, son odeur n'est pas décelable tant que l'âme n'a pas abandonné son corps. Seuls les maladies ou les vices secrets (on en a vu déjà des exemples) font que le corps commence à dégager des odeurs inhabituelles, c'est-à-dire mauvaises. Ainsi, la vieillesse a ses propres odeurs, probablement celles de la mort. La mort sent la terre, l'encens.

Dans la tradition orthodoxe, seule la mort est à même de révéler la vraie nature de l'homme, l'odeur «de la sainteté» (les arômes) devient alors la preuve majeure, à côté de l'intégrité de la dépouille, de la pureté. La célèbre scène de la mort du *starets* (ermite) Zosima dans *Les Frères Karamazov* en est un bon exemple. Le *starets* Zosima, réputé de son vivant pour pouvoir éloigner les démons, était à peine décédé que son corps emplit la maison de puanteur. Les témoins de son décès se souviennent qu'un autre vieux moine, «le Père Barsanuphe ne sentait pas, mais il répandait une odeur suave». Pour ses détracteurs cette odeur délétère représente un sérieux avertissement du Seigneur (Dostoïevski 1952 : 359-362).

L'autre monde est traditionnellement représenté comme un monde à l'envers, où toutes les caractéristiques du monde des humains sont inversées. Ainsi, dans l'au-delà, l'odeur de l'homme le trahit immédiatement, car les morts qui sont aveugles perçoivent d'autant mieux des odeurs étrangères à leur monde.

Ainsi, dans les contes russes (*Finiste — Clair Faucon, Les princesses Lune et Étoile, Monstre de l'Onde*) se répète toujours la même scène. Le héros qui pénètre dans l'au-delà découvre au milieu de la forêt une cabane solitaire campée sur des pattes de poule. En poussant la porte, il voit à l'intérieur une vieille sorcière, baba Iaga, qui, allongée dans son lit telle une morte, ressent l'approche d'un être humain et s'exclame : «Pouah, pouah, pouah ! Jusqu'au jour d'aujourd'hui, je n'avais jamais vu, jamais senti le Russe qui aujourd'hui apparaît en personne» (Afanassiev 1990 : 23,189).

Dans d'autres traditions l'odeur est liée au corps sans références à l'esprit. Ainsi, dans un chant épique ukrainien, l'aigle qui survole les bateaux naufragés se réjouit : «pouah, ça sent l'os russe» ou dans les contes de Grimm : l'ogre ou d'autres êtres maléfiques se félicitent en sentant l'odeur de la chair fraîche.

Dans l'expression «ça sent le Russe», l'épithète ne renvoie pas en fait à une caractéristique ethnique mais sous-entend l'odeur humaine en général. La sorcière est perturbée d' «entendre» (sentir) l'odeur d'homme, le souffle/l'odeur du vivant (*živoj dux*) parce que les morts se méfient des vivants et les détestent. Cette sensibilité aux odeurs de la vie indique l'appartenance à l'autre monde.

Cette particularité caractérise également les démons saisonniers, *roussalki,* largement connus dans la Russie méridionale et en Ukraine qui apparaissent lors de la floraison des céréales et qui se réfugient ensuite au cimetière, dans le marais ou dans la forêt. On dit que toute la semaine de Pentecôte se trouve sous leurs auspices quand ces démons sous l'apparence de belles filles agressent les enfants qui foulent les champs, mais surtout des jeunes hommes qu'elles chatouillent jusqu'à ce que ces derniers tombent raides morts.

Ainsi, les gens ne travaillent pas le jeudi de Pentecôte en Ukraine, appelé Pâques de Roussalki, de peur de se faire agresser par ces démons. Avant de se jeter sur leur victime les *roussalki* lui donnent une chance de survie en lui proposant de deviner le nom de la plante apotropaïque.

Elles posent la question : qu'est-ce que tu tiens dans les mains ? À la réponse «la menthe», elles répliquent : «c'est ta maison». Et c'est la fin. À la réponse «le persil», elles disent : «tu es mon imbécile». Mais au nom de l'absinthe, elles disparaissent.

Livèche, ail et raifort sont aussi utilisées pour détourner les forces du mal. Comme le dit une *roussalka* dans un autre texte : «Raifort et absinthe, crache et va-t-en !» (Zelenine 1916 : 190-197). Les relations de cet esprit avec le monde végétal sont plus complexes. Ainsi, d'après un récit, la *roussalka* transforme sa victime, un jeune homme décédé sous l'effet de ces chatouilles, en basilic, plante emblématique des noces.

En règle générale, les plantes caractérisées par une forte odeur sont susceptibles de protéger l'homme contre les esprits maléfiques et les maladies dues à l'agression de ces démons. Un adage dit que «l'oignon guérit sept maladies et l'ail combat sept maux» ou encore : «le raifort et le gros radis, l'oignon et le chou ne laisseront pas passer le mal». D'après les croyances populaires, il suffit de porter de l'ail sur soi en se rendant au tribunal ou sur le champ de guerre pour se mettre à l'abri des malheurs. L'évocation fréquente du mot «ail» protège contre l'esprit de la forêt (Afanassiev 1994 : 570-571). D'autres moyens de protection contre le mal et le Malin sont l'encens et la myrrhe. De nombreuses fumigations aidaient à protéger l'habitat ou à guérir des malades. Ainsi, un recueil manuscrit du XVe siècle contenait un traité intitulé *La parole sur la guérison par la myrrhe.*

En guise de conclusion, il faut souligner que dans la tradition orale russe le domaine olfactif est resté sous l'emprise de la culture orthodoxe avec son fort dualisme entre le bien et le mal, le vice et la vertu, le corps et l'âme. La culture traditionnelle reconnaît un nombre restreint d'odeurs pertinentes et leur impose une classification binaire. Le vocabulaire respectif d'usage courant est limité à quelques racines de grande productivité. Certaines notions fondamentales, par exemple percevoir l'odeur, ne sont pas désignées par des termes propres — qui par conséquent se trouvent marginalisés —, mais par des termes plus généraux englobant d'autres sens (*slyšat', čuvstvovat'*). Ainsi, l'analyse du lexique permet de constater une évolution importante dans les rapports de l'odorat avec l'ensemble des autres sens.

Références bibliographiques

AFANASSIEV A.
1990 *Contes populaires russes*, Paris, Maisonneuve et Larose, vol. 2.

AFANASSIEV A.
1994 *Poetitcheskie vozzreniïa slavian na prirodou*, Moscou, Indrik, vol. 2.
1993 *Byt velikorousskikh krestian-zemlepachtsev*, Saint-Pétersbourg, Izdatelstvo Evropejskogo doma.

DAHL V.
1880-82 *Tolkovyï slovar jivogo velikorousskogo jazyka,* (Dictionnaire explicatif de la langue vivante de la grande Russie)(1863-66) Saint Petersbourg et Moscou M. O Wolf, 4 vol.

DOBROVOLSKI V. N.
1891 *Smolenskiï etnografitcheskiï sbornik*, (Recueil ethnographique sur Smolensk) Saint-Pétersbourg, Impr. de E. Evdokimov, vol. 1.

DOSTOÏEVSKI F.
1994 *Les Frères Karamazov*, Paris, Gallimard.

FABRE-VASSAS C.
1994 *La bête singulière*, Paris, Gallimard.

FASMER M. R
1950-1958 *Russisches etymologisches Wöterbuch,* Heidelbeg, C. Winter (Indogermanische Bibliotheek Reihe 2 : Wöterbücher).

FILINE F. (ÉD.)
1965 *Slovar rousskikh narodnykh govorov*, Leningrad, Naouka, vol. 1.
1994 «Kratkoe skazanie vnoutrennikh i vnechnikh tchasteï i sostavov tchelovetcheskikh, otkoudou proïskhodjat nravy ikh i znamenija, byvaiouchtchie ot nikh», *Jivaïa starina,* n° 2.

NIKITINA S.
1993 Oustnaïa narodnaïa koultoura i iazykovoe soznanie, Moscou, Naouka
1983 *Polesskiï etnolingvistitcheskiï sbornik,* Moscou, Naouka.

RODOSSKI A
1893 *Opisanie 432-kh roukopiseï, prinadlejachtchikh S.* -Peterbourgskoï Doukhovnoï Akademii, Saint-Pétersbourg.

SREZNEVSKI I. I.
1893-1912 *Materialy dlia Slovaria drevnerousskogo jazyka*, Saint-Pétersbourg, Imprimerie de l'Accadémie des ciences, vol. 1-3.

TOLSTOÏ N. (ÉD.)
1995 *Slavianskie drevnosti : etnolingvistitcheskiï slovar*, Moscou, Mejdounarodnye otnocheniïa, vol. 1.

TROUBATCHEV O. (ÉD.)
1974 *Etimologitcheskiï slovar slavianskikh iazykov*, Moscou, Naouka, vol. 1.

ZELENINE D. N.
1916 *Otcherki rousskoï mifologuii*, Saint-Pétersbourg, vol. 1.

Le baiser

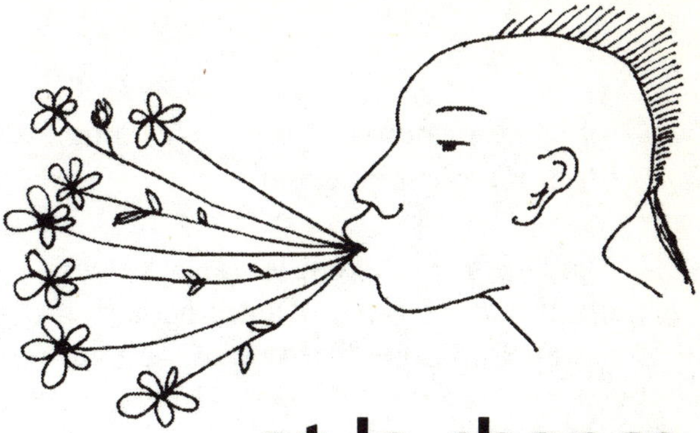

et la chance

Michèle Therrien

Odeurs de froid, de gel, d'aurore boréale, odeur de terre, de mer, de printemps, odeur de vieux ou de vieille, odeur de victoire, de sommeil, odeur de furoncle...

Les objets, les phénomènes naturels, les animaux et les personnes, diffusent des odeurs. Ils ont, dit-on, *l'apparence de ceci, l'allure de cela...*

En voici quelques exemples tirés de la langue des Inuit du Nunavik (Arctique québécois) – le morphème évoquant l'émission d'une odeur spécifique figure en caractères gras.

*uki**arni**liqpuq* ça sent le froid
litt. il commence à y avoir une odeur d'hiver

*saalaum**aniq*** ça sent le gagnant
litt. il y a une odeur de vaincu

*nanuviniqtusaqpani**arni*** ça sent la viande d'ours
litt. il y a un goût/odeur de viande d'ours qui sera mangée.
Se dit en apprenant qu'un ours vient d'être abattu

uirnga**sunni**puq il «sent» le sommeil
litt. il a envie de dormir

ittusunniq ça sent le vieux
litt. il y a une odeur d'homme âgé.
Se dit d'un prétendant repoussé par une femme.

itiqquaniq ça sent l'urine.
Se dit de l'urine humaine ou animale ainsi que des rognons

Il existe une gamme d'odeurs et de goûts *(tipi)* allant de la plus suave à la plus repoussante. Dans l'univers des objets, la lampe «préfère au goût» l'huile de phoque mais également celle de morse, ce qui signifie que leurs qualités de luminosité et de durée sont optimales. Dans le monde des humains, le nourrisson possède l'odeur la plus agréable. Puis viennent l'adolescente, la femme, l'homme et la personne d'âge. Les nourrissons donnent envie d'être «mangés», «dévorés» et il n'est pas indifférent que les morphèmes qui traduisent la notion d'odeur s'emploient également pour souligner le goût. Pour sa part, le syntagme *mamaqtuq* s'applique à ce qui est à la fois bon à l'odorat et au goût et se dit, dans un contexte de séduction, d'une femme appétissante.

Jadis, les guérisseurs et guérisseuses, spécialistes des incisions, savaient reconnaître à son goût «non acide» (on dirait aujourd'hui «sucré») le lieu précis où un furoncle devait être incisé avant que ne se déclare une septicémie.

Dans le monde animal, l'odeur corporelle du renard est, dit-on détestable *(tipiqarnisaaluk,* qui a davantage d'odeur que ce qui est communément admis) et explique, comme le rapporte la tradition orale, l'échec de la vie conjugale d'un humain et d'une renarde.

Dans la vie quotidienne, l'odeur du phoque barbu en rut, *tigganiq,* est la plus désagréable de toutes. Lors des premiers contacts suivis avec le monde occidental, les Inuit qui découvraient l'essence à moteur lui ont donné le nom de *tiggaq* en rappel du phoque barbu.

Jadis, dans les périodes de disettes et de famines, il arrivait que l'on soit forcé de consommer de la viande de *tiggaq* ou d'autres viandes ayant dépassé le stade de l'*igunaq* (faisandé). L'éducation préparant les jeunes à surmonter toute forme d'aversion, il fallait se retenir de déclarer haut et fort son dégoût. Une figure de style, l'antiphrase, permettait de mieux supporter l'insoutenable telle *igunarjuguluk*, «quelle délicieuse petite odeur de pourri».

D'une manière générale, et pour éviter le botulisme, la viande faisandée n'était consommée qu'après avoir été soumise à des règles de vieillissement, par exemple, si la consommation d'un gibier devait être différée, ce dernier pouvait dans certains cas rester au contact de l'air mais jamais du soleil. Les plus âgés affirment néanmoins que leurs ancêtres, et parfois eux-mêmes, n'auraient jamais survécu s'ils n'avaient accepté d'ingérer des aliments et des matières impropres à la consommation. Aux premiers signes de pénurie, le groupe familial se tournait vers les caches de nourriture de survie telles les outres de peaux remplies de sang de phoque barbu à cuire et à consommer avec de l'huile. Puis les viandes faisandées, voire pourries, s'épuisant il fallait se résoudre à manger du renard ou du lemming, s'attaquer aux cuirs des bottes et des moufles, et, en dernier lieu, aux chiens.

Le pourri et le mal odorant étaient le plus souvent associés à la chaleur et la période la plus chaude du bref été arctique désignée par *aujaq*, en écho à ce qui, sous l'action du soleil trop intense, accélère la maturation des viandes. Le village de Puvirnituq, sur la rive est de la baie d'Hudson, doit son nom, dit-on, à l'effet pervers du soleil : Puvirnituq signifie littéralement «ce qui a gonflé et s'est décomposé», allusion aux mammifères marins qui parfois s'échouaient sur le rivage à la période chaude et se décomposaient avant de ne pouvoir être utilisés. Le soleil en pays froid n'est donc pas toujours connoté positivement et l'huile de mammifère marin dont le goût est pourtant si recherché, «brûle» la bouche, dès lors qu'elle a été oubliée au soleil.

Gibier terrestre et gibier marin étaient jadis tenus à l'écart l'un de l'autre. Les Inuit tout en reconnaissant leur complémentarité, faisaient en sorte qu'ils ne se rencontrent pas dans une même marmite, les uns étant trop imprégnés d'une odeur de terre, les autres d'une odeur marine. Voilà pourquoi les armes étaient soigneusement nettoyées avant l'une ou l'autre chasse.

Toute odeur offre le risque d'une imprégnation ou d'une contamination à la frontière, le plus souvent, invisible de deux phénomènes, ce que la langue traduit par «*sunnimitiqtaq*», c'est-à-dire une chose qui a déteint au contact d'une autre.

Les animaux sont sensibles aux odeurs humaines, notamment aux émanations du corps féminin lors des règles ou de l'accouchement. Perçues jadis comme des vapeurs nocives, voisines de celles qui s'échappent du corps d'un défunt, elles empêchaient momentanément tout succès à la chasse et seul le chamane savait les neutraliser. D'autres odeurs humaines, telles celles qui caractérisaient les igloos sales et délabrés de la fin de l'hiver incommodaient le gibier. Qualifiées d'«odeurs d'aisselles» *(uniqsuniq)*, elles donnaient le signal du passage de l'igloo à la tente.

L'olfaction, dans ses aspects les plus positifs, est le seul des cinq sens qui soit associé, sémantiquement, à la chance :

naimajuq il sent, respire, flaire

naipitsujuq il a du flair, a de la chance à la chasse, retrouve facilement les objets égarés.

L'olfaction est également associée à l'une des manifestations du sentiment amoureux, le baiser dit «à l'esquimaude» :

kunikpuq il embrasse un adulte ou un enfant

kunisilukpuq le chien flaire ici et là, à la recherche de nourriture

Le baiser «à l'esquimaude» qui étonnait les premiers explorateurs semble aussi connu, hors des frontières arctiques, que la maison de neige *(igluvigaq)* et le kayak *(qajaq)*. On croit souvent qu'il se traduit par un frottement de nez, ce qui n'est pas faux, mais il s'agit plus généralement d'apposer délicatement son nez contre la peau de l'autre et de humer son odeur de manière plus ou moins discrète, tout en avançant ses lèvres mi-closes : *kunikpuq* et *kunisilukpuq* partagent donc un sème commun qui évoque l'olfaction.

Les témoignages des explorateurs et des missionnaires laissaient entendre que l'odorat inuit était fort peu développé puisque capable de résister aux odeurs de graisse, de viande «avancée», d'urine, de gibier dépecé, et ce, à l'intérieur de leurs habitations bondées et peu aérées. La langue et les pratiques révèlent, tout au contraire, une extrême sensibilité aux odeurs mais celle-ci est restée incomprise devant la force d'évocation, pour ne citer qu'un exemple, du lavage des cheveux à l'urine, «cette agréable odeur de jeune fille».

Aujourd'hui, certains jeunes ne supportent plus du tout l'odeur de l'huile de phoque et les *inummariit,* les personnes âgées, confessent que les Inuit commencent à montrer une préférence pour les «odeurs associées aux blancs».

Geneviève CALAME-GRIAULE

Odeurs de vie, odeurs de mort

Nous présentons ici quelques données non exhaustives sur la conception de l'odeur chez les Dogon. Elles proviennent d'enquêtes déjà anciennes et non systématiques à l'époque[1], mais permettront peut-être la comparaison avec celles d'autres cultures.

Lexique

La principale racine exprimant l'idée de «sentir» est jìɲ- sur laquelle est formé le verbe jìɲie, «sentir, renifler» (le suffixe -ie servant à former des verbes ayant un sens «moyen», c'est-à-dire exprimant une action dont les effets retombent sur le sujet). À partir de cette racine sont formés les expressions et les mots suivants :

jìɲu, «odeur» (surtout mauvaise) ;

1. Les renseignements lexicaux donnés ici proviennent de Calame-Griaule, 1968. Pour les données sur l'odeur, en relation avec la parole, *cf.* Calame-Griaule, 1965.

jìɲu kéɲie ou ɛ́gɛ, «écouter» ou «entendre» une odeur, sentir, percevoir une odeur ;

jìɲu yɛ̀sɛ, «avoir une odeur», bonne ou mauvaise, être odorant ;

jìɲu-gu, «pourvu d'une odeur (mauvaise)», qui sent mauvais, puant ;

jìɲu mɔ̀ɲu, litt. «mauvaise odeur», nom d'une plante (*Cassia occidentalis) ;*

jìɲu-gɔ gabá kɛkè:-in, (odeur / *anaph.* / calebassier / insecte / comme), «cette odeur (est) comme (celle de) l'insecte du calebassier» (*Aspongopus viduatus*), se dit de quelque chose qui sent vraiment très mauvais, forme d'intensif [2].

Il faut certainement rapprocher de cette racine jìɲ- le mot jijḭ̃, «pet» (le redoublement a une valeur d'intensif).

Une autre racine exprime l'idée de mauvaise odeur, avec une nuance d'intensité dans la perception désagréable, mais elle concerne aussi bien le goût et l'ouïe que l'odorat :

kɛ̀lɛ, «sentir très fort», mais aussi «avoir un goût trop prononcé» (condiment trop pourri, nourriture trop fermentée) ; peut s'employer aussi pour un son trop fort, qui fait mal aux oreilles.

Il existe un autre mot sàmṵ, pour désigner une odeur très désagréable, en particulier celle du poisson plus ou moins avarié, ou qui est en train de sécher ; le même mot signifie «dégoût (provoqué par l'odeur) qu'on éprouve pour un aliment», d'où «nausée». C'est par l'odeur de poisson qu'on explique les nausées des premiers mois de la grossesse ; le fœtus est en effet assimilé à un poisson silure (*Clarias senegalensis*) (Griaule, 1955) nageant dans l'eau matricielle.

On remarque que ce lexique, même non exhaustif, privilégie plutôt l'expression de la mauvaise odeur, ce qui semble fréquent dans ce champ sémantique. Si la racine jìɲ- est ambivalente en principe, elle évoque plutôt l'odeur désagréable. Un seul terme (dans mon corpus tout au moins) s'applique exclu-

2. Ces formes d'intensif sont fréquentes dans la langue ; on compare un objet à un autre considéré comme étant le prototype d'une qualité ou d'une caractéristique.

sivement à une perception agréable, qui peut relever du goût comme de l'odorat (étroitement liés, au moins en ce qui concerne la nourriture) :

pɛ́:lu, «agréable (au goût ou à l'odorat)» ;

kide jìɲu pɛ́:li vɔ, (chose / odeur / agréable + *actual.* / être *inacc.*) «chose dont l'odeur est agréable».

La mauvaise odeur et la mort

La première idée qui vient à l'esprit d'un Dogon lorsqu'on lui parle de mauvaise odeur est toujours celle de pourriture, celle-ci étant elle-même inséparable de la notion de mort. Très caractéristique à cet égard est la devinette bien connue :

ɔ́gɔnɔ dalá ulá:-kamáy.

(Hogon / terrasse /monter + *acc.* / — condiment + *actual.)*

«Le Hogon est monté sur la terrasse. – C'est le condiment.»

Cette formule «Le Hogon est monté sur la terrasse» est un euphémisme que l'on emploie pour annoncer la mort du Hogon, doyen d'âge, prêtre de la Terre, personnage d'une grande importance religieuse et sociale. Comme il incarne les forces de vie et de renouvellement de la végétation, la nouvelle de sa mort ne peut être formulée directement, mais seulement de manière métaphorique, la terrasse étant le «haut» de la maison, donc le ciel, domaine du dieu Amma. Par ailleurs, la terrasse évoque aussi, par association d'idées, les deux condiments principaux de la cuisine dogon, le pùru káma (litt. «condiment impur»), à base des graines du *Parkia biglobosa,* et le káma nà ou «grand condiment», confectionné avec des graines d'oseille (*cf.* Dieterlen et Calame-Griaule, 1960, et Calame-Griaule, 1996). En effet, on en fait des boulettes qui sont mises à sécher sur la terrasse, et qui dégagent pendant le séchage une odeur nauséabonde. D'où l'association avec la mort.

Une autre mauvaise odeur fréquemment associée à la pourriture et à la mort est celle des excréments. Une plante qui produit des fleurs à mauvaise odeur s'appelle d'ailleurs «pied de l'excrément» (bɔ̀dɔ kúbɔ, excrément / pied, *Terminalia sp.*). Dans son association à la mauvaise parole, l'odeur d'excrément est très néfaste. Elle évoque la pourriture du placenta mythique, qui a été la première forme de mort. Un rite de réparation de la mauvaise parole met en scène cette conception. C'est le rite appelé áŋa kɛ̀mɛnɛm kɛ̀m «silence de la bouche qui se ferme» (de kɛ̀mɛ, «fermer les yeux (gǐru) ou la bouche (áŋa)»).

Il s'agit des premières paroles du chant, qui dit ensuite «Bouche trop légère / Fondement trop déchiré / Crache dans le trou». Le rite est exécuté lorsqu'un secret important a été trahi, ou dans le cas d'une insulte très grave qui ne peut être effacée par les moyens habituels de réparation. Deux femmes de la famille de l'offenseur exécutent une danse grotesque avec un vieux panier (qui représente le placenta), en chantant ce chant, qui fait allusion à la parole imprudente et inconsidérée, la bouche qui la laisse sortir étant assimilée à l'anus et à la mauvaise odeur, comme l'indique l'allusion au «fondement trop déchiré» (bɔ̀lɔ vɛ́du ma vɛ́du, forme d'intensif), donc à l'incontinence excrémentielle (Calame-Griaule, 1965 : 277).

La parole a en effet une odeur. La «mauvaise parole» est néfaste à son auditeur et lui procure une impression désagréable que l'on assimile à celle que produit une mauvaise odeur, en effet le même verbe signifie à la fois sentir et entendre. L'expression «le fait de sentir (ou écouter) l'odeur de ta mauvaise parole n'est pas bon pour moi» (sɔ̀: mɔ̀ɲu úɔ jìɲu-gɔ ké:nie-gɔ má:n ɛ̀dila, parole / mauvais / *poss.* / odeur / *anaph.* / sentir / *anaph.* / pour moi / bon+*actual. nég.*) résume cette idée. La mauvaise parole est sans graines et sans vie, elle apporte comme un relent de mort.

Dans la classification des paroles, deux plantes à mauvaise odeur, bɔ̀dɔ kùbɔ, «pied de l'excrément», et sá sɛ̀lu (*Boscia salicifolia*) sont associées à la «parole du don du mil par le *binu*», c'est-à-dire aux semailles, ce qui évoque le fumier, qui malgré sa mauvaise odeur provenant de matières en décomposition, est une forme bénéfique de pourriture ; le fumier fait en effet fructifier les champs et redonne vie aux plantes alimentaires. Le placenta d'un nouveau-né est mis dans une poterie (image du sein maternel), elle-même placée sous le tas de tiges de mil qui se transforme en fumier dans la cour de l'habitation ; c'est une manière de le maintenir «vivant». Le fumier est donc, malgré sa mauvaise odeur, en relation avec la vie et la résurrection.

La femme est considérée comme ayant une propension à accueillir les mauvaises paroles, sources de conflits. Les ornements de nez, de bouche et d'oreilles qu'on lui impose dès son enfance ont pour but, non seulement de la rendre belle, mais aussi de la rendre forte contre la mauvaise parole. En particulier les anneaux de nez, que la fillette reçoit vers dix ou douze ans, la protègent contre les paroles à «mauvaise odeur» (Calame-Griaule, 1965 : 268).

La gauche est associée à la féminité mais également (et en particulier la main gauche) à tout ce qui est sale et néfaste. Or la mort fait partie des «choses sales», par la pourriture et la mauvaise odeur (intimement liées, on l'a vu, dans l'esprit dogon) dont elle est la cause. Mais la femme est considérée, aussi bien selon le mythe que dans le discours courant, à la fois comme responsable de l'apparition de la mort dans le monde, et comme particulièrement forte contre elle, puisque c'est elle qui donne la vie. Les hommes manifestent la plus grande répugnance pour tout ce qui est pourri, refusent toute viande un peu avariée, toute nourriture un peu trop fermentée et les laissent aux femmes ; ils ne touchent au condiment pu̇ru káma (voir plus haut) que quand il est complètement sec et que l'odeur de putréfaction en a disparu ; ils ne touchent pas non plus au porte-ferment, propriété des femmes qui font la bière, parce qu'il est une représentation du placenta, par lequel, selon le mythe, s'est manifestée la première forme de mort. L'homme évite de toucher la pourriture parce qu'elle le rendrait impur, tandis que, pense-t-on, la femme y est moins sensible et est par nature mieux armée contre les forces de mort.

Le personnage mythique du Renard pâle[3] a des affinités avec la pourriture et la mauvaise odeur du fait de ses agissements désordonnés qui ont provoqué l'apparition du désordre et de la mort dans la création. De plus, comme il avait volé la parole à Dieu, celui-ci lui coupa la langue et il ne peut plus s'exprimer que par un cri bref et comme étranglé. On dit qu'il a une voix «pourrie», expression qui désigne la voix nasale : lorsque quelqu'un parle du nez, on a l'impression qu'une partie des sons reste bloquée à l'intérieur du nez sans pouvoir s'échapper et «pourrit». Le li̇ru,

3. Les deux premiers êtres créés étaient un couple de jumeaux androgynes en gestation dans l'«œuf du monde» ou placenta originel. L'un se révolta contre le dieu créateur ; il sortit avant terme du placenta, sema le désordre et la mort dans l'univers et fut transformé en renard. L'autre, Nommo, fut mis à mort et ressuscité pour purifier l'univers (*cf.* Griaule 1948 et Griaule et Dieterlen, 1965).

petit hautbois rudimentaire que les chevriers taillent dans une tige de mil, est le seul instrument de musique dogon à anche battante, donc à voix nasillarde. Il est associé au Renard, à la stérilité et à la brousse, domaine des chevriers (Calame-Griaule, 1965 : 536-7).

La bonne odeur et la vie

La bonne odeur est liée à la vie. Elle est bénéfique et, au premier chef, purificatrice. Différents rites de purification comportent des fumigations (úguru)consistant à faire brûler des plantes odorantes, qui varient selon les endroits à purifier. Ces fumigations sont généralement accompagnées d'un sacrifice. On distingue ainsi :

a) Purification d'un dìlu, faille profonde d'où sort une vapeur chaude considérée comme une émanation des ancêtres. On sacrifie un poussin noir et on fait brûler des feuilles d'oignon et de *Parkia biglobosa* (yǜlɔ) sur un feu de bois sec de l'épineux *Acacia pennata* ; de l'huile de *Lannea acida* (sá) est versée sur les charbons et le tout est jeté dans le trou, qui est ainsi rempli d'une fumée abondante et odorante.

b) Purification du tas de pierres (sɔ̀gɔ) qui se trouve près de la mare de famille. On brûle une boule d'oignons et du pédǐɲɛ, sorte de condiment odorant ; on sacrifie un poussin.

c) Purification de la maison devenue impure (après un accouchement par exemple). La fumigation comprend de l'herbe didǐmidɛ (herbe odorante (*indéterminée*) avec laquelle on frotte aussi la maison pour faire disparaître l'odeur d'urine du nouveau-né) et des graines de coton.

d) Après la circoncision, lorsque le séjour en brousse des enfants est terminé, l'emplacement est purifié par un feu d'herbe ólo (*Stipa parviflora*) et de feuilles de *Parkia biglobosa.* Après l'excision des filles, la maison de la vieille femme où a eu lieu l'opération est purifiée comme après un accouchement.

La fumée odorante provenant de la cuisine imprègne la maison, car le trou de sortie ménagé dans le toit est insuffisant pour l'évacuer. C'est aussi une purification, car si l'on cessait de préparer la nourriture, la famille disparaîtrait.

Les idées de propreté et de saleté sont étroitement associées au thème de l'odeur. En ce qui concerne la toilette et la cosmétique, la femme, à cause de son ambivalence, est considérée comme plus naturellement malpropre que l'homme et doit se laver beaucoup plus que lui. Elle procède à des ablutions matin et soir et se frotte régulièrement le corps (organes sexuels compris) avec de l'huile de *Lannea acida*, d'une grande importance rituelle. Ces ablutions et frictions sont naturellement de rigueur lorsque l'épouse termine son séjour à la «maison des règles» et regagne le domicile conjugal (les menstrues sont en effet la grande impureté féminine). Un homme ne peut désirer sa femme, et éprouve même pour elle une sorte de dégoût, s'il ne constate pas qu'elle se lave et si elle n'a pas le corps luisant.

L'oignon est pour les Dogon la plante qui possède le meilleur parfum. Il est utilisé en cosmétique par les jeunes gens et jeunes filles qui se frottent d'un mélange d'oignons grillés et de beurre de vache ; ce parfum s'appelle náŋa tɛ̀ pé: liemu, «beurre de vache clarifié» ; ce verbe signifie «faire fondre le beurre pour en enlever les impuretés» ; on y reconnaît la racine du mot pé: lu, «agréable (au goût ou à l'odorat)» vu plus haut.

Pour lutter contre les mauvaises odeurs (excréments, régurgitations) d'un nouveau-né et le protéger de leur mauvaise influence, on lui met au cou un collier de perles taillées dans les racines odorantes d'une plante sauvage, numì: samì, «petit haricot de la broussaille» (*Cyperus rotondus*).

Conclusion

Cette étude, aussi incomplète soit-elle, a cependant permis de mettre en évidence un certain nombre de traits qui caractérisent les conceptions dogon relatives à l'odeur.

Tout d'abord l'examen du lexique prouve que, dans le champ sémantique des odeurs, l'attention se porte davantage sur les mauvaises que sur les bonnes. Même des racines ambivalentes sont plus employées dans le sens négatif que dans l'autre. La relation symbolique entre mauvaise odeur, pourriture et mort est très fortement sentie et les odeurs considérées comme agréables sont recherchées moins pour elles-mêmes que pour neutraliser les mauvaises. L'opposition entre les forces de vie et les forces de mort est au centre de la vision du monde chez les Dogon.

Il faut remarquer aussi la relation étroite qui associe l'odorat non seulement au goût [4], ce qui est courant, mais aussi à la perception des sons (parole). Tous les phénomènes qui relèvent de la perception sont en effet conçus comme issus d'un mouvement vibratoire se déplaçant selon une ligne hélicoïdale qui rappelle la vibration initiale créatrice de l'univers (*cf.* Griaule et Dieterlen, 1965). Ce déplacement en spirale, représenté à plat par la ligne de chevrons, est le «chemin» de l'eau, du son (et en particulier de la parole), de la lumière, et aussi de l'odeur.

Références bibliographiques

CALAME-GRIAULE G.

1965 *Ethnologie et Langage, la Parole chez les Dogon*, Paris, Gallimard (rééd. Institut d'ethnologie, 1987).

1968 *Dictionnaire dogon, dialecte toro*, Paris, Klincksieck.

1996 «Valeurs symboliques de l'alimentation chez les Dogon», *Journal des Africanistes*, 66 (1-2), 81-104.

DIETERLEN G. & CALAME-GRIAULE G.

1960 «L'alimentation dogon», *Cahiers d'Etudes Africaines*, 3, 46-89.

GRIAULE M.

1948 *Dieu d'eau, Entretiens avec Ogotemmêli*, Paris, Ed. du Chêne (rééd. Fayard 1966).

1955 «Le Rôle du silure *Clarias senegalensis* dans la procréation au Soudan», *Afrikanistische Studien*, Akademie Verlag, Berlin, 299-311.

DIETERLEN G. & GRIAULE M.

1965 *Le Renard pâle*, Paris, Institut d'ethnologie (rééd. 1991).

4. Sur les saveurs, *cf.* Calame-Griaule, 1996.

Odeurs naturelles,

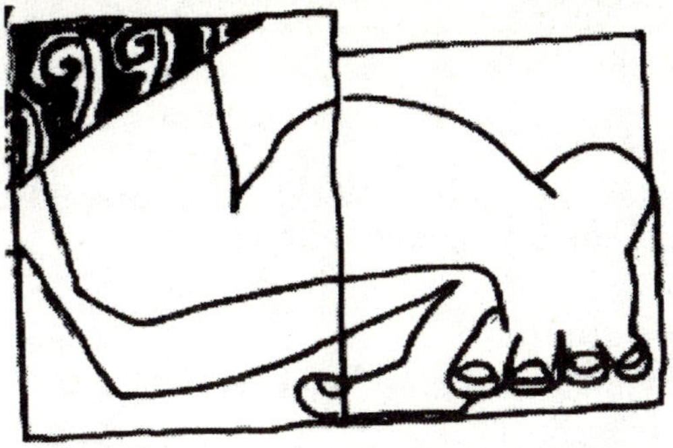

odeurs corporelles

Paulette Roulon-Doko

Les Gbaya ‘bodoe font partie de l’ethnie gbáyá kàrà. Ils comptent environ cinq mille personnes, réparties en une quarantaine de villages situés au Sud-Ouest de Bouar, en République Centrafricaine.
En gbaya ‘bodoe, un terme unique désigne génériquement l’odeur et le goût, qui sera traduit par «odeur-saveur» (Roulon-Doko, 1996). À ce terme sont associés deux types de perception. Une perception sans contact direct, transmise par l’air, marquée par l’emploi du verbe nun «sentir une odeur» et une perception par contact direct, tactile ou gustatif, marquée par l’emploi du verbe tam «goûter, toucher».

La perception des odeurs

C’est donc la façon dont s’effectue la perception qui permet de savoir qu’il s’agit d’une odeur. Un certain nombre d’adverbes-adjectifs permettent de caractériser les odeurs que distinguent les Gbáyá ‘bodoe. Le plus souvent ils suivent le verbe nun «sentir une odeur», mais aussi le verbe ʔɔ «se tenir» qui introduit de façon neutre tout adverbe-adjectif, ou encore tout autre verbe qui spécifie qu'il s'agit d'une perception sans contact direct.

***Appréciation neutre*[1]**

C'est le niveau du simple constat : on sent une odeur. Ce constat n'est accompagné d'aucun jugement de valeur.

- [dús] «odorant»

pɛ̌r ndàè bàá nù kútùàí dús.
(odeur-saveur+D/vache/*acc*+prendre+D/sol/maison+ *anaphorique*/odorant)
L'odeur de la viande se répand dans la maison.

- [hàsṵ̀ṵ̀] «odorant»

pɛ̌r ɲàmà ʔàà kɔ́ zɔ́kám hà̰sṵ̀ṵ̀.
(odeur-saveur+*D*/parfum/*acc*+se jeter+*D*/intérieur+*D*/nez+*D*+moi/odorant)
Je renifle une odeur de parfum.

Les deux termes suivants se placent toujours au niveau du simple constat d'existence d'une odeur, mais ils prennent de plus en compte le degré de force de l'odeur perçue.

- [fóɓóŋ] «bien odorant»

fólópɛ̀ŋ nún fóɓóŋ
(*Cympobogon giganteus*/*inac*+sentir/bien odorant)
L'herbe aromatique *Cympobogon* sent fort.

- [ɓókólók] «fort odorant»

pɛ̌r bòrè kóó gbàtìk ʔɔ́ ɓókólók.
(odeur-saveur+D/genette/ou/civette/*inac*+se tient/fort odorant)
La genette ou la civette sentent le fauve.

pɛ̌r gbàgùɲá ʔɔ́ ɓókólók.
(odeur-saveur+D/fourmi cadavre/*inac*+s'étendre/fort odorant)
Les fourmis cadavres sentent fort.

Liste des abréviations

1.	*acc*	= accompli	D	= marque tonale de détermination
	inac	= inaccompli	Rt	= relèvement tonal
	V.	= Virtuel	+	= amalgame
	I.	= Infinitif	/et//	= séparation entre termes et propositions

Appréciation positive

Pour qualifier une odeur de bonne, trois termes sont utilisés concurremment, sans qu'aucun ne soit attaché à un type d'odeur. La valeur positive est le seul élément retenu. Nous les avons rendus en français par trois termes différents équivalents, comme dans l'exemple suivant :
kà pěr mɔ̀ nún nɛ̀ díà tɛ̀-ʔɔ̀ sùù ʔín kpḭ̀ḭ kóó kpḭ̀ḭsḭ̀ḭ.
(que+quand/odeur-saveur+D/chose/*inac*+sentir/avec/bon+D+cela/parfumé/avec+D/embaumant/ou/odoriférant)
Quand ça sent bon, c'est parfumé, ça embaume, c'est odoriférant.
- [sùù] «parfumé»
pɛ̀ráà nún sùù.
(odeur-saveur+*D*+cela/*inac*+sentir/parfumé)
Cela sent bon.
pɛ̀r kóré bàn nún sùù.
(odeur-saveur+*D*/sec/céphalophe roux/*inac*+sentir/parfumé)
L'odeur de la viande boucanée sent bon. [car le boucanage est réussi, il n'y a aucune odeur de pourri par exemple]
- [kpḭ̀ḭ] «embaumant»
mà ʔó zàò hé fùlɛ́r gá, kèì fó tɛ́-nùn kpḭ̀ḭ.
(un certain/les/mauvaises herbes/comme/plante *sp.*
/comme//subordinatif+on/*inac*+ remuer//*V. inac*+sentir/embaumant)
Certaines mauvaises herbes comme celle-ci, quand on les remue, ça embaume.
- [kpḭ̀ḭsḭ̀ḭ] «odoriférant»
Ce terme s'applique volontiers aux odeurs de cuisine.
pɛ̀r háná mɔ̀ nún kpḭ̀ḭsḭ̀ḭ.
(Odeur-saveur+D/griller+Av+D/chose/inac+sentir/odoriférant)
L'odeur de grillade sent bon.

Appréciation négative

Un premier terme caractérise de façon générique toute mauvaise odeur, sans la spécifier.
- [sṵ́wá̰ŋ] «malodorant»
kà pěr mɔ̀ nún nɛ̀ ɗáŋáà tɛ́-ʔɔ̀ sṵ́wá̰ŋ.
(que+alors/odeur-saveur+D/chose/*inac*+sentir/avec/ mauvais+D+cela/ *V. inac*+se tenir/malodorant)

Quand ça sent mauvais, on dira que c'est malodorant.
Cette perception négative est liée à l'idée d'un excès d'odeur et pourra souvent être traduite par le verbe «puer».
ʔà̰ ʔàá ɲàmà téà, pɛ̀r téà ʔɔ́ sṵ́wá̰ŋ.
(il/*acc*+mettre+D/odeur-saveur/corps+D+cela//odeur-saveur+D/corps+D+cela/*inac*+se tenir/malodorant)
Il s'est parfumé, cela empeste.
pɛ̌r gbàgùɲá ʔɔ́ sṵ́wá̰ŋ.
(odeur-saveur+D/fourmi cadavre/*inac*+se tenir/malodorant)
Les fourmis cadavres puent.
- [sɛk] «tailler»
Ce verbe peut être utilisé pour désigner une mauvaise odeur plus forte que la précédente. On peut rapprocher cet emploi du verbe «fouetter» en français argotique :
pɛ̀r wí hɛ̰̀ sɛ́k sɛ̀kí, ká dí ná, nún nɛ̀ sɛ̰̀ɛ̰̀.
(odeur-saveur+*D*/celui/ce/*inac*+tailler/*énonciatif*//alors/*inac*+être bon/pas//*inac*+sentir/avec/odeur forte)
Cette odeur fouette le nez, ce n'est pas bon, ça a une odeur forte.
Ce terme sɛ̰̀ɛ̰̀ «odeur forte» s'applique en particulier aux viandes qui ont une forte odeur comme celle des carnivores, des serpents ou des poissons.
On peut parler d'odeurs *sui generis*.
- [súkúkú] «relent d'odeur *sui generis*»
Ce terme caractérise la façon dont ces odeurs *sui generis* persistent :
tàsì ʔòó zòrò ʔɔ́ súkúkú.
(assiette/reste+D/poisson/*inac*+se tenir/relent d'odeur)
L'assiette où il y a eu du poisson garde cette mauvaise odeur.

Mais contrairement aux bonnes odeurs, certaines mauvaises odeurs peuvent être typologiquement spécifiées. Il s'agit en particulier de celles liées à la fermentation organique et à la putréfaction, pour lesquelles un certain nombre de degrés sont distingués.
- [hólóé] «puant»
Ce terme réfère soit à une odeur d'excrément, soit à une odeur de pourri, comme le définit l'énoncé suivant :
hólóé nɛ́ ɗɔ̀r ʔin mbɔ́rá mɔ̀
(puant/être/excréments/avec+*D*/pourri/chose)

Les excréments et les pourritures puent.
fùú ɗɔ̀r nún hólóé.
(farine+*D*/excréments/*inac*+sentir/putride)
L'odeur des pets pue.
yàké ʔín mbɔ́rá ndàè nún hólóé.
(*Amblygonocarpus andongensis*/avec+*D*/pourri/vache/*inac*+sentir/putride)
Les graines fermentées d'amblygonocarpus et la viande faisandée sentent mauvais.
Dans cet exemple, l'expression mbɔ́rá ndàè (pourri/vache) réfère à de la viande faisandée plutôt qu'à de la viande véritablement avariée[2].
- [vɛ̰̀rṵ̀-vɛ̰̀rṵ̀] «nauséabond»
Ce terme réfère à une odeur de pourri, moins forte que celle exprimée par le terme suivant hàɲù-hàɲù :
mbɔ́rá sàɗì nún vɛ̰̀rṵ̀-vɛ̰̀rṵ̀.
(pourri/viande/*inac*+sentir/ nauséabond)
La viande très faisandée dégage une odeur nauséabonde.
- [hàɲù-hàɲù] «putride»
Ce terme désigne spécifiquement tout ce qui est dans un état de putréfaction, de décomposition qui n'est plus comestible tel quel.
pɛ̀r mbɔ́rá sàɗì ʔɔ́ hàɲù-hàɲù, dà̰à̰ ʔá̰ sɛ̀nɛ́.
(odeur-saveur+*D*/pourri/viande/*inac*+se tient/putride//goût nocif+*D*+cela/c'est/ dedans)
La viande avariée sent le pourri, c'est nocif.
Ce terme dà̰ désigne un «goût trop fort», associé pour certains produits, tels l'alcool, les fumées de tabac mais surtout de chanvre, à une idée de nocivité que je traduis alors par «principe nocif».
Deux autres termes viennent compléter cette caractérisation de tout ce qui relève de l'odeur de pourri en y ajoutant une prise en compte de la distance qui existe entre la source de l'odeur et l'endroit de celui qui la perçoit.
- [vɔ̂ɛ̀mù-vɛ̀mù] «qui sent mauvais (perçu de près)»
kpòó nún vɛ̀mù-vɛ̀mù,

2. C'est la nature de la qualification de l'odeur qui permet de comprendre s'il s'agit de viande faisandée, pourrie ou même avariée. Aucun de ces états n'est recherché par les Gbaya, il s'agit d'une évolution spontanée d'autant plus dépréciée qu'elle est marquée.

(mets d'accompagnement/*inac*+sentir/sentant mauvais (perçu de près))
Ce plat sent légèrement le faisandé,
Il s'agit ici d'une pourriture naissante qui est perçue, parce qu'elle est très proche de celui qui parle.
- [vùm-vùm] «qui empeste (perçu de loin)»
pĕr gbàgɔ̀nɔ́ dɛ́ vùm-vùm.
(odeur-saveur+*D*/leucorrhée/*inac*+faire/empestant (perçu de loin))
L'odeur des pertes blanches [des non-circoncis] empeste de loin.
pɛ̀r mbɔ́rá mɔ̀ ʔàám vùm.
(odeur-saveur+*D*/pourri/chose/*acc*+se jeter+moi/empestant (perçu de loin))
Je sens de loin l'odeur du pourri.
ká vùm pɛ̀r mbɔ́rá yérè ʔá̤à̤.
(alors/empestant (perçu de loin)/odeur-saveur+D/pourri/ buffle/voilà)
On sent de loin l'odeur du buffle pourri.
- [hàlò-hàlò] «odeur de merde»
Ce terme caractérise plus spécifiquement l'odeur de merde :
ʔéí sá tè-ɗɔ̀r wĕn pɛ̀ráà nún hé ɗɔ̀r gá, nún hàlò-hàlò.
(on/*inac*+appeler/*Apocynacée sp*. //parce que+*D*/odeur saveur+*D*+cela/*inac*+sentir/ comme/merde/comme//*inac*+sentir/odeur de merde)
On appelle cette apocynacée littéralement arbre-merde parce qu'il sent comme de la merde, qu'il a une odeur de merde.

Appréciation des odeurs corporelles

Les odeurs corporelles constituent un domaine propre pour lesquelles certains des termes déjà présentés vont être utilisés plutôt que d'autres.

Ainsi pour référer à une odeur corporelle marquée, on emploiera généralement le terme fóɓóŋ «bien odorant». Le constat de cette forte odeur ne s'accompagne pas d'une appréciation sur sa valeur, comme le montrent les exemples suivants :
ʔà̤ ʔàá ɲàmà tɛ́à, pɛ̀ráà ʔɔ́ fóɓóŋ.
(il/*acc*+mettre+*D*/parfum/corps+*D*+lui/odeur-saveur+D+lui/*inac*+se tient/bien odorant)
Il s'est parfumé, cela sent fort (= bon).
ʔà̤ ɲɔ̀ŋá bòrè, tɛ́à ʔɔ́ fóɓóŋ.

(il/*acc*+manger+*D*/genette/corps+*D*+lui/*inac*+se tient/ bien odorant)
Il a mangé de la genette, son haleine sent fort (= mauvais).
L'haleine est un domaine priviligié par où s'exhale l'odeur corporelle. Au réveil, avant le débarbouillage du matin où l'on ne manque pas de se rincer la bouche, l'haleine est simplement «odorante» hà̰sṵ̀-hà̰sṵ̀[3] :
pɛ̆r kɔ̀ nú wí nún hà̰sṵ̀-hà̰sṵ̀.
(odeur-saveur+*D*/intérieur+*D*/bouche+*D*/homme/*inac*+sentir/odorante)
L'haleine est odorante.
Par contre certaines personnes ont en permanence une mauvaise haleine qui sera caractérisée, du moins prononcé au plus intense, en ces termes :
pɛ̆r kɔ̀ nú wí nún vɛ̀mù-vɛ̀mù.
(odeur-saveur+*D*/à l'intérieur+*D*/partie active+D/homme/
inac+sentir/sentant mauvais (perçu de près)
Il a une mauvaise haleine.
Ici c'est la proximité entre émetteur et récepteur de l'odeur qui est soulignée.
pɛ̆r kɔ̀ núà ʔɔ́ vùm-vùm ká ɗàŋá.
(odeur-saveur+*D*/intérieur+*D*/bouche+*D*+cela/*inac*+se tenir/empestant//alors/ *acc*+être abîmé)
Son haleine empeste, c'est mauvais.
pɛ̆r kɔ̀ núà ʔɔ́ hàlò-hàlò.
(odeur-saveur+D/intérieur+D/bouche+D+cela/*inac*+se tenir/odeurde merde)
Il a une haleine fétide.
Dans le cas de quelqu'un de malade, son haleine est parfois chargée d'une odeur qui est le signe de la maladie, c'est le cas de la rougeole :
dá̰ ndùkṵ̀sù gbó nɛ̀ nú wàn zɛ́ɛ́.
(principe nocif+*D*/rougeole/*inac*+sortir/par/bouche+*D*/celui/maladie)
La nocivité de la rougeole est perceptible dans l'haleine du malade.
Par ailleurs, l'odeur de pourriture est, lorsque cette odeur de pourri a pour support le corps humain, plus spécifiquement qualifiée par le terme vɛ̰̀rṵ̀-vɛ̰̀rṵ̀ «nauséabond» :
ʔɛ́r mɛ́ nún vɛ̰̀rṵ̀-vɛ̰̀rṵ̀.
(main+*D*+toi/*inac*+sentir/nauséabond)
Tes mains puent, (= sentent le pourri, car tu as touché de la viande avariée).

3. Il s'agit du même terme noté ci-dessus hà̰sṵ̀ṵ̀.

gbàdà̰ḭ̀ nún vɛ̰̀rṵ̀-vɛ̰̀ɛ̰̂ṵ̀.
(ulcère phagédénique/*inac*+sentir/ nauséabond)
L'ulcère phagédénique sent le pourri.
vɛ̰̀rṵ̀-vɛ̰́rtṵ́ ɲín mɛ́.
(nauséabond +*Rt*/dent+*D*+toi)
Bouche puante ! [il s'agit d'une insulte].
Enfin le terme súkúkú «relent d'odeur *sui generis*» manifeste, quand il s'applique à l'odeur corporelle, l'idée que la mauvaise odeur constatée résulte d'une intention de se faire remarquer. Ce peut être le cas d'une personne qui est restée plusieurs jours sans se laver. .
tɛ̀ mɛ́ ʔɔ́ súkúkú !
(corps+D+toi/*inac*+se tient/relent d'odeur *sui generis*)
Tu pues !
Les pets ne peuvent jamais être qualifiés par ce terme.

Importance culturelle de l'odeur humaine

Tout individu a une odeur qui lui est propre. La sueur gbɔ̂ɛ̀ŋ-mɔ̀ (chauffée/chose) n'a pas, pour les Gbáyá 'bòdòè, d'odeur particulière, elle ne reflète que celle du corps qui la produit. Plusieurs situations soulignent l'importance que revêt, dans cette culture, l'odeur propre à chacun.

C'est le très jeune enfant qui est le plus sensible aux odeurs qui l'entourent. C'est en effet, pendant la période qui suit la naissance de l'enfant jusqu'à celle de l'acquisition de la marche, que le jeune enfant est vulnérable. Pendant cette période, le couple parental est soumis à une complète abstinence qui permet à l'enfant de vivre en symbiose avec sa mère dans un univers olfactif qui doit rester stable. Si l'un des parents, son père ou sa mère a une relation sexuelle avec l'autre, ou avec n'importe quel autre partenaire, son odeur corporelle est modifiée et va nécessairement entraîner une réaction chez l'enfant. L'effet de cette odeur extérieure à son univers olfactif quotidien peut, dans le pire des cas, se manifester sous la forme d'une maladie très brutale marquée par une forte fièvre à laquelle l'enfant succombe très vite. Cette maladie dite gbèsá (gbesi «faire un travail collectif»), littéralement «le travail collectif» est très redoutée des parents d'un jeune enfant et les motivent à respecter l'abstinence que la tradition leur impose. Dans le cas où l'un des parents envisage malgré tout une relation adultère, il s'efforcera de prévenir cette maladie par des pratiques appropriées, destinées à faire accepter au petit enfant cette nouvelle odeur. Dans le cas d'un homme polygame, les relations sexuelles qu'il a avec son autre épouse étant antérieures à la naissance de l'enfant, celui-ci les a intégrées dans son univers olfactif depuis sa naissance et elles ne risquent donc pas de lui être préjudiciables.

L'odeur corporelle humaine est bien perçue par certains animaux. Elle peut compromettre l'efficacité du piège à ressort destiné à l'athérure, car celui-ci l'ayant perçu s'écartera et évitera le piège. Aussi le trappeur, avant de poser son piège, utilise une odeur végétale forte, celle de l'écorce rapée de mátá-gṵ̀ŋá *Olax subscorpioidea* avec laquelle il se frotte les bras et les jambes, pour que cette forte odeur supplante la sienne.

Mais diverses situations peuvent modifier l'odeur corporelle, et il convient d'en tenir compte :

– **L'odeur corporelle d'une femme** se modifie lorsqu'elle est enceinte ou au tout début d'une grossesse. Elle doit en conséquence éviter d'aller sur un champ où une plante (sésame ou arachide par exemple) commence sa croissance, car son odeur en entraverait le développement. Il en va de même de l'odeur d'une jeune accouchée. Aussi, tous ceux, homme ou femme, qui «rendent visite à une femme qui vient d'accoucher», yéé ɗǒŋ kɔ̀rà (entrer/ derrière+*D*/espace+*D*/couches) ne doivent-ils plus aller sur un champ d'arachide tant que le cordon ombical du nouveau-né n'est pas tombé.

– **Ceux qui s'adonnent au tabac ou au chanvre**, dégagent par le dos une petite partie des fumées inhalées, ce qui modifie en conséquence leur odeur corporelle.

– Dans le cas des **rites de fécondité** liés à la chasse, la restitution au chasseur de sa fécondité est toujours représentée par un objet (charbon ou herbes) qui doit être imprégné de l'odeur du gibier pour lequel est pratiqué ce rite. Cette odeur est transmise par la main de celui qui vient de consommer ce gibier. L'importance de cette odeur qui représente le gibier est manifestée par l'absence de délai qu'il doit y avoir entre le retour du gibier et sa consommation rituelle, qui seule peut garantir la préservation de cette odeur.

En conclusion

Avec quinze adverbe-adjectifs spécialisés dans l'expression des odeurs, la langue gbaya 'bodoe se révèle riche dans ce domaine. Il est intéressant de constater que les mauvaises odeurs sont caractérisées de façon plus variée que les bonnes odeurs. De plus, la force d'une odeur – son degré – est pris en compte aussi bien dans le cas d'une appréciation neutre que dans le cas d'une appréciation négative. Par contre, pour ce qui est de l'appréciation positive, seul un degré moyen est signalé, tout degré plus fort étant interprété en terme d'excès, devenant de ce fait une appréciation négative.

Le tableau ci-après permet de récapituler les caractérisations des diverses odeurs que distinguent, en les nommant, les Gbaya 'bodoe.

Tableau récapitulatif

	APPRÉCIATIONS	TERMES ANNEXES
	appréciation neutre	
dùs	«odorant»	
hə̰̀sṵ̀ṵ̀	«odorant*»	
fóɓóŋ	«bien odorant*»	
ɓókólók	«fort odorant»	
	appréciation positive	
sùù	«parfumé»	
kpḭ̀ḭ̀	«embaumant»	
kpḭ̀ḭ̀sḭ̀ḭ̀	«odoriférant»	
	appréciation négative	
sṵ́wá̰ŋ	«malodorant»	
Verbe. sɛk	«fouetter»	
súkúkú	«relent d'odeur *sui*generis»	sɛ̰̀ɛ̰̀ «forte odeur sui generis»
	spécifique de la fermentation et de la putréfaction	
hólóé	«puant»	
vɛ̰̀rṵ̀-vɛ̰̀rṵ̀	«nauséabond*»	dà̰à̰ «goût trop fort» principe nocif
hà̰ɲṵ́-hà̰ɲṵ̀	«putride»	
vɛ̀mù-vɛ̀mù	«qui sent mauvais (perçu de près)*»	
vùm-vùm	«qui empeste (perçu de loin)»	
	caractéristique de la merde	
hàlò-hàlò	«odeur de merde*»	

Référence bibliographique

ROULON-DOKO P.
1996 «Saveurs et consistances : le goût gastronomique chez les Gbaya 'bodoe de Centrafrique», *Le Journal des Africanistes*, 66 (1), 37-80.

*. signale un terme souvent utilisé pour caractériser l'odeur corporelle.

Le peul, la vache et l'odeur de la brousse

Christiane Seydou

Dans le champ lexical des odeurs, la langue peule du Mâssina (Mali) n'a recours à des racines spécifiques que pour les odeurs qualifiables (bonnes ou mauvaises). Pour la perception de toute senteur, c'est un verbe commun aux différentes perceptions sensorielles qui est utilisé ; et le nominal référant à une odeur neutre est le même que celui désignant son vecteur : vent, air.

Percevoir une odeur : «sentir» (transitif)

Le verbe utilisé recouvre en fait l'ensemble des perceptions, bien que son emploi le plus fréquent renvoie à la perception auditive :

nan-de (***-de*** étant la marque de l'infinitif) : percevoir

- par l'ouïe :

entendre ; entendre dire, apprendre par ouï-dire

ex. : ***a nanii*** : tu as entendu ?

nande hoddu, wudere : entendre le son d'un luth, un air de musique

Pullo fuu nantaa mi dogii : pas un seul Peul n'entendra dire que j'ai fui

- par l'odorat :
  sentir
  ex. : ***nande uurngol :*** sentir une odeur
  nande uurdi neɗɗo : percevoir le parfum de quelqu'un
- par le goût :
  a) sentir, percevoir le goût, la saveur de
  b) (saveur) se sentir, se percevoir
  ex : ***lamɗam nanii*** : le sel se sent, *i. e.* c'est salé à point
- par le toucher :
  sentir, percevoir la consistance, la forme d'un objet
  ex. : ***nande leeso*** : sentir (au toucher) une natte
- par l'intellect :
  comprendre
  ex. : ***a nanii*** ? : tu as compris ?

Pour «odeur», d'une façon générale et neutre, le peul emploie le même mot que pour «vent/air» : ***henndu***

ex. : ***henndu nebbam :*** une odeur de beurre

ana uura henndu ladde : il a une odeur de brousse (text. : il dégage // vent/air/odeur //brousse)

Dégager une odeur : «sentir» (intransitif)

La langue utilise plusieurs racines selon la qualité — agréable ou nauséabonde — de l'odeur dégagée :

a) odeur agréable :

La racine : ***uur***- est la plus utilisée et la plus productive :

uur- de : sentir bon, dégager une odeur agréable, exhaler un parfum, embaumer

ex. : ***jaawi ndii ana uura sanne :*** (l'encens) *jaawi* sent très bon

piindi uurii : les fleurs embaument

uurdi (pl. uurde/uurle/uurdiiji) : encens, plante odoriférante ; parfum ; tout ingrédient servant à parfumer

uurgol : parfum de..., fragrance de..., arôme de...

uurngol : senteur, parfum

ex. : ***uurngol ana feenya*** : un parfum s'exhalait (se dit de toute odeur agréable quelle qu'en soit la provenance : flacon de Guerlain ou sauce au *sumbala*, condiment sentant aussi fort qu'un fromage trop fait !)

so ɓenndii, uurngol mum nanoytee ɗo woddii : quand c'est cuit à point, l'odeur s'en perçoit de loin (on remarque l'emploi de la racine ***nan-*** dans ***nanoytee***, pour la perception de cette bonne odeur)

uur-d-it-de : embaumer, répandre un parfum capiteux (***uur-*** + suffixes de dérivation : intensif)

ex. : ***ɗum uurdi uurdita*** : c'est un parfum qui embaume

uur-n-ir-de : parfumer avec (***uur-*** + suffixes de dérivation : factitif et instrumental)

ex. : ***ɗe uurniraa miski :*** ils sont parfumés de/au musc

uur-n-aa-de : flairer, humer (***uur-***+ suffixe factitif, voix moyenne) (text. faire dégager à quelqu'un ou quelque chose sa senteur, pour la percevoir soi-même)[1]

uur-n-ondir-de : se flairer mutuellement (***uur-***+ suffixes factitif et de réciprocité)

uur-t-u-de : perdre son odeur, son parfum (***uur-+*** suffixe inversif)

ex. : ***omo uurta yeegeeje :*** il dégage une forte odeur (de malpropreté)

ɓe piyi mo faa mo uurti maayɗo : ils le battirent jusqu'à ce qu'il prît l'odeur d'un mort, *i. e.* ils le battirent à mort

Cette racine peut, dans certains emplois, avoir un sens neutre de «dégager une odeur», celle-ci devant alors être qualifiée explicitement : ainsi en est-il, par exemple, de l'odeur de l'animal qui, dans tel conte, s'est métamorphosé en humain pour courtiser une fille difficile qui refuse tous ses prétendants ; la petite mouche espionne chargée d'inspecter les prétendants vient dire à la jeune fille :

oo kaa ana uura henndu ladde : celui-là, il a une odeur de brousse (text. : sent //vent/air/odeur// brousse)

à quoi la fille entêtée répond :

oon uuri uurngol ladde uuraay fuu, oo tan o yidi : qu'il ait une odeur de brousse ou non, c'est lui et lui seul qu'elle aime.

1. Remarque : On voit ici comment la structure morphologique et syntaxique de la langue (suffixes de dérivation et voix) permet le passage de l'emploi intransitif à un emploi transitif de la racine uur-.

Pour qualifier quelqu'un qui exhale un parfum délectable, on dira :

belɗo-uurngol : il exhale un parfum délectable (text. : suave/doux/agréable //(de) parfum)

alors que pour stigmatiser le caractère délétère de ce bas-monde, le poète, jouant de l'oxymore, le qualifie de :

ndu luumnooru uurɗum : il rend puant même ce qui embaume (text. : le (monde d'ici-bas) empuantisseur de ce qui sent bon)

Une autre racine : ***sunn-*** ne s'applique qu'aux aliments ; si au Foûta-Tôro (Sénégal) le verbe ***sunn-u-de,*** «sentir bon», existe, au Mâssina, seul est employé le nominal ***sunnere*** pour désigner une odeur appétissante, un effluve alléchant :

ex. : ***maafe oo ana mari/wadi/joogii sunnere :*** la sauce a (possède/fait/détient) une odeur alléchante

et, au figuré, un poète dit à un notable :

aan woni sunnere suudu baaba : c'est toi le plus beau fleuron de la lignée paternelle (text. : c'est toi/ effluve/ maison /père).

Pour une odeur de cuisine qui se répand on utilise aussi le verbe ***sorɓ-u-de*** [2]: se répandre, envahir toute l'atmosphère, s'exhaler et parvenir aux narines de...

ex. : ***henndu somaya mon oo sorɓii kam :*** l'odeur (text. : vent/air) de vos condiments est parvenue jusqu'à moi

et le nominal ***corɓol*** (rac. ***sorɓ-***) désigne un effluve, une odeur (généralement de cuisine).

b) odeur désagréable

Les odeurs désagréables sont sujettes à d'autres types de différenciation :

la racine ***luuɓ-*** signifie «sentir mauvais, sentir fort, dégager une odeur désagréable, puer» sans précision sur le type d'odeur dont il s'agit ; le spectre de cette racine est en effet assez large puisqu'elle s'applique à toute odeur forte quel que soit le support dont elle émane : odeur de terre mouillée, montant du sol après une pluie, aussi bien que remugle de latrines, etc. ; pour traduire la notion d'une puanteur insupportable, la langue recourt alors à l'intensif propre à cette racine : ***dus*** ou ***dush.***

2. Au Foûta Tôro ce verbe s'applique à l'élément liquide et en particulier à la crue du fleuve.

Le nominal est ***luumgol*** : puanteur, mauvaise odeur

Une seconde racine ***sicc-*** associant les notions de «mauvaise odeur» et de «dégoût, répulsion», se prête à deux structures grammaticales symétriques :

sicc-u-de : «dégager une odeur nauséabonde, écœurante, répugnante, pestilentielle (par exemple : odeur de poisson avarié, odeur de bouc), qui donne envie de vomir» ou «dégoûter par sa puanteur» :

ex. : ***eɗum sicca kam :*** «cela me répugne (par son odeur nauséabonde)»

et

sicc-ude : «éprouver de la répugnance pour, ressentir du dégoût à cause de l'odeur de»...

ex. : ***mo siccii mbordi ndii*** : il est dégoûté par (l'odeur du) pus

Le nominal ***ciccol*** a, de même, le double sens de «odeur répugnante, puanteur fétide» et de «répulsion, dégoût, nausée».

Une autre racine ***nees-*** s'applique plus particulièrement à une mauvaise odeur corporelle :

nees-u-de : (personne malpropre ou suante) dégager une odeur désagréable

nes-t-u-de ou ***neytude :*** (***nees-t-***, rac. + suffixe d'intensif) avoir une très forte odeur corporelle

ex. : ***omo nesta :*** il sent très fort

Les nominaux correspondants, ***neesol*** et ***nestol*** ou ***neytol*** désignent toute odeur corporelle désagréable, tout remugle provenant d'un corps malpropre, de cheveux sales etc.

On utilise aussi, pour désigner une forte odeur corporelle (en particulier celle des enfants mal soignés), un autre terme, toujours employé au pluriel, ***yeegeeje*** :

ex. : ***omo uurta yeegeeje*** : il a une mauvaise odeur, il sent

La racine ***nees-*** présente un emploi intéressant lorsque le verbe est utilisé à la voix moyenne ***nees-aa-de*** ; le sens en est alors : «prendre la mentalité de, adopter les manières ou les us et coutumes de... ; s'imprégner d'une culture, s'assimiler» :

ex. : ***o neesike neesu Fulɓe :*** il a pris les manières des Peuls (text. il s'est donné l'odeur de l'odeur des Peuls)

Mais comment passe-t-on de l'odeur corporelle à l'assimilation d'une mentalité, l'adoption d'un genre de vie autre etc. ?

Un emploi du verbe ***neesude***, dans un texte rapporté par un narrateur nigérien, nous éclairera peut-être ; dans l'un de ses récits concernant l'origine de la domestication de la vache, il nous dit :

loohoowo oo, kanko hokki Bodaado oon uurde faa Bodaado oon duu neesi nder ladde... : c'est le chasseur qui remit au ***Bodaado*** en question des parfums si bien que le ***Bodaado,*** quant à lui, sentit fort, dans la brousse...

Et le ***Bodaado*** ainsi pourvu d'odeurs suit les vaches qui, peu à peu s'habituent à lui au point de se laisser conduire jusqu'au milieu du village. On voit bien s'établir ici une relation entre odeur personnelle du futur berger et accoutumance des animaux à cet étranger puis leur adoption d'une autre manière de vivre, par leur apprivoisement et leur assimilation au monde domestique.

Pourtant il semble que l'on puisse aussi, pour expliquer ce glissement de sens, invoquer une autre explication : même si la coïncidence homophonique peut entraîner dans la pensée des locuteurs une relation entre une odeur corporelle que l'on s'attribuerait ou que l'on assumerait (comme le laisserait entendre l'emploi de la voix moyenne) et le partage d'un comportement spécifique, distinctif de telle ou telle catégorie de personnes à laquelle on s'assimilerait (comme si s'approprier l'odeur de quelqu'un figurait l'adoption de ses caractéristiques), il serait peut-être plus vraisemblable de voir dans le verbe ***neesaade***, une formation verbale à partir du nominal neesu que son appartenance à la classe o désigne comme un emprunt et dont le sens : «mentalité, manière d'être et de se comporter, caractère» coïncide avec celui du mot bambara ***nison***. À moins que l'emprunt au bambara et le passage de ***nison*** à ***neesu***, n'aient été, au contraire, favorisés par les représentations attachées à l'odeur personnelle (qu'elle soit naturelle ou empruntée, comme c'est le cas du berger de l'histoire) et au processus de l'assimilation. Quelle qu'en soit la véritable explication, la coïncidence de ces deux notions dans le champ sémantique de cette racine est en soi intéressante ; dès lors ***neesol***, l'odeur corporelle, ne serait plus «mauvaise» à proprement parler, mais plutôt identificatrice. Tout comme le nourrisson — ou le petit veau, le petit agneau etc. — identifie sa mère par son odeur corporelle particulière, c'est en se reconnaissant à soi-même l'odeur d'autrui qu'on s'assimilerait à lui, qu'on se confondrait avec lui en adoptant sa manière d'être spécifique, son ***neesu***.

Ne mettez pas de bouc

dans votre jardin

Françoise Ugochukwu

La langue igbo, en faisant de l'homme plus le collaborateur de la nature que son maître absolu, ne lui permet pas de dire «je sens», mais seulement «ça sent». Les odeurs s'imposent : elles caressent ou agressent l'homme. Deux verbes sont disponibles pour exprimer ces deux sens. L'un a une connotation de plaisir : il signifie en premier «être chaud» *kpo* [1], et par-là même, exhaler une odeur chaude et bonne. Dans cette acception, il est associé par le dictionnaire igbo-anglais de K. Williamson (1972), au fumet de la sauce au piment et utilisé également pour l'odeur de la transpiration, odeur considérée comme épicée, dirait-on en français. En effet, transpirer, c'est :

ikpo okpootutu
mot-à-mot : sentir (la) transpiration

1. L'igbo suit ici l'orthographe officialisée par le Comité de standardisation de la SPILC (Society for Promoting Igbo Language and Culture) pour ce qui est de l'igbo central, et l'ouvrage de K. Williamson pour ce qui est du dialecte d'Onitsha.

C'est encore ce verbe *ikpo* qui sert à décrire l'animation d'une fête qui bat son plein, avec sa foule et sa chaleur :

ikpo ọkụ

mot-à-mot : sentir (le) chaud.

Un autre verbe, davantage employé, exprime une odeur sans préciser clairement sa qualité tout en étant généralement coloré d'une nuance péjorative. «Qu'est-ce qui sent ?» indique que l'on repère une odeur désagréable :

ọ gịnị na-esi ebe a

mot-à-mot : quoi sent ici.

La signification véritable est clairement révélée lorsque ce radical est redoublé ; il signifie alors en effet : «sentir mauvais», «puer» :

ọ na-esi isi

ça sent fort[2].

Il est possible d'insister en ajoutant «mauvais» :

ọ na-esi isi ọjọ

Mais l'intensif suffit à signifier le désagrément. Néanmoins la forme simple n'est pas totalement dépourvue de neutralité car en lui adjoignant l'adverbe bon elle prend le sens de «sentir bon», *isi isi ọma*.

L'ambiguïté de l'odeur est utilisée très fréquemment dans les proverbes qui émaillent la conversation. L'odeur du bouc est ainsi évoquée pour accuser une personne de ne pas savoir prendre ses responsabilités. Nous sommes responsables de nos problèmes : inutile de chercher le coupable ailleurs qu'en nous-mêmes car «ce qui sent chez le bouc est situé entre ses pattes».

ihe na-esi nwa mkpi ya na agbata ụkwụ abụa

mot-à-mot : chose sent jeune bouc ça est entre (ses) pattes deux.

2. En Igbo, le redoublement est utilisé pour exprimer le superlatif, la force d'une idée, d'une action.

Le comportement sexuel du bouc est ici lié, et substitué, à son odeur, odeur ambivalente, agréable en ce qu'elle est odeur de liberté et rappelle le plaisir sexuel, mais cependant ressentie comme mauvaise du fait qu'elle implique un comportement animal qu'on n'aime pas voir étalé en plein jour. «Il sent» équivaut à puer comme un bouc, mais lui, le bouc, a une excuse : «il ne sait pas qu'il sent». L'expression suivante se dit d'une personne qui n'a pas encore pris conscience de son problème :

nwa mkpi amaghị na ya na-esi isi
mot-à-mot : jeune bouc ne sait pas que lui sent mauvais.
Le jeune bouc ne sait pas qu'il sent mauvais.

L'expression se dit d'une personne qui n'a pas encore pris conscience de son problème.

Il n'y a pas de pire insulte que celle de faire entendre à quelqu'un qu'il «sent» par métaphore : «chèvre !» – *ewu*, – ou par périphrase allusive : *a chọwa ihe a na-agwa nwa dị mma,*
a sị ya kuru mmiri sacha ahụ
mot-à-mot : on cherche chose on va dire enfant beau
on dit lui prends eau lave corps.
Il faut chercher avec quoi embellir l'enfant
on lui dit : «prends de l'eau et lave ton corps»

«Va te laver !» Cette injonction équivaut à dénoncer l'odeur développée par la malpropreté au sens physique autant que moral.

Une odeur est sans aucun doute perçue comme mauvaise : celle de la mort, odeur que l'on attribue à une entreprise en difficulté :

ọ na-esi ọnwụ ọnwụ
ça sent la mort.

Si l'odeur de la mort est ressentie ainsi, c'est qu'elle brise les liens de parenté qui sont le liant de la société : «Quand le cadavre pue, il n'a plus de parenté» (Ugochukowu, 1983 : 59), autrement dit, quand quelqu'un se comporte très mal, il ne trouve plus personne pour le défendre :

o zu sibe isi ọ pụọa na nwanne
mot-à-mot : cadavre sent mauvais il est parti de frère/sœur.
Le cadavre sent mauvais, il est séparé de son frère et de sa sœur

Il faut donc empêcher l'odeur de la mort de se manifester— ce à quoi s'appliquent les rites mortuaires en imposant un enterrement rapide : dans la région de Nsukka par exemple, au nord de la zone linguistique igbo, l'enterrement se doit d'avoir lieu dans les vingt-quatre heures qui suivent la mort. Diverses considérations peuvent retarder les funérailles[3] : le corps est alors embaumé avant d'être déposé à la morgue – pour empêcher toute odeur de mort de se répandre, y compris dans l'espace de la morgue.

Si l'odeur de la mort est clairement détestable, inversement l'odeur de la pâte de noyaux de ricin *ogiri* [4] cuisinée est délicieuse

Les proverbes (Ugochukowu, 1983) insistent sur la force de cette odeur, qui attire même les aveugles : «la vieille qui vend de l'*ogiri* connaît les mouches qui sont aveugles»[5].

okenye na-ere ogiri maara ijiji anya pịrị
mot-à-mot : vieille vend *ogiri* sait mouche(s) œil crevé.

La «bonne» odeur, c'est finalement, et grâce à l'*ogiri*, celle de la sauce ; les contes populaires igbo le confirment. «La mère de l'enfant a fait une bonne cuisine. Ça sentait bon ! Elle se disait : vivement que mon mari rentre, qu'il mange ! Vivement que ma petite fille rentre, qu'elle mange !» (F. Ugochukwu, 1992 :75).

La bonne odeur de cuisine est liée au foyer, elle implique et un mari et un enfant. De par sa promesse confirmée par le bon goût de la sauce, elle rapproche la femme de son mari : l'épouse délaissée redevient, grâce à elle, «la favorite du roi. Elle seule cuisinait pour lui maintenant.» (*Idem*. 119). Dans un autre conte, on veut ramener, du coin de brousse où il vient d'être découvert, Omalinze[6], l'héritier disparu.

3. Quand le statut du défunt impose des funérailles particulièrement grandoses, le temps de prévenir toutes les personnes concernées et de rassembler tous les moyens financiers peu être étendu.

4. *ogiri* : noyau de ricin (*ricinus communis*) mentionné dans Williamson (360) et Burkill (vol.2, 135-136) qui décrit la préparation de la pâte.

5. Ou : c'est dans les difficultés qu'on connaît ses vrais amis

«La famille a décidé que la femme dont l'enfant mangerait le repas le jour de son retour, on saurait que c'était sa mère. Et cette femme deviendrait la première femme du roi, c'est elle qui aurait le plus de droits.» (Idem., 147).

Le moment venu, tout va donc, se jouer sur l'odeur, sur le fumet de cette cuisine.

«Quand il est arrivé au palais, toutes les femmes du roi étaient là, avec leur cuisine appétissante. Et chacune, à son approche, souriait, pensant qu'il allait manger sa cuisine. Il a humé la cuisine de la première femme, de la bien-aimée : il avait envie de manger, parce que ça sentait bon !» (*Idem.*, 147-148).

Mais, guidé par le griot qui «sait», l'enfant ne touchera qu'au plat de sa vraie mère, plat sans saveur et sans fumet. Grâce au choix de l'enfant, la «bonne odeur» de la mère sera bien sûr aussitôt rétablie ; on l'a ôtée de «l'endroit très sale» où elle végétait, dans la brousse aux fétiches, ce coin de brousse empuanti car on y allait déposer les corps de ceux qu'on n'enterrait pas, suicidés, lépreux, varioleux.

«Et on l'a ramenée au palais, on l'a lavée, on l'a vêtue correctement, on l'a amenée dans la chambre du roi, et, ce même jour, elle est devenue la première femme du roi et sa bien-aimée. » (*Idem.*, 150).

Le plat de la mère n'a donc pas d'odeur tant qu'elle est dépossédée de son statut d'épouse. L'enfant se garde bien de goûter à la nourriture de ses mères classificatoires, si appétissante qu'en soit l'odeur ; il ne peut être tenté par le plat de sa propre mère que parce qu'il est sans odeur. Manger est un terme ambivalent recouvrant l'acte de copuler comme celui de s'alimenter : prendre plaisir au fumet de la sauce d'une mère en le goûtant équivaudrait à un acte incestueux. Sans odeur, la nourriture ne joue aucun rôle dans les relations sociales, car manger est alors dépourvu de plaisir donc de désir. L'odeur de la nourriture est du côté de la nature quand elle n'est pas catégorisée. Le lien entre l'enfant et sa mère biologique est d'ordre naturel, il n'est pas identique à celui avec ses mères classificatoires positionnées comme telles par les règles sociales.

On pense à ce conte du Zaïre mentionné par Geneviève Calame-Griaule (1987 : 272) et dans lequel le miel, équivalent des relations

6. Ce nom est devenu le titre du plus important recueil de contes igbos (63) publiés dans leur langue originale : (Ogochukru : 1977).

sexuelles et du plaisir qui en découle, sert de «sauce» à la nourriture. La «bonne odeur» par excellence est celle qui s'exhale des cuisines. À l'inverse, la place de la mauvaise odeur, celle du bouc, est dehors, dans les chemins où on le traîne pour s'en aller le vendre :

mkpugharị mkpugharị ka e jị ere nwa mkpi

mot-à-mot : mouvement mouvement qu'on va vendre jeune bouc.

«C'est en le tirant d'un endroit à l'autre qu'on arrive à vendre le bouc.»

Cette expression signifie : qui n'entend qu'une cloche n'entend qu'un son.

Le plaisir hors mariage est déconseillé par la littérature orale igbo à travers les expressions mettant en scène le bouc et son odeur, tandis qu'elle exhalte la qualité du fumet de la sauce ogiri soigneusement préparée dans la chaleur du foyer. La «bonne odeur» se développe dans la chaleur des relations sociales.

Références bibliographiques

BURKILL H. M.

1994 *The useful plants of West Tropical Africa*, Royal Botanic Gardens, Kew, England, 3 vol.

CALAME-GRIAULE G.

1987 *Des cauris au marché, essai sur des contes africains,* Paris, Société des Africanistes.

UGOCHUKWU C. & ALII

1977 *Omalinze, A Book of Igbo Folktales*, O. U. P. Ibadan.

UGOCHUKWU F.

1983, «Les proverbes igbos d'hier à aujourd'hui : un tour d'horizon», *Cahiers de littérature orale* n° 13, Paris, 51-63.

UGOCHUKWU F.

1992 *Contes igbo du Nigéria, de la brousse à la rivière*, Paris, Karthala.

WILLIAMSON K.

1972 *Igbo-English Dictionary*, Benin-City (Nigéria), Ethiope Publishing Corporation.

Sens entre dits

2.
L'Art

L'odeur de la couleur, 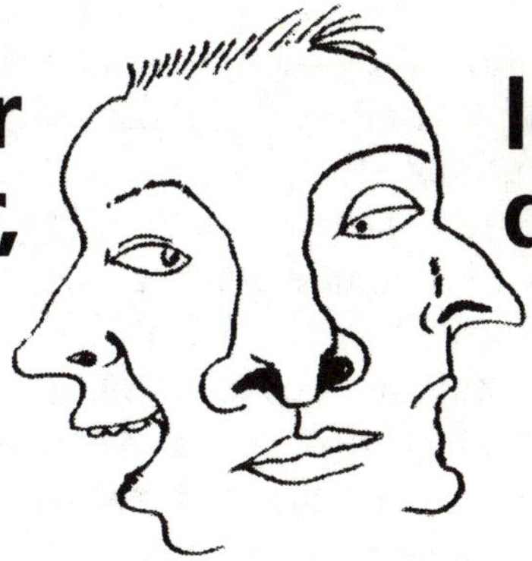 le corps de l'artiste

Michel Boccara

Les textes d'artistes présentés ici participent du mouvement même de construction de l'interprétation. On peut, à ce propos, déceler deux tendances dans la tradition psychanalytique :

1) une tendance pédagogique ou didactique qui applique les concepts de la psychanalyse en les faisant fonctionner dans l'interprétation d'une œuvre d'art,

2) une tendance «constructiviste» qui considère l'œuvre d'art comme se situant en amont du théoricien et proposant à celui-ci des pistes pour la recherche[1].

C'est cette deuxième tendance qui est privilégiée dans cet ouvrage.

---

1. Freud combine ces deux positions. Dans son essai sur le Moïse de Michel-Ange, par exemple, il saisit dans le caractère énigmatique de l'œuvre de l'artiste le mouvement même de la sublimation et de la maitrise des pulsions : «vaincre sa propre passion au nom d'une mission à laquelle il s'est voué» (Freud, 1978 : 36). Dans un autre essai (Freud, 1993) il essaye d'expliquer l'attitude générale du peintre face à son œuvre par une inhibition fondamentale mais en même temps il reconnaît à cette inhibition le statut épistémologique qui fait de Vinci davantage un théoricien qu'un artiste.
Un exposé de Rithé Cevasco sur Hamlet (Hamlet et la question du père, mars 1997, séminaire de l'URA 1478, CNRS-Université de Picardie) a contribué à clarifier pour moi ces deux «positions» de la théorie analytique.

Le premier résultat de ces textes réside dans leur nature même : ayant décidé d'organiser une table ronde sur l'odeur et l'art, ce sont essentiellement des contributions de peintres que nous avons obtenues. Ce résultat nous a surpris car à priori l'odorat et la vue étaient deux sens plutôt éloignés[2]. Pour qualifier rapidement ces deux sens, l'un suppose une distance et l'autre une proximité, l'un contribue à la «vision du monde», l'autre est associé à l'animalité et est en général considéré comme un sens à dépasser si nous voulons réaliser pleinement notre «humanité»[3].

Le second résultat réside dans le choix fait par les peintres pour parler de l'odeur : son rattachement à la couleur.

Pour reprendre une formulation de Flo Villacèque, «la couleur est à la peinture ce que l'odeur est au corps».

Quel est le cheminement qui permet d'en arriver là ?

Le point de départ est très simple : la peinture a une odeur et cette odeur est, pour les peintres, ancrée dans leur mémoire affective et associée à leur mémoire visuelle.

Ce mouvement est sensible dans l'interview de Diego Menendez réalisée par Jacqueline Diot : les vieux tubes de peinture utilisés par le peintre renvoient au père (mémoire affective) et le rattachement de l'odeur à une valeur naturelle suscite la créativité de l'artiste en évoquant des lumières particulières.

Mais la relation odeur/couleur va plus loin, elle est liée au rapport charnel et sensuel que le peintre entretient avec la couleur. Le peintre ne prend pas seulement la couleur avec le pinceau mais avec le doigt voire avec tout son corps (nez compris). La couleur comme l'odeur se donne comme une «substance» qui vient, sans intermédiaire, au contact du corps. C'est ainsi que l'intensité de la lumière, pour Diego Menendez, est comparable à celle des parfums.

Cette relation odeur/couleur ne se retrouve pas seulement chez les peintres : elle est évoquée au début de l'intervention de Georges André

2. Cependant le travail préliminaire à cet ouvrage (*cf.* infra, 4, *Images d'une naissance...*) avait bien mis en évidence via l'atelier de «pifographie», l'intérêt d'une visualisation des odeurs. La présence de Flo Villacèque, dès le début de ce travail, a pu aussi contribuer à cette orientation.

3. On se référera, par exemple, aux citations de Freud sur l'odorat (*cf.* supra, 2, A. Delrieu).

Haudricourt, lorsque celui-ci associe ethnophysique, étude des couleurs, et ethnochimie, étude des odeurs.

Les couleurs comme les odeurs jouent un rôle important dans la classification populaire des plantes alors que la classification scientifique ne considère pas comme elle le devrait ces critères.

La violette par exemple désigne à la fois une couleur et une odeur – et peut-être davantage encore l'odeur que la couleur puisqu'il existe des violettes blanches ! Et de la même manière que l'on manque de nez, on manque d'œil puisque, pour Haudricourt, on ne commence à «voir» les plantes qu'à partir du moment où on peut les décrire correctement : donner leurs couleurs, leur forme précise et leur odeur[4]...

Tout comme Rimbaud, dans son fameux sonnet sur les voyelles, introduit les couleurs dans l'écriture, il semble que les peintres soient capables de les sentir : ainsi ce tableau réalisé avec des «odeurs» par Flo Villacèque avec le jaune safran, le café (Café, j'aime ta couleur café...), le vert menthe (toujours la relation entre odeur et couleur de la plante), l'orange[5]...

J'ajouterai une note exotique : il est à souligner que le vietnamien est la langue du peintre puisqu'il apparaît comme la seule langue de notre corpus qui utilise, dans certaines régions, un même terme, múi, pour l'odeur/goût et la couleur[6].

Cette section sur l'art se termine par une étude sur la danse intitulée «Odeurs dans(u)eurs» c'est-à-dire odeurs dans la sueur du danseur, si j'explicite le jeu de mots contenu dans le titre de l'article de Geneviève Mordant. Comme dans le cas de la peinture, il semble que la danse soit un art purement visuel, or sa pratique introduit l'odeur au cœur même de l'acte de danser, dans la sueur qui coule sur le corps du danseur, flairée par son partenaire à lui enlacé...

4. *Cf.* supra, 1, G. A. Haudricourt ; dans un autre domaine, la cuisine, les chimistes ont mis en évidence les relations entre couleurs et odeurs lors des processus de cuisson et tout particulièrement certaines réactions appelées «réactions de Maillard».

5. Nous avions évoqué aussi cette possibilité dans le Week-end «Odeurs», *cf.* infra, 4, *Images d'une naissance...*

6. *Cf.* Nguyên Túng, Krowolski, supra. On trouve aussi en Thaï une expression qui associe une odeur à une couleur : «men[1] kiaw[1], littéralement «dégager une mauvaise odeur, être vert» (*cf.* supra, 3, A. Levy).

Références bibliographiques

FREUD S.

1976 «Le Moïse de Michel Ange» (1927), *Essais de psychanalyse appliquée* (1933), Paris, Gallimard.

1993 «Un souvenir d'enfance de Léonard de Vinci» (1910), *Œuvres complètes*, vol. X, trad. colleective, Paris, PUF.

Flo Villacèque

Le Fumet de ma trace

La première partie de la communication est un commentaire de l'installation du peintre.
Épices diverses : cumin, saté, coriandre, cannelle, anis étoilé, muscade, clous de girofle, colombo de la Guadeloupe, safran, vanille de la Réunion, curry (mélange).
Boissons : cabosses grillées, boudin de cacao, grains de café.
Parfums croisés : pomme d'amour (oranges piquées de girofles).
Usage domestique : la naphtaline
deux sortes d'encens malien délicat apporté par un auditeur.
Légumes : ail, oignon, poivron, patate douce parfumée vanille- citron.
Fruits : pommes, citrons, oranges, clémentines...
Feuilles et arbres : d'eucalyptus, bois bandé (Guadeloupe), lavande, menthe froissée, persil divers, bâtons de réglisse.
Médicaments : baume du tigre, baume essentiel, préparation pour inhalation, huile de foie de morue (très mauvais souvenir d'enfance).
Racines : vétiver, gingembre, ginseng.
Pour la peau : savon au goudron anglais, huile de karité, de carapate, foulard indien imbibé de patchouli.
Les odeurs mauvaises : une vieille chaussette sale, un mégot, une merde de chat.

Présentation du décor

Lieu : – La Fac de Médecine d'Amiens.

– Gradins, estrade dans une salle de conférence.

– Création d'une petite installation, autel de présentation d'odeurs diverses.

Les Anglais appellent cela «Still Life», terme que je préfère à Nature Morte car cela signifie «Vie Tranquille», c'est la Vie opposée à la Mort – une vie endormie prête à s'éveiller dans les cuisines – épices – les pharmacies – (médicaments) – et sur la peau – vous y voyez aussi le roi des odeurs, tête en pâte à modeler multicolore comme les odeurs qui se rencontrent et se mélangent, œuvre d'imagination, entouré de sa cour et un petit tableau : «Le mariage du curry et du safran» inspiré par le parfum croisé des deux épices et leur aspect.

On y trouve également une B. D. de Reiser : un rat se promène dans le vagin d'une dame, l'odeur en est extrêmement répulsive pour ce rat, ce qui est d'une rare violence pour nous, les femmes. Toujours dans les odeurs considérées comme désagréables, un portrait que je fis de mon mari à une époque de profond désaccord : de sa bouche sort le mot «mensonges», un mégot ramassé dans la rue lui ferme l'œil. Acte de conjuration... Bref, tout est odorant sur cet autel – bonnes ou mauvaises odeurs – totalement subjectif.

Le Fumet de ma trace

ou comment l'odeur peut être sublimée et devenir un produit artistique.

Il y a en moi une déchirure de la gorge au bas-ventre, si j'y rentre le doigt, puis la main, cette déchirure sombre me mène à droite vers mes devoirs, ce que je devrais être, comment je devrais me comporter face aux «autres», tout ce qui m'a été inculqué, qui est rigide et sans charme une carapace, sorte d'autel des Lois, modèle pesant et sombre auquel je dois m'efforcer de ressembler, m'en approcher le plus possible, une table non pas surmontée d'odeurs volatiles et enivrantes mais au contraire sans perspective, debout, dure, sombre, sans fioritures – et cette table extérieure à moi mais toujours devant projette au niveau de mon plexus une boule difforme d'aspect caoutchouteux et dur où je souffre. Dans cette concrétion marron se trouvent mes insatisfactions, mes frustrations, mes blessures secrètes, toutes mes haines, toutes mes peurs, tous mes cris dans les ténèbres. Je cherche à l'arracher comme on arrachait le cœur des victimes sacrifiées tout en haut des pyramides, dans «les rouges colonnes de fumée aromatique» dont parle Cortazar, sous l'œil glacé de la lune, Rédemption nécessaire, seul langage compris par les dieux insensibles.

Sens du devoir affreux et pesant, c'est un sacrifice permanent.

Par contre à gauche est le rêve, presque hors d'atteinte, j'y respire un oxygène pur et gai enivrant où fleurit joyeuse ma fantaisie où se trouve ma vie, difficile à atteindre car l'œil mauvais me surveille, le regard pointu du juge maternel.

Là sont les couleurs de mes désirs, les odeurs enchantées, les mouvements, les rencontres nées de l'alchimie des sens, les poètes, les sublimes,

là, grandioses sont l'Atlantique, l'horizon et les oiseaux dans l'espace et la conviction bien fragile que j'existe, qu'un jour je me réaliserai malgré ce poids méchant et sombre qui m'étouffe.

Que tout est possible à travers l'amour et surtout l'amitié forte, que j'ai le droit de vivre.

Et puis vision idéale, seul remède au désordre de la coupure, seule arme contre ce rocher qui presqu'au sommet chute sans fin, une œuvre croisée comme certains parfums présentés, «le mariage du curry et du safran» par exemple, qui est une forme de paix, c'est une œuvre construite, avec effort, architecturée, debout comme la table des lois mais peinte des couleurs les plus vives où tout est possible, où rien ni personne ne me jugera ni ne me retiendra – où les odeurs se mêleront aux sons et aux couleurs.

Récapitulation de ma trajectoire de peintre-performer

En 1984, création des «Sorciers Ridicules» petite troupe burlesque et absurde, nous faisons avec Gustave de grands spectacles de rue dans lesquels je découpe des voitures au chalumeau.

Bachelard dit que Les femmes n'ont pas accès au métal, et Ogoun, il est vrai, roi du progrès et de la voiture, est le dieu des hommes.

Cependant, bien que très agressif ce métal me plaisait ou plutôt, il me plaisait de découper des voitures : c'était provocateur, le public masculin supportait mal que j'attaque des voitures d'apparence neuve, en fait, récupérées dans des casses. Ses réactions violentes m'intéressaient. Comme une pomme, je les pelais en extrayant le cœur – le moteur – les sièges arrachés, posés sur le toit, c'était une image de la machine vivante anthropomorphe que j'attaquais par le feu, sacrifice humain détourné.

L'odeur de métal rougi était forte et me rappelle l'époque où je vivais dans l'hôtel Beautreillis, dans le quartier du marais, où héritiers du Moyen-Age, des artisans fondaient l'or qui dégageait une odeur reconnaissable.

Du métal agressif, coupant et dur, je suis passée, toujours dans le volume et les objets ramassés, au carton. De grands cartons récupérés avec lesquels je construis des murs dans lesquels j'ouvre des portes, de larges arches. J'y peins des têtes monumentales dans les rues, les lieux de passage, pieds et mains nus, de très grandes peintures qui peuvent faire 3 à 4 mètres de haut et jusqu'à 17 mètres de long... Pendant des heures, accompagnée d'un musicien joueur de djembé, Charles.

Totalement jetée dans la matière, la couleur, l'odeur et les sons, les meilleurs moments sont ceux où j'oublie tout.

Aujourd'hui, je peins mes cartons à l'acrylique, conservée dans des pots fermés, la peinture moisit un peu.

Cette odeur d'humus qui sort de l'acrylique est une partie de l'attraction que j'ai à le prendre à pleines mains.

L'autre partie de ma trace odorante est en Bretagne :

Enfant, je n'avais pas droit au mot merde, l'interdit était absolu donc je ne me gênais pas et le soir, (le jour également dans les coins), loin des oreilles maternelles mais pas trop loin non plus pour la frayeur, j'en profitais à foison : merde, merde, merde, merde, merde, merde, merde, merde, merde, merde, merde... Si je disais 1000 fois «Merde» en me frottant les pieds l'un contre l'autre au fond du lit, le monstre, le grand Esprit – Jean Marais transformé en bête par Cocteau – mon premier film – ne viendrait pas me dévorer... Je conjurais le mauvais sort – je le conjure toujours en peignant la Grande Bête.

Et je me délectais jusqu'à ce que ce mot merde devienne abstrait et vide de sens.

Chez moi – je vivais seule avec ma mère – on ne disait pas non plus caca mais «hm ! hm !» (presque un reniflement) ça faisait plus chic et c'était idiot.

Ma mère, institutrice Freinet, me fit subir la répression sexuelle dont parle Claude Gaignebet dans son «Folklore obscène des enfants» (1974) : Bonjour les p'tits oiseaux, les fleurs et les bateaux sur l'eau, non aux bittes, au cul, aux nénés, à tout ce vocabulaire sexuel direct que je découvris à partir de cinq ans, extasiée, à Douarnenez où l'on parlait cru, une langue verte traduction directe du breton et où j'adorais ma première maîtresse de C. P., Mlle Nicolas, grand échalas forte en gueule qui savait me choquer disant à une élève à la bouche continuellement ouverte : «Fermez vot' boîte à merde, donc, ou les mouches iront chier dedans !» avec l'accent chantant – quel délice -

Toute petite, je me rattrapais sur les plages en cuisinant pendant des heures des flaques creusées dans le sable humide, onctueux comme la pâte à crêpes, ça sentait fort l'iode et la mer, tournées à la main elles apaisaient mes angoisses et me donnaient un plaisir sensuel extrême proche d'une perfection.

Je faisais partie du monde, la main plongée dans ses ouvertures.

Je trouve aujourd'hui le même plaisir érotique dans la peinture prise à mains nues dans les pots que je touille comme mes profondes marmites de sable – le sable humide c'est moi, la peinture également, je m'oublie en elle comme dans la nécessité de monter toujours plus haut sur les cartons pour peindre les grandes têtes.

Je cherche à donner aux spectateurs dont la présence me pousse, à entendre, à voir, à sentir et à partager une alchimie.

Travailler sur le lieu et non pas en atelier, est un aspect important de ma démarche : tu voyages et tu découvres que le monde est ta palette, tu invites les spectateurs à se joindre à toi, tu leur ouvres des portes ; tous ensemble nous participons à une fête, un «gai savoir».

Je n'aime pas peindre dans la limite étroite d'un cadre rigide. J'aime la peinture abordée debout, pieds nus sur le sol, mains nues sans intermédiaire, face à face avec une énorme surface à enduire, à vaincre.

J'étends mon champ d'exploration à la rue – aux banlieues, les jeunes adorent ça – nous peignons ensemble. J'acquiers une nouvelle indépendance – une existence.

La couleur est à la peinture ce que l'odeur est à mon corps

Recouvrement de l'odeur par le visuel.

J'ai choisi de laisser ma trace, des empreintes laissées dans le sable humide à celles de mes mains jetant et caressant les couleurs sur les objets récupérés.

Sur les cartons vus de près, la matière domine, rien de figuratif, sauf les spirales des vagues de couleurs révélatrices du vertige de l'infini.

La trace, trop physique, serait paraît-il dévalorisante... Cependant, les archéologues se disputent les traces de nos ancêtres dans l'argile.

Au «Que chaque démarche de mon esprit soit un pas et non une trace» d'Aragon, je préfère, «Que chaque démarche de moi-même soit une trace et un pas».

Autrefois on suivait à la trace, à l'odeur. L'empreinte de mon corps, laissée derrière moi sur les murs, les voitures, est devenue peinture passant par le dessin, l'écriture.

Acte loin de la perfection, on peut y lire les tâtonnements, la succession des phases, avec les erreurs, les rectifications, les ébauches spontanées.

La couleur appliquée sur une forme grossière qui participe à sa beauté.

La couleur est à la peinture ce que l'odeur est à mon corps. Elle me prolonge en épaisses et longues traces humides et brillantes jamais neutres, toujours verticales. Je suis donc debout, plus moi dans ce que je peins, lorsque je le peins, que dans mon corps même. Pourtant il est l'instrument idéal et si je n'avais pas mes mains, je peindrais avec les pieds, avec les fesses, avec le nez.

Comme l'acte de flairer, c'est une recherche physique, sensuelle et sexuelle, mais au contraire d'aspirer l'odeur pour l'avoir en moi, j'explose et extériorise ce qui est en moi et je le raconte en le déposant sur une surface, devant moi, cet acte physique me permet de dépasser le concret pour m'élever dans une pulsion mystique accompagnée par la musique. Je suis hors de moi – J'entre dans la vie en sortant de moi-même.

Référence bibliographique

GAIGNEBET C.
1974 *Le folklore obscène des enfants*, Paris, Maisonneuve et Larose.

Odeur d'atelier

Flo Villacèque

à propos de Daniel Spoerri

Je voudrais parler d'un artiste qui a une démarche créatrice à partir du goût et de l'odorat. Plus j'ai cherché à en savoir sur lui, plus il m'a intéressé. Il s'agit de Daniel Spoerri – peintre, «plasticien». Né en Roumanie en 1930 d'un papa converti au protestantisme, il veut se faire missionnaire au Tibet.

La lecture de «l'autosuggestion» du Dr. Coué lui a fait perdre la foi (!). Danseur à Berne, il crée le Ballet des couleurs – essai de transposition des couleurs en mouvement basée sur les recherches du psychologue Max Pfister-Terpis.

Il crée une revue «Material» – de poésie concrète et idéogrammatique : le jeu de la revue consistait pour le lecteur à suppléer la subjectivité laissée vacante par l'auteur – d'où effort de création du lecteur – est-il nécessaire que le poète impose sa vision subjective du monde au lecteur ? Il s'intéresse également aux happenings d'Allan Kaprow.

À 36 ans, il part vivre dans l'île grecque de Symi près de Rhodes.

Ses promenades en France lui inspirent un «Guide de la France Mystérieuse» :

«Ces cires, ces bois, ces décoctions, ces résines, ces terres, ces herbes qui sont les matières premières des sorcières et des medecine-men, (les os, les dents, les cheveux et les clous) qui furent prétexte à tant d'artistes de tant de siècles, de culture chrétienne ou non à les emballer, aujourd'hui exposés comme des chefs-d'œuvre».

L'homme a toujours attaché une importance à l'objet qu'il a touché, que les morts ont touché, que les dieux ont touché ou respiré – et quel objet n'est pas touché par les dieux ?

Crée des tableaux pièges exemple : «Magie à la noix», objet n°5, des fragments de poubelle, brûlés, mêlés à du thym, du laurier, sauge et romarin du jardin.

«Des situations trouvées par hasard en ordre ou en désordre sont piégées sur leur support du moment».

Le résultat est déclaré œuvre d'art : les restes d'un petit déjeuner mis sur une planche accrochée au mur – Musée MOMA (N. Y.)

En 1961 Spoerri adhère au groupe Le Nouveau Réalisme – Restany, théoricien du mouvement est intéressé par le jeu des substitutions phonétique de Charles Fourier – Avec Klein, Raysse, Tinguely, Arman, cherchant de nouvelles perceptions du réel.

Dans sa série de lunettes «L'optique Moderne», Spoerri expose en 1963 un Nose inhalator ou bouche-nez-percé où sont introduites deux boules odorantes à placer sous les narines (deux boules de naphtaline).

Il expose à Amsterdam ses tableaux-pièges, collection d'épices où le côté tactile prend également de l'importance – description de chaque objet pour un aveugle.

Au Stedeleijk Museum il crée un labyrinthe (Dynamic Labyrinth) obscur. Les spectateurs y sont soumis à des expériences sensorielles : surfaces humides, chaudes, sons, odeurs et textures variées. Aveuglés par des lunettes noires, ils devaient faire appel à leurs sens pour appréhender l'environnement.

À Londres au «Festival of Misfits» il crée des variations sur des repas, des aliments sont exposés, légumes, épices. Au côté visuel, tactile, s'ajoute bien entendu les sens du goût et de l'odorat.

Il transforme une galerie en restaurant le temps d'un vernissage.

En 1971 – exposition Intermédia à Heidelberg – il fit manger du goulasch de bœuf aux invités puis annonça que c'était du cheval puis finalement du bœuf. À la fin, écœurés ils s'arrêtèrent de manger.

Ces recherches sur le comportement, la différenciation ou la confusion du visuel, du sens olfactif et gustatif l'amènent à composer le «Banana trap dinner» au Festival d'Edimbourg. C'est un repas composé de plats travestis. Exemple : purée de pomme colorée servie comme une glace avec une sauce chasseur en guise de crème au chocolat chaud ! !

De ces préoccupations culinaires naissait l'Eat-art avec notamment la réalisation à Carigliano d'objets en pâte à pain.

Chaque artiste exposant utilisera le matériau de son choix pourvu qu'il soit mangeable.

Ces matériaux seront consommés ou pourriront. (Festin Cannibale de Spoerri et Lalanne).

Il bourre un pain d'ordures.

À suivre... à la trace...

Référence bibliographique

HAHN O.
1990 *Daniel Spoerri*, Paris, Flammarion.

Odeurs d'atelier

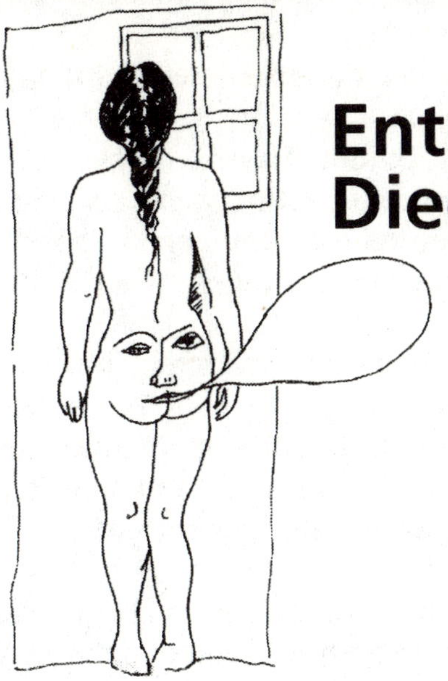

Entretien avec Diego Menendez

Jacqueline DIOT

Il s'agit de l'interview d'un peintre, Diego Menendez, dans son atelier à Conflans St Honorine.

Né à Buenos-Aires en 1956 Diego Menendez fait des études à l'Ecole Nationale des Beaux-Arts de cette ville et y acquiert le diplôme de Professeur National de Dessin et de Peinture. Il vit, travaille et expose en France depuis 1981. Ses œuvres, réalisées à partir de techniques mixtes : huile, acrylique, pastel, sérigraphie, ont souvent pour thème le corps de la femme. Sur des fonds travaillés se détache à grands coups de cerne le corps de la femme. Ses références sont : l'Expressionnisme, Egon Schiele, l'Art africain.

Au long de cette interview tout le discours de Diego Menendez va tourner autour de ces deux valeurs : le naturel et l'artificiel.

Diego utilise, pour peindre ses tableaux, d'une part des couleurs à l'acrylique, qu'il prépare lui-même avec différents pigments mélangés à un liant acrylique, d'autre part des tubes de couleurs à l'huile de lin, couleurs qu'il dilue plus ou moins dans un mélange à parties égales d'huile de lin et d'essence de térébenthine.

À l'huile de lin et à son odeur s'attachent les qualificatifs de naturel, de vivant, de sensuel et de noble.

À l'acrylique s'attachent les qualificatifs de synthétique, de plastique, d'artificiel, et cette substance provoque même une réaction franchement négative lorsqu'il ouvre un tube de couleurs à l'acrylique, réaction due à la présence d'ammoniaque dans ces tubes. «Ça pue l'ammoniaque» dit-il.

Par contre c'est un plaisir pour lui de respirer l'essence de thérébenthine.

Il y a d'autres odeurs au sein de l'atelier qui peuvent aussi subir cette hiérarchie des valeurs : ainsi le white-spirit, qui sert dans la pratique de la gravure, est moins noble que l'essence de térébenthine.

Il y a des odeurs qui sont franchement désagréables et même nocives mais qui n'acquièrent pas de valeur négative pour Diego, par exemple : le trichloréthylène utilisé dans la réalisation des transferts. Pour éviter «un mal de tête garanti» il porte un masque avec filtre.

À partir du moment où Diego peut rattacher une valeur naturelle à une odeur dite artificielle, cette odeur devient agréable, ainsi lorsqu'il me fait sentir le liant acrylique qui sert à préparer ses couleurs, ma première réaction est de dire que c'est une odeur désagréable, lui, au contraire, l'aime bien parce qu'il y trouve une odeur de noisette, même si cette odeur de noisette provient d'un colorant artificiel.

Cependant, chez lui, toutes ces valeurs semblent être transcendées par des valeurs affectives, ainsi un tube de couleur à l'acrylique, acheté à Buenos-Aires il y a une dizaine d'années, acquiert une bonne odeur lorsqu'il le débouche parce qu'un souvenir s'attache à l'acquisition de cet objet. L'achat de ce tube correspond à un moment privilégié entre tous puisqu'il s'agissait pour Diego «de la découverte totale de la peinture». De sa position subjective il nous dit ceci : «Je crois que mystérieusement toutes les choses qui touchent à mon rapport avec la peinture c'est un bon souvenir parce qu'il y a eu un moment intense et cette intensité continue à travailler».

De même les vieux tubes de peinture à l'huile achetés il y a une quinzaine d'années, déjà fortement valorisés par l'odeur de l'huile de lin qui devient de plus en plus forte à mesure du vieillissement des couleurs, sont surinvestis par la valeur de souvenir des premières huiles que Diego a eu de la main de son père, en l'état de vieux tubes à odeur forte et particulière appartenant à la jeunesse du père[1]. L'intervention de Diego pour charger le poêle à bois va faire glisser la conversation vers la chaleur et la lumière. «Le bois ça sent bon, ça a une autre chaleur» dit-il. Il oppose la chaleur narurelle du bois à la chaleur artificielle du chauffage électrique.

La lumière vient supplanter l'odeur dans les préoccupations du peintre. À la lumière au néon qui éclaire en partie l'atelier il oppose la lumière «avec laquelle je vis» et cette lumière du dehors, grise sous nos climats, l'entraîne vers d'autres lumières, celle du Brésil où les couleurs lui ont été données par la lumière particulière qui règne dans cette région du monde. Là se mêlent avec une égale intensité parfums de fruits exotiques et parfums de fleurs. Du Brésil nous allons par la pensée vers le Pérou et la cité mystérieuse du Machu-Pichu où dit-il «il faut y aller une fois dans sa vie, je sentais quelque chose de très fort» puis plus fort encore : Tuawanaco près du lac Titicaca «le mystère là y est complet, il y a des ruines, on ne sait pas d'où ça vient».

Une dimension nouvelle apparaît avec le côté évocateur des odeurs, cette dimension est intimement liée à la mère de Diego qui dit que les odeurs sont «le souvenir de l'âme», mais c'est lié aussi à Diego, petit garçon, voyant sa mère sortir d'un tiroir un flacon de parfum vide puis devenir soudain absente à l'enfant. «Pourquoi est-elle tellement attirée par ce parfum ?» se demandait le petit garçon et le mystère à cette époque restait entier.

Diego Menendez conclut cette interview en insistant sur le côté irrationnel et ambigu qui marque son rapport aux odeurs.

1. On note ici le rapport de l'odeur au temps et au souvenir du passé lié au père et à sa pratique de la peinture à ses moments perdus.

Du miasme à l'indice :
la métaphore osphrésiologique chez Giovanni Morelli

François Sauvagnat

> *Créon : Eh bien ! voici quelle réponse m'a été faite au nom du dieu. Sire Phœbos nous donne l'ordre exprès «de chasser la souillure (miasma) que nourrit ce pays, et de ne pas l'y laisser croître jusqu'à ce qu'elle soit incurable».*
>
> *Oedipe : Oui. Mais comment nous en laver ? Quelle est la nature du mal ?*
>
> (Sophocle, *Œdipe-Roi*, V. 95-98)

Il est communément admis que l'Italo-Suisse Giovanni Morelli a été un précurseur de Freud, qui écrivait lui-même dans son article anonyme sur le Moïse de Michel-Ange que la méthode de Morelli était à son avis particulièrement proche de la «méthode médicale de la psychanalyse». Cette affirmation a été reprise, avec diverses variations sur lesquelles nous n'avons guère le loisir de nous étendre ici, par des auteurs comme Edgar Wind, Carlo Ginzburg, et Richard Wollheim, et au contraire vigoureusement contestée par Jack Spector. Nous avons eu l'occasion à plusieurs reprises de montrer à quel point elle pouvait être justifiée. Mais par ailleurs, deux types d'influences ont été alléguées, comme étant à l'origine de la «méthode» celle, tout à fait incontestable de la paléontologie d'une part, à partir de quoi Ginzburg avait proposé de développer son «paradigme de l'indice», et d'autre part celle de ces théories de la trace que sont la graphologie, voire la physionomie, et là les choses nous semblent beaucoup moins assurées, Morelli lui-même s'étant élevé à plusieurs reprises contre des critiques qui faisaient explicitement fond sur ces disciplines. Par ailleurs, sa conception du beau est toujours restée une conception romantique, inspirée directement par Schleiermacher ou Wackenroder comme l'a rappelé récemment Jaynie Anderson.

Ce qui semble certain, étant donné l'état des recherches actuelles, est que l'inventeur de la «scienza dell'arte» s'est intéressé à l'art dès ses années de formation, c'est-à-dire le moment où recevant une formation scientifique il fait sa médecine, à Munich, puis se spécialise en anatomie à Erlangen, entre le milieu et la fin des années 1830, alors qu'il ne s'appelait encore que Johann Morell[1]. Ce double point de vue n'a rien en soi de surprenant ni de particulièrement choquant ; ce qui l'est davantage est la façon dont Morelli a pu tenter de faire converger ces deux domaines, au grand scandale d'un certain nombre de ses collègues, puisqu'il revendiquera pour sa méthode d'attribution une valeur «expérimentale». Il est bien clair en effet que sa position n'était en rien comparable à celle d'une conciliation relativement tranquille entre la pratique artistique et le souci scientifique, telle que la Philosophie de la Nature pouvait la prôner au tournant du siècle, par exemple chez Gœthe. Le tempérament morellien était incontestablement celui d'un provocateur, et d'emblée, la confrontation entre doctrines esthétiques et exigence scientifique est présentée par lui comme devant se faire au détriment des premières, et avec une certaine brutalité qui l'a fait qualifier par Freud de révolutionnaire. Lui-même n'hésitait d'ailleurs pas à écrire, en parlant des critiques qu'il pouvait exercer à l'égard de ses collègues, qu'il devait parfois, à l'instar de certains envahisseurs barbares, briser quelques crânes (Lermolieff, Iwan 1892). Cette violence, cette provocation, nous semblent avoir trouvé une première expression dans certains de ses écrits de jeunesse où déjà il associait d'une façon brutale appréciation artistique et méthodologie scientifique.

1. Il devait, par ardeur patriotique, italianiser son nom en 1848 en y ajoutant un i final.

Une source inédite de l'indice morellien

De fait la redécouverte d'écrits de jeunesse de Morelli (Jaynie Anderson 1991) nous entraîne dans une direction à la fois plus précise et plus étrange que ce que supposaient jusqu'à il y a peu les commentateurs de son œuvre, celle de rapports privilégiés qu'entretiendrait l'indice morellien, non plus simplement avec des domaines médicaux traditionnels comme l'anatomie osseuse, mais aussi avec certaines recherches biologiques développées au tournant du XIXe siècle, comme l'osphrésiologie, c'est-à-dire la science de l'odorat développée à la charnière du XVIIIe et du XIXe siècle. Non que le créateur de la *scienza dell'arte* ait songé à encourager, chez les critiques d'art, le développement du «flair» autrement que de façon métaphorique, mais cette métaphore, dans ce qu'elle peut avoir d'incongru et d'outrancier est porteuse d'une rupture par rapport aux méthodologies artistiques alors en cours, dont les particularités se développeront par la suite pour atteindre leur forme la plus achevée dans l'écrit de 1890. La gouaille du jeune Morell encore «adolescent», sa brutalité ironique à l'égard des critiques d'art est en effet appuyée par des références très orientées aux découvertes biologiques de l'époque, avec lesquelles il restera familiarisé jusque tard dans sa carrière. Cette ironie converge déjà, comme nous allons le voir, avec la question de la valeur des œuvres d'art, à tel point qu'on pourrait dire que c'est curieusement par la question du miasme que ce problème se trouve posé. Il faut alors remarquer que le jeune Morell est bien différent du sénateur bergamasque qui, près de quarante ans plus tard, fera de la paternité de l'attribution de l'œuvre une question urgente, à résoudre si on voulait prétendre s'approcher de la création picturale. C'est à ce problème que par la suite Morelli tentera de répondre de façon élaborée dans «Prinzip und Methode», en tentant de différencier plusieurs types d'indices d'inégale valeur. Mais au tournant des années trente, le questionnement prévalait encore sur la tentative d'établir une méthode ; et ce questionnement se guidait sur les recherches biologiques de l'époque, sans qu'apparemment, le jeune Morell ne se souciât aucunement de problèmes d'attribution.

Avant d'évoquer les textes du jeune Morell, récemment republiés, une rapide présentation de la problématique du miasme est nécessaire, puisque ce terme, balayé par l'avènement de la bactériologie, ne fait plus partie de la nomenclature scientifique actuelle[2]. En fait, ce terme est très lié, comme nous allons le voir, à la civilisation grecque antique à travers deux de ses aspects, la tragédie et les catégories religieuses qu'elle suppose d'une part, la médecine hippocratique d'autre part.

C'est à partir de la résurgence de la médecine hippocratique, telle qu'elle sera développée notamment par les écoles médicales de Bologne et de Padoue – écoles auxquelles Morelli fera directement référence -, que le terme va reprendre son essor à partir du XVIIᵉ siècle, pour être repris par les langues européennes, avant de disparaître avec les développements de la recherche biologique.

Du crime de sang au miasme médical et retour

Nous intéresser à la médecine hippocratique suppose que nous nous attachions un court instant à des questions de vocabulaire.

Le terme *miasme* connait, en grec ancien, deux types d'occurrences.

D'une part, il appartient au vocabulaire héroïque et religieux, et Bailly le traduit par «souillure provenant d'un meurtre», et en particulier d'un crime de sang ; les références de ce sens sont nombreuses, tant chez Eschyle (Les Euménides) que chez Euripide ou Sophocle. Chez ce dernier, c'est par exemple la peste déchaînée sur Thèbes qui est considérée comme conséquence directe du «miasme que nourrit ce pays» dans Œdipe Roi (vers 97). Ou encore, dans le même texte, Œdipe qui demande qu'on jette hors des maisons le *miasme,* c'est-à-dire la souillure qui s'incarne dans le coupable. Enfin, vers 313, Oedipe demande à Tirésias de «nous sauver de la souillure que peut infliger le mort». Ce sens est nettement confirmé par le vocabulaire de composition, ainsi *miaophonéo* signifie commettre un meurtre, *miaiphonia* désigne la soif du sang, et *miaiphonos* est une des épithètes d'Arès, dieu de la guerre. Le terme dérive du verbe *miaino* (par le parfait à redoublement *memiasma)* qui signifie au départ soit teindre (sens qu'on trouve dans l'Iliade, 4, 144, où il s'agit de teindre en rouge vif, *phoiniki*), soit souiller. L'auteur d'une telle souillure est dit, suivant la même racine, *miastor*[3]. En

2. Ainsi Tirésias réplique-t-il, pressé de questions, à Oedipe, que c'est lui-même qui est *gês têsde anosio miastori,* «l'être impur qui a souillé ce pays».

3. Ramazzini (1713), *Essai sur les maladies des artisans* (A. Corbin 1982).

revanche, le terme *miasma* ne semble plus guère attesté à partir de l'ère chrétienne ; dans la traduction grecque de la Bible (dite des Septante), c'est le terme *miansis* qui apparaît plus volontiers (par exemple, Lévitique 13,14), mais par ailleurs les pères de l'Eglise (comme Porphyre de Tyr (233-305) dans son *De l'abstinence*) emploient fréquemment le verbe *miaino* dans le sens de souiller, polluer moralement, notamment par des pratiques païennes. Mais par ailleurs, pour en rester au vocabulaire tragique, il n'est guère indifférent que le terme ainsi que ses composés et dérivés s'applique tout particulièrement, dans le contexte de la tragédie, au meurtre le plus abominable, celui de proches parents.

Le deuxième sens est le sens médical, d'infection propagatrice de maladie. La référence la plus importante est probablement ici Hippocrate et son traité *Des vents* (D. Gourevich, M. Gremek et P. Pellegrin 1994). Dans ce traité, Hippocrate affirme la chose suivante (p. 585) : «En définitive, les vents sont, dans toutes les maladies, des agents principaux». Il tente de montrer que les vents internes et externes jouent un rôle dérégulateur dans des maladies aussi variées que l'épilepsie, l'apoplexie, l'hydropisie, les ruptures, les fluxions et hydropisies, les iléus et les tranchées, mais aussi et surtout des fièvres. Deux modalités morbifiques des vents sont décrites, d'une part l'excès ou le défaut, et d'autre part la «souillure (littéralement, le fait d'avoir été souillé, *memiasmenon)* par des miasmes morbifiques». Ainsi (*op. cit.*, p. 578), «Lors donc que l'air est infecté des miasmes qui sont ennemis de la nature humaine, les hommes sont malades ; quand au contraire l'air devient impropre à quelque autre espèce animale, c'est celle-là qui en est frappée.» Il s'agit là d'un sens technique, avec toutes les particularités de la médecine hippocratique, qui tentait expressément de réintroduire une explication «naturelle» dans un domaine très marqué de connotations religieuses au sens, précisément où dans son ouvrage sur *Le mal sacré*, Hippocrate commence par expliquer qu'à son avis, cette maladie n'a strictement aucun rapport avec les dieux. Dans cette acception, le terme est donc débarrassé de toute connotation morale ou religieuse. Il n'est peut-être pas impossible que ce sens technique, médical, l'ait en quelque sorte emporté dans le vocabulaire post-tragique dans le terme *miasma*, et que le sens religieux ou moral se soit concentré sur le verbe *miaino* et ses divers dérivés.

Le terme ne semble guère avoir donné de rejetons dans les langues vulgaires, et ne réapparaît que lors d'emprunts tardifs au latin ou au grec technique – pour ne reprendre le sens tragico-religieux que dans des œuvres littéraires.

Lorsque le terme miasme est réintroduit, au XVIIIe siècle par la médecine italienne, il a le sens technique d'«exhalaison fétide provenant de substances en décomposition (en particulier des eaux stagnantes et marécageuses) diffusé dans l'atmosphère et considérée (...) comme cause d'infections épidémiques ; vapeur dense qui infecte l'air, émanation méphitique. On trouve aussi émanation pestilentielle générée par les corps malades ; influx contagieux.» Force donc est de considérer que c'est le sens strictement médical qui prime alors.

Nous trouvons une telle conception du miasme toxique chez Ramazzini, un auteur qui sera directement cité par le jeune Morell. Ce médecin padouan, qui est considéré comme le créateur de la médecine du travail, avait formulé le projet, au début du XVIIIe siècle de constituer une histoire naturelle des odeurs. Dans sa description des maladies et risques professionnels, il dénonce en particulier les méfaits liés à certaines odeurs, comme celle de certains puits, développant une «vapeur métallique qui s'exhale du marbre, des tufs et de certaines pierres, et qui attaquent manifestement les narines et le cerveau» ; plus dangereuse encore est l'odeur qui s'exhale de la pierre de touche ; près du mont Zibinio, Ramazzini avait su discerner à plus d'un mille de distance les émanations fétides du pétrole qui infecte les ouvriers (Corbin, 1982, 26). À cette préoccupation pour les émanations dangereuses s'associe à l'époque un intérêt croissant pour la reproduction, en tant que celle-ci, *via* la question de la génération spontanée, est mise en rapport avec celle des effets de la putréfaction (Rostand 1945).

Néanmoins, ces conceptions supposant une infection directe par l'odeur marquent le pas à partir du début du XIXe siècle, au fur et à mesure que les recherches s'affinent. En France, au sein de l'Institut, les philosophes forment, jusqu'en 1803, la section «analyse des sensations et des idées». On assiste à cette époque à des tentatives de définitions et de classifications des odeurs, par des chercheurs aussi considérables que Linné[4], Haller, Lorry, Virey.

4. Selon Linné, il existait sept «sections principales des odeurs» : aromatiques (fleurs d'œillets, feuilles de laurier) ; fragrantes (fleurs de tilleul, lis, jasmin) ; ambrosiaques (ambre, musc, allimum moschatum) ; alliacées (ail, assa fœtida, sucs gommo-résineux,) ; fétides (odores hircini) comme celle du bouc, du gan satyrion, de l'arroche puante ; odeurs repoussantes (odores tetri, œillets d'Inde, solanées) ; odeurs nauséeuses, fleurs de Veratrum, de Stapelia variegata, etc.

Un point tournant de cet intérêt pour les odeurs dans le domaine médical va être l'ouvrage de Cloquet *Osphrésiologie* (1821), qui couvre à la fois l'étude anatomophysiologique du nez et des organes de l'olfaction, et de l'autre une étude des odeurs, tant du point de vue de leurs classifications que de leurs propriétés en tant qu'indices. D'un côté, Cloquet reconduit l'intérêt pour les classifications et les études des odeurs qui avait tant marqué le XVIIIe siècle ; il va jusqu'à citer les cas d'infections collectives par des odeurs, qui sont tout à fait dans la tradition de la théorie hippocratique du miasme ; mais par ailleurs, il appartient à l'époque de Lavoisier, pense en terme de *calorique*, refuse l'idée d'un «esprit recteur» (proposé par Boerhaave) qui «constituerait pour ainsi dire la matière des odeurs» (Idem : 69). «Huyghens, et Papin, rappelle-t-il, ont montré que sans air, l'odeur ne peut pas se transmettre». Ainsi une rose «mise sous vide, garde toute son odeur pendant deux semaines ; si on ouvre le bocal, l'odeur se dissipe totalement en deux heures». En fait, l'étude médicale des odeurs apparaît au début du XIXe siècle, remplie d'incertitudes, puisque une bonne partie de ce qu'enseignait la tradition s'est révélé sujet à caution, notamment les pratiques de fumigation dans l'hystérie. Mais, dans l'ouvrage de Cloquet, l'aspect le plus certain consiste curieusement dans les propriétés diagnostiques des odeurs. Sur ce point, Cloquet est intarissable, même s'il doit reconnaître que ce type de symptomatologie est des plus repoussants qu'il soit. Un point lui apparaît essentiel les odeurs les plus certaines sont les plus désagréables, celles qui attestent d'un diagnostic fâcheux. Les références de la littérature de l'époque sont à ce propos inépuisables, montre-t-il. Ainsi par exemple : «Quelques médecins ont ainsi porté de fâcheux pronostics, qui ont été confirmés, en sentant une odeur terreuse s'exhaler du corps de leurs malades». Ces sécrétions désagréables sont en fait un signe indubitable, tant dans la troisième période de la phtisie pulmonaire, dans les fièvres gastro-duodénales etc.

À un moment où la théorie du miasme, devant les progrès dans l'analyse des gaz, tend à s'estomper, un des derniers bastions, si l'on peut dire, de l'odeur reste donc le diagnostic. Cloquet concluait cette partie de la façon suivante :

«Hippocrate a donc raison de ranger les odeurs au nombre des signes des maladies[5], et, comme on le voit d'après ce qui précède, c'est un moyen de séméiotique que l'on n'a point négligé d'employer, même dès les temps les plus anciens si l'on avait besoin de preuves, on en serait inondé en seulement un coup d'œil sur les écrits des médecins observateurs de chaque siècle. Mais une cause qui empêche la connaissance de ce signe d'être aussi souvent mise en évidence qu'elle le mérite, c'est que presque toutes les odeurs que le médecin doit faire connaître sont désagréables, et que la plupart du temps nous en fuyons avec soin l'impression, à cause de l'horreur que nous avons pour tout ce qui est infect. Disons seulement que l'importance de ce moyen est bien grande, et que, dans plus d'une circonstance, il a pu guider l'homme de l'art, dans l'exercice de sa profession[6].»

Ce qui est tout à fait frappant ici est que, au moment où la théorie des odeurs semble marquer le pas dans la réflexion scientifique, c'est la référence au diagnostic qui vient au premier plan, et en particulier au diagnostic fatal. L'odeur *qui ne trompe pas* réfère alors avant tout au corps en décomposition, promis à la mort certaine[7], se rapprochant paradoxalement au premier sens, tragique, du mot miasme que nous avons explicité ci-dessus. C'est, nous semble-t-il, à ce résidu de certitude que vont renvoyer avant tout les références faites par Morelli aux odeurs dans ses œuvres de jeunesse.

La critique ridiculisée dans Balvi magnus

En 1836 paraît à Munich en 25 exemplaires, sans nom d'auteur, mais avec une gravure représentant «les corps (Leiber) du peintre et de l'écrivain», un petit opuscule tout à fait dans la tradition des pastiches

5. Ledel, 1656, sec. 1, p. 7.

6. En 1752, Frid. Langer, sous la présidence d'And. Elie Buchner, a soutenu une thèse assez intéressante : *De olfactûs ad capienda signa usu*, Halae Magdeburgiae, in 4 – En 1760, Samuel Ziervogel a soutenu à Upsal, sous la présidence d'Aurivillius, une autre thèse, *De naribus internis*, où l'on trouve le développement d'une proposition, qui se rapporte au sujet que nous traitons : *Naribus valere admodium conducit medico.* .

7. L'importance de l'odeur de la mort est centrale dans d'autres cultures comme par exemple chez les Ajië de Nouvelle Calédonie (*cf.* supra, 2, De la Fontinelle, J. (note des éditeurs)).

estudiantins. C'est en fait la première publication, déjà sous pseudonyme, de celui qui s'appelait alors Johann Morell. Le titre de l'ouvrage est *Balvi Magnus, das ist kritische Beleuchtung des balvischen Missales*, dont le titre est flanqué de la citation *Ex ungui leonem* [8] [c'est à sa griffe qu'on reconnaît le lion], traduite en allemand de façon grotesque «c'est à la coquille d'escargot qu'on reconnaît l'escargot» (sic). Cette œuvre relève d'une forme littéraire qui est celle de la farce d'étudiants, et reprend bien entendu un certain nombre de modèles, dont le plus récent était une paraphrase de la nef des fous (*Das Narrenschiff*), *Das Narrenhaus* (la maison des fous) par Kaulbach, avec un commentaire de Guido Görres, suivi d'«idées sur l'art et la folie», en 1835. Dès le frontispice, l'ambiance est donc à la farce, et avec cette référence à un animal sur la sexualité duquel des générations de biologistes devaient s'interroger, la question des indices est ouverte ! L'ouvrage affecte de présenter une découverte de Bellori [9], celle d'une peinture étrusque sur un vase antique. Il s'agit en fait d'un dessin représentant le jeune Johann Morell avec une société d'étudiants dont il faisait partie (surtout des artistes), sortant d'une taverne et célébrant les mérites de la célèbre bière munichoise Pschorr. L'auteur signale que les plus grands critiques d'art débattent déjà à n'en plus finir sur l'interprétation iconologique à donner de cette œuvre ; en particulier,

8. Cette sentence latine semble être du Bolonais Baldo, inventeur de la graphologie au XVIIe siècle ; elle a été reprise par Gœthe dans son ouvrage sur la formation des plantes et des animaux. Elle a été utilisée par Morelli dans son ouvrage sur les galeries de Berlin : «S'il est vrai, comme l'affirment les zoologues, qu'on puisse reconnaître *ex ungue leonem*, alors je prie mes honorables contradicteurs de bien vouloir regarder aux pieds de sainte Lucia des ongles méprisés à grand tort car caractéristiques du peintre en question» (41).

9. Giovanni Pietro Bellori, principal inspirateur du néoclassicisme et de la conception «corrective» de l'imitation, est présenté de la façon suivante par Erwin Panofsky dans Idea : «L'homme qui, dans un discours académique prononcé en 1664 et utilisé plus tard comme introduction de son ouvrage intitulé *Les vies*, s'efforce de donner à cette thèse [selon laquelle les œuvres de l'art antique sont 'naturelles' parce qu'elles imitaient une réalité 'épurée ou ennoblie'] un fondement systématique, est, en matière d'art, le chercheur et l'archéologue le plus réputé de son temps. Il ne s'agit plus ici d'un artiste écrivant sur les choses de l'art, mais selon l'expression caractéristique de notre époque, d'un «critique d'art» et d'un spécialiste (...). Or c'est à nouveau la notion d'idée qui sert de fondement et de support à ses conceptions et qui trouve chez lui une dernière, et, en un sens, définitive formulation (...)» (Panofsky, 1983). Winckelmann sera considérablement influencé par Bellori. D'une certaine façon, comme nous allons le voir, cet idéal sera également partagé par Morelli, malgré sa théorie de l'indice.

Winckelmann et Richardson[10] sont, avec Bellori, «d'accord qu'il s'agit d'une bacchanale» ; Lessing, en revanche, estime ne pas pouvoir se prononcer ; enfin, A. W. Schlegel a repris le problème de fond en comble : pour lui, il ne saurait s'agir que des noces de Cana. Cette entrée en matière semble donc annoncer les travaux ultérieurs de Morelli, tendant à ridiculiser la critique, ne serait-ce que par la référence à l'étruscologie, mais d'une façon qui en fait jouer toutes les facettes. Tout se passe comme si Morelli ne pouvait faire autrement que récapituler les précurseurs de la théorie romantique de l'art, pour tenter d'en faire apparaître un en-deçà qui en dirait enfin la vérité. Mais ce qui est caractéristique de cette œuvre de jeunesse, est qu'elle ne s'attaque pas encore à l'attribution des œuvres, mais aux interprétations faites à propos d'une œuvre dont l'auteur est donné comme connu.

Morelli lui-même se représente dans cette fresque comme un «lévrier» – c'est-à-dire un animal dont l'odorat est beaucoup plus puissant que la vue – «toujours aux aguets». Par la suite, la métaphore cynégétique sera omniprésente chez Morelli et a fixé une sorte de style haché[11], dont nous trouvons un équivalent atténué chez certains de ses successeurs.

Par ailleurs, les divers protagonistes de cette joyeuse bacchanale sont décrits comme susceptibles de diverses transformations biologiques telles qu'un arrêt de développement, une mort apparente alors que la vie de l'individu se maintient sous la forme d'un œuf, dont le développement entravé sera brutalement réamorcé par un événement brutal. Ainsi d'un des acolytes figuré dans la «fresque», nommé plaisamment Gottfried Umbillicus et donné comme ayant été décrit longuement par Ramazzini, voit-il son développement arrêté au stade de l'œuf, puis réveillé, alors qu'il baigne dans le formol depuis plusieurs années, par l'incursion d'une horde de barbares – thématique que nous verrons réapparaître fréquemment dans l'œuvre de

10. Jonathan Richardson a été un des premiers à tenter de rationaliser la «conoisseurship», notamment dans son «Argument on Behalf of the Science of a Conoisseur», au début du XVIIIe siècle. Néanmoins, la méthode de Richardson, très inspirée de Locke, ne concernait guère la question de l'attribution des œuvres : elle se concentrait surtout sur une méthode objective, rationalisée à l'aide de grilles de cotation, tendant à évaluer les mérites d'une œuvre donnée.

11. Ce que j'ai appelé le «style correction de catalogue», que Morelli avait en fait emprunté à celui qu'on peut considérer comme son véritable maître, Otto Mündler. Voir à ce propos Sauvagnat, 1994.

Morelli qui se qualifiera volontiers de «barbare des steppes».

Mais si la première œuvre du jeune Morell nous faisait ainsi assister à une dévalorisation en règle de la critique d'art traditionnelle, sa deuxième œuvre, faisant intervenir directement la discipline osphrésiologique, introduira d'emblée à une éthique de l'indice. Nous en restituerons brièvement le contenu, pour mettre en perspective avec la position éthique développée ultérieurement par Morelli.

Miasma diabolicum pour une éthique de l'indice

C'est à Erlangen, où il se spécialise en anatomie comparée, que Morell écrit son deuxième livre, *Das Miasma diabolicum, das ist ein Aufruf an die christlich germanischen Gemeinen von Traugott Gotthilf Schneck, mit Hülfe der christlichen Brüder Dr Jonathan Kappelmeier, Physicus, und Fürchtegott Munkeler, Apotheker, herausgegeben mit Anmerkungen und einem gedrängten Lebensabrisse Schneck's versehen durch Nicolaus Schäffer, cand. theologiae* (Strasbourg 1839)[12], qui se présente comme une prédication, un «appel aux communautés chrétiennes germaniques», contre une mystérieuse épidémie risquant d'empoisonner le corps et l'âme des bons chrétiens. En fait cet ouvrage est à plusieurs points de vue programmatique de la «lermolieffmanie» qu'il lancera par la suite, tout en présentant de façon grotesque un certain nombre de points de vue «éthiques» sur lesquels Morelli ne variera presque pas par la suite.

À l'origine de cet ouvrage se trouve une controverse entre d'une part Schleiermacher, pasteur protestant et un des principaux tenants du romantisme, qui militait en faveur d'une religion de la raison, où les sciences de la nature seraient la composante essentielle et dont le fondateur aurait été Socrate lui-même («*Über den Werth des Sokrates als Philosophen* «), et d'autre part des protestants fondamentalistes. Or Morelli respectait Schleiermacher par-dessus tout, et abhorrait ces groupuscules protestants, notamment les «Mystiker», qui étaient très nombreux à Erlangen. Le fond de la doctrine de ces «Mystiker» était une critique de la religion des lumières, et leurs cibles principales étaient Raphaël – peintre des femmes – et Shakespeare, tous deux très appréciés des romantiques. L'ouvrage réa-

12. Réédité in J. Anderson, 1991.

lise en fait une assez lourde parodie des thèses de cette secte protestante. Mais tout se passe également comme si, à travers cette satire, Morelli mettait en scène les questions d'éthique de l'indice qui devaient l'occuper par la suite pendant de longues années.

L'ouvrage commence par un sermon sur les «faux dieux des fils de la terre», c'est-à-dire le savoir et les arts. Il annonce une nouvelle découverte à propos d'une nouvelle pestilence, le «miasma diabolicum», qui menace les âmes et les corps des vrais chrétiens. Mais avant cela, l'auteur veut condamner certains intérêts mondains pour les plaisirs de la chair, contraires à la saine nature de la confraternité allemande. Il est un point sur lequel il insiste par-dessus tout : «*rien de plus étranger au christianisme que l'étude de l'ancienne littérature païenne, de Socrate et des fausses divinités, Shakespeare et Raphaël*». Tout se passe comme si la «littérature païenne» était donc mise sur le même plan que le «miasme», à une époque où précisément la question des miasmes est en train d'être remise en question en tant que question scientifique.

Dans *Miasma Diabolicum*, le héros, Schneck[13], a l'obsession de reconnaître précisément ce qui appartient à Dieu ou au Diable, et il développe une méthode basée sur l'olfaction. La secte protestante des *Mystiker*, prétendant pouvoir différencier les bons chrétiens par certains signes de leur visage, est donc ridiculisée de cette façon. Cette méthode sert, explique Schneck, à reconnaître les bons chrétiens, car ceux-ci exhalent une odeur particulière, évoquant le parfum des roses. Suit une longue étude physiologique et des plus macaroniques sur le système respiratoire, due au Dr Jonathan Kappelmeier, qui doit permettre de repérer la nature fondamentalement différente des bons chrétiens et des hommes impies: la forme de la trachée, des bronches, du larynx, est particulière chez ces derniers ; en outre une recherche minutieuse individualise dans la partie interne du ventricule de Morgagni des «*glandulae diabolicae*» observables avec un microscope d'une capacité d'agrandissement de 2000 fois. À leur surface, on trouve une vésicule d'allure particulière, et à l'intérieur un corpuscule rouge vif, contenant un produit noir ; cette vésicule est l'organe qui sécrète le *miasma diabolicum*.

L'ouvrage se poursuit avec une description d'une sorte de sca-

13. *Schneck* veut dire escargot ; nous retrouvons donc ce personnage caractéristique, déjà cité dans le frontispice de *Balvi Magnus*.

phandre permettant aux bons chrétiens de se garder des miasmes diaboliques sécrétés par les infidèles ; deux modèles sont décrits, un pour adultes, et un pour enfants.

La vieille notion de miasme supposait que la sensation olfactive livre directement la «substance» même du gaz, et donne notamment des indications précises et directement sensorialisées sur son degré de nocivité. La plupart des considérations des hygiénistes à la fin du XVIIIe siècle, comme l'a montré A. Corbin (1982), reposaient sur cette notion, qui leur permettait de juger a priori du degré de pollution de tel ou tel quartier de la capitale à partir des odeurs qui s'en dégageaient. Les travaux des hygiénistes de l'époque reposaient avant tout sur une étude scientifique de l'odeur, non pas tant du point de vue de l'agrément ou de l'incommodité dont seraient gratifiés certains voisinages, mais parce qu'on pensait qu'il était possible de faire l'histoire naturelle des odeurs. Les scientifiques de l'époque étaient en effet convaincus que l'olfaction était susceptible de livrer un accès direct à l'analyse de la matière. Or la série de travaux allant de Stahl, avec l'invention de la théorie du philogistique, à Lavoisier, qui ouvre la possibilité d'isoler les différents composants de l'air, s'opposaient diamétralement à ce type de programme. L'olfaction ne comptait plus pour rien dans les diverses opérations servant à mélanger ou à séparer ce qui est devenu rien de plus que des composants chimiques mesurables. À partir de la fin du XVIIIe siècle, la mesure, dans le domaine de l'étude des gaz, remplace la sensation, *exit* le miasme, et toutes ses connotations de génie malfaisant. Néanmoins, dans les domaines des sciences appliquées, comme par exemple en médecine, l'odorat conserve une importance primordiale, et sera à plusieurs reprises au cours du XIXe siècle l'objet de théorisations[14] ; il reste en outre le premier indice «immédiat» de la présence d'un gaz. Le jeune Morell témoigne en quelque sorte de cette disparition «théorique» de la substantification, de la «diabolisation» de l'odeur, lorsqu'il ridiculise de cette façon la secte des *Mystiker*, qui prétendaient repérer les bons chrétiens à partir de particularités corporelles. Mais tout se passe aussi comme si, par ce moyen dont Morelli grossit le caractère réactionnaire, il s'agissait de protester contre une déconnexion

14. Un des derniers exemples – peut-être le dernier – est ce psychanalyste, cité par J. Lacan dans «La direction de la cure», qui prétendait régler sa pratique sur des phénomènes olfactifs (Lacan, J. 1966).

de l'éthique et des perceptions sensorielles voulue par l'esprit du temps, notamment à travers ses tendances «empiristes». C'était pour donner un sens nouveau, un sens «progressiste» à ces nouvelles données scientifiques que l'ennemi direct des protestants traditionalistes, le pasteur Schleiermacher, très influencé par les Lumières, avait tenté de promouvoir une nouvelle sensibilité ; il admettait Socrate comme prédécesseur direct du Christ, et, semblait accuser les *Mystiker*, considérait la peinture italienne – dont la sensualité répugnait à ces esprits puritains – et l'art de la Renaissance en général comme paradigme du caractère divin de la beauté. Les *Mystiker*, eux, proposaient de promouvoir une sensibilité inverse, révoquant en doute tout sentiment esthétique pictural, en révoquant la thématique séculaire du miasme.

Ethique et pseudonymes

Tout se passe comme si ce progrès scientifique ouvrait donc un nouveau chapitre de la mimésis ; il s'agit pour cette secte fondamentaliste de restituer une forme de dégoût, faisant équivaloir la pollution par le miasme et l'induction au péché par le regard. Ici comme dans bien d'autres circonstances, l'épidémie est invoquée comme châtiment des péchés, comme résultat d'une action diabolique.

Shakespeare est blâmé «*pour n'avoir jamais mis le pied dans une église*», et Raphaël pour son goût effréné de la luxure. Les madones de Raphaël, explique l'ouvrage, ne sont que des visions de femmes italiennes d'une beauté corporelle trompeuse. C'est en particulier le cas de la Galatée, ou encore des Amours de Cupidon et de Psyché à la Farnesina, où toute l'impiété du peintre, marquée par son amour charnel pour la Fornarina, est visible de tous[15].

Mais qu'en est-il de la position du jeune Morell ? Si dans un premier temps on peut penser qu'il ne fait que critiquer uniment les *Mystiker* pour leur étroitesse d'esprit, il est néanmoins frappant de voir que l'odorat renvoie également au fait de débusquer les indices, et l'identification au lévrier, évoqué précédemment, n'est certainement pas indifférente. En outre, nous avons montré que Morelli se présentera par la suite comme une

15. Sur la position ultérieure de Morelli concernant Raphaël, *cf.* Sauvagnat, 1993.

sorte de moraliste des indices, exigeant que ceux-ci servent exclusivement et secrètement au repérage du *génie* de l'artiste. Et non pas à subodorer quelque particularité infâme ou croustillante de ses mœurs, ou à flatter de quelque autre façon les bas instincts du peuple. D'une certaine façon, on peut donc voir que les *Mystiker*, ici mis en scène de façon grotesque, incarnent en quelque sorte une figure du surmoi que Morelli sera loin de répudier par la suite. Selon un mécanisme typiquement adolescent, pourrait-on dire, le jeune Morell commence par isoler avec ironie ce à quoi il finira par s'identifier dans la suite de son existence, une éthique de l'indice qui, après un renversement de perspective survenu dans les années quarante à la suite d'une véritable initiation par des critiques d'art comme Mündler, le convaincra que la question de l'attribution des œuvres peut être réglée grâce à une méthodologie indiciaire.

Cette position complexe est en quelque sorte attestée par la façon dont l'ouvrage est signé. Le texte lui-même est signé par T. G. Schneck (escargot), avec l'aide des frères chrétiens Jonathan Kappelmeier (maître de chapelle), physicien, et de Fürchtegott Munkeler, apothicaire. L'ensemble est édité par Nicolaus Schäffer, étudiant en théologie – c'était déjà le pseudonyme du jeune Morell dans *Balvi magnus* -, qui a ajouté également un abrégé de la vie de Schneck, dans laquelle il précise qu'il aurait fait le serment à ce dernier, sur son lit de mort, de publier l'ouvrage. Mais à la fin de l'ouvrage, est présentée une critique écrite par un Dr Arnulf Dunpf – *dumpf*, appliqué comme adjectif à une odeur, signifie moisi, une odeur de *renfermé* – qui explique que le véritable auteur est Schäffer et non Schneck, Kappelmeier ou Munkeler, que c'est une farce ignoble, que l'auteur devrait apprendre à écrire, et que de telles façons de critiquer la religion sont intolérables. Schäffer réplique à la suite que l'auteur de cette critique est visiblement un païen, un ennemi de la vraie religion. Tout se passe donc comme si – certes ironiquement, mais on peut se demander jusqu'à quel point – le jeune Morell reprenait donc à son compte le combat moral des Mystiker.

En fait, les connotations proposées par Morelli à l'indice ne sont donc pas seulement en rapport avec l'anatomie comparée, comme cela a été largement soutenu ; si on suit les associations d'idées concernant l'«inesthétique» chez Morelli, on aboutit assez rapidement au «*miasma diabolicum»*, c'est-à-dire à des formes élémentaires de la vie dans ce qu'elles auraient de plus grouillant, et de plus inquiétant, un virus, une épidémie, par quoi s'affirme une forme quelque peu tératologique du désir de savoir, dont il semble tout de même avoir revendiqué l'aspect assez peu académique.

L'indice comme «mal nécessaire»

Même si, au départ, Morelli se souciait peu d'attributions exactes, un renversement se produira chez lui à partir de la fin des années quarante, mettant au premier plan cette thématique. Nous avons montré ailleurs que ce renversement correspondait à la promotion chez lui de valeurs patriotiques et à la modification de son patronyme.

Il semble que la thématique «osphrésiologique» fasse retour à ce moment-là comme appui à la thématique de l'attribution exacte, comme devant caractériser l'indice dans sa nécessité – et donc dans son caractère «radicalement» inesthétique.

L'osphrésiologie entrerait donc à nouveau en scène, dans l'élaboration morellienne, comme point limite, comme puanteur nécessaire venant placer le critique devant ses responsabilités éthiques tout d'abord, ne pas faire à un peintre l'injure de le prendre pour un autre, et ceci suppose, si l'on peut dire, de mettre le nez sur les particularités des détails de ses œuvres, comme les ongles, les ailes du nez, les bouts des doigts... même si ceux-ci ne sont a priori pas très esthétiques. En outre, l'odeur renvoie à une sorte de contact direct plus ou moins mystique avec le peintre, l'odeur, c'est par excellence, du point de vue médical, l'odeur annonciatrice de la mort ou de la guérison, seules indications que peut transmettre fidèlement une odeur selon Cloquet (1821). Enfin, à partir du moment où un tableau a été mal attribué, une sorte de crime de sang a été commis, dont l'odeur maléfique se répand comme la peste – comme les miasmes, c'est-à-dire étymologiquement ce qui a été souillé par un crime de sang (voir dans Œdipe Roi). Cette thématique du crime commis par le critique d'art lorsqu'il attribue une œuvre à un peintre qui n'a pas pu la créer deviendra une constante chez Morelli. Les premiers morelliens, comme Eastlake, feront eux-mêmes le rapprochement avec le fait que Morelli avait perdu son père très jeune, et que de cette façon, les grands peintres pouvaient d'une certaine manière être pour lui des équivalents du père mort, torturé dans l'éternité par des injures faites à son nom. On peut donc penser que la thématique «osphrésiologique» du jeune Morell, associée comme nous l'avons vu à la thématique de l'engendrement biologique, renvoie à un cheminement encore informulé, inconscient, de cette problématique paternelle. Cette formulation sera «définitive» à partir de la publication en 1874 de la série d'articles sur les galeries de Rome dans les Lutzow's Archiven.

Par la suite, l'usage nécessaire des indices «inesthétiques» mais ayant une valeur d'identification sera régulièrement opposé par Morelli à l'usage vulgaire, dévoyé, de certains détails. Par exemple dans le goût de certaines miniatures de la tradition baroque allemande où les imperfections cutanées et la pilosité sont représentées et exagérées, ou chez certains peintres italiens, par qui certaines parties corporelles impures sont mises en valeur pour plaire aux goûts dépravés du peuple, ou encore dans la peinture de genre où des détails familiers et dégoûtants sur lesquels l'artiste a mis l'accent ne font ainsi que renforcer cette tendance au dévoiement de l'indice.

L'influence de Schelling

Mais comment comprendre que cette doctrine de l'indice ait pu s'intégrer dans une esthétique qui faisait incontestablement partie de l'époque romantique ? Pour Morelli, l'artiste de génie était celui qui savait se mettre au niveau de Dieu. Mais il faut tenir compte d'un autre facteur : Morelli était un grand admirateur de Schelling, qu'il cite à plusieurs reprises dans sa correspondance, et c'était le cas d'au moins certains de ses maîtres. Or, une des particularités essentielles de la philosophie schellingienne est son étrange théorie du fondement, du *Grund*. C'est peut-être, comme l'a souligné Miklos Vetö (Sauvagnat 1995), la première philosophie théologique qui, en s'inspirant de la Kabbale d'une façon différente des influences qui avaient jusqu'alors pu filtrer dans la philosophie allemande, inclut une théorie du fondement selon laquelle Dieu lui-même est dépendant de la détermination par le *Grund*. Ce *Grund* est, d'ailleurs, présenté dans certains textes comme une réalisation du mal, avec des accents quelque peu sataniques. Il ne s'agit plus du mal comme simple privation, telle qu'elle ressortait des réflexions thomistes, mais d'un mal nécessaire, positivé, à partir de quoi et contre quoi la présence divine devait nécessairement se réaliser. Nous avons là une première thématique qu'on va retrouver pratiquement inchangée chez Morelli aussi grand que soit l'artiste – et là-dessus, Morelli était fort exigeant – il avait forcément eu à se confronter à ses propres idiosyncrasies, à ses propres automatismes ; s'il était un artiste de génie, il avait appris à lutter contre elles, selon une formule qu'avait su déceler Léonard de Vinci. Morelli allait le suggérer dans sa traduction commentée d'un célèbre article de Schelling[16], l'œuvre d'art ne doit sa vraie profondeur que par la cœxistence du «terrible», du «bas», de l'«ignoble» et de ce qui ne cesse d'être «noble», «élevé», la *Divine Comédie* de Dante en constituant le paradigme, où chacune de ces polarités ne prend sa véritable valeur que par rapport à son opposé. C'est, nous semble-t-il, en s'inspirant de cette problématique schellingienne du *Grund* que Morelli met en place progressivement sa «méthode», même si cet appui ne lui a pas permis d'en dériver directement une justification. Bien plutôt, cette problématique se trouve radicalisée chez lui, puisque nous avons montré que c'est lui-même qui se trouvera identifié au personnage maléfique, lui pour qui la preuve ne pourra passer que par la monstration de l'objet «inesthétique», du détail abominable.

Un autre point important est que cette thématique du *Grund* débouchait chez Schelling sur une thématique empiriste, scientiste, comme l'a bien montré K. Fischer. Ceci peut évidemment surprendre, s'il est vrai qu'il faut considérer qu'une partie importante de l'œuvre de Schelling était inspirée par les travaux de Jakob Boehme, et que celui-ci professait un constant mépris du savoir scientifique, au bénéfice d'une illumination toute intérieure, le sujet lui-même constituant son propre livre sacré. Tel n'était pas le point de vue de Schelling, pour qui la divinité pouvait fort bien se révéler dans les sciences expérimentales (M. Vetö, 1978). Ceci a certainement pu faciliter l'insistance morellienne sur la mise en évidence d'une méthode qu'il voulait expérimentale, même si cette dernière ne sera

16. Schelling, F. (1803) : «Uber Dante in philosophischer Beziehung», (Schröter, M: 572-583). À noter néanmoins que Schelling envisage toute une série de médiations esthétiques beaucoup plus complexes que la simple opposition «diabolique» entre le bien et le mal : l'enfer est par exemple considéré comme représentant la partie plastique de l'œuvre, le purgatoire la partie pittoresque, alors que le paradis manifesterait la plus haute splendeur de la peinture comme représentation directe de la lumière.

explicitée que fort tardivement et avec les plus grandes difficultés.

De la cause finale à la cause matérielle

D'une certaine façon, même si c'était en quelque sorte à travers une figure «diabolique» qui devait avant tout au projet schellingien ses caractéristiques principales, Morelli portait en quelque sorte à son comble un projet antérieur, auquel l'œuvre de Schelling tentait de répondre, avec sa notion d'intuition globale. Ce projet était celui de Kant, les antinomies introduites par le schématisme transcendantal se reportaient également sur le jugement esthétique. Pour lui, le jugement de goût posait le problème suivant : il s'agissait d'une décision, non fondée sur des concepts car simplement subjective, mais par ailleurs, il devait se fonder sur des concepts, ne serait-ce que parce qu'il a été «entrepris d'en discuter». La solution de cette antinomie se faisait au détriment des spécificités matérielles et connaissables de l'objet, le concept dans lequel se réalisait le jugement de goût ne supposait guère que rien soi connu ou prouvé concernant l'objet. Néanmoins, le principe déterminant du jugement se trouvait dans le concept «de ce qui peut être considéré comme le substrat suprasensible de l'humanité» (E. Kant 1982 : 164).

Kant avait à ce titre insisté sur les particularités du beau, indépendant dans une large mesure de l'objet perceptible («la beauté naturelle – libre – contient en sa forme une finalité par laquelle l'objet semble par avance comme déterminé pour notre faculté de juger» (*op. cit.*, p. 85)) – et plus encore du sublime, qui «ne saurait être inclus dans aucune forme sensible», où l'horreur mise en scène témoignait de façon explicite de la réalité du gouffre ouvert par le schématisme transcendantal. Mais de cette façon, dont Schelling devait par la suite s'inspirer, la division était davantage mise en valeur en faveur de sa finalité qu'à partir de ce qui la causait. Le sentiment du sublime répondait en quelque sorte dans le domaine esthétique à l'impératif catégorique dans le domaine moral ; au caractère de «limites de la représentation» propre au sublime, correspondait le caractère désincarné du bien de l'impératif moral.

Or, par rapport à ce modèle esthético-moral, auquel grosso modo adhérera ultérieurement Schelling, l'indice morellien opposait en quelque sorte une série d'objections. D'une certaine façon, la «Ganzheit» de l'œuvre artistique selon Schelling est très largement orientée par la notion de finalité, même si la notion de *Grund* en en était une médiation quelque peu gênante. Or tel ne sera plus le cas de l'indice morellien, et c'est probablement ce qui en fait le scandale, ou pour parler comme Freud, le caractère révolutionnaire, en même temps qu'il a contraint Morelli à ne publier qu'une œuvre fragmentaire (Sauvagnat 1995 : 12). L'indice morellien se présente en quelque sorte comme *un objet inéliminable* par rapport auquel, ou plutôt contre lequel l'œuvre s'est développée ; il s'agit bien, comme le notait Berenson, d'idiosyncrasies, mais d'idiosyncrasies contre lesquelles l'artiste aura dû réaliser son génie. Le connaisseur morellien sera celui qui s'applique à repérer les traces subsistant de cette lutte, de cet arrachement entre le génie créateur et les particularités souvent peu ragoûtantes qui faisaient son habitus sensoriel, bouts des ongles chez Botticelli, lobes des oreilles chez tel autre etc. La lutte entre le divin créateur et son *Grund*, loin de se résoudre dans le récolement d'une intuition globale comme chez Schelling, doit être lue par le connaisseur morellien à partir d'objets fragmentaires constituant donc une *cause matérielle* de la création, méprisables certes, mais seuls capables de témoigner des choix éthiques de l'artiste, et qui seuls donc donneraient vraiment accès à son *âme*.

C'est peut-être pour cela que se trouve convoquée, au début du parcours de Morelli, cette figure énigmatique de l'indice osphrésiologique, qui avec ses connotations d'horreur tragique et de certitude médicale, permettra à la fois d'évoquer la question de la paternité de l'œuvre et d'y proposer une réponse qui ne soit pas seulement convenue mais, au contraire, *matérielle* [17].

Références bibliographiques

ANDERSON J.

1991 *Balvi Magnus und Das Miasma diabolicum*,, Würzburg, Königshausen und Neumann.

CLOQUET H.

1821 *Osphréisologie ou traité des odeurs, du sens et des organes de l'Olfaction...* (2ème édition), Paris, Mequignon-Marvis.

17. Que ce pas morellien se retrouve en quelque sorte tel quel dans la psychanalyse, comme le voulait Freud, c'est peut-être ce que nous confirme la conception développée par Jacques Lacan selon lequel c'est la promotion de la cause matérielle aristotélicienne qui caractérise la psychanalyse.

CORBIN A.
1982 *Le miasme et la jonquille. L'odorat et l'imaginaire social 18e -19e siècles,* Paris, Aubier.

GOUREVICH D., GREMEK M. ET PELLEGRIN P.(ed.)
1994 Hippocrate *De l'art médical*, Paris, Librairie Générale Française.

GRANDE DIZIONARIO DE LA LINGUA ITALIANA
1978 Unione Tipografico-editrice torinese, Torino, art. Miasma.

KANT E.
1982 *Critique de la faculté de juger*, trad. Philonenko, Paris.

LACAN J.
1966 *Ecrits,* Paris, Seuil.

LEDEL S.
1656 *Hippokratous peri technes*, Genève, Ed. de Fœs.

LERMOLIEFF I.
1892 *Kunstkritische Studien : Die Galerien zu München und Dresden,* Vorwort.

PANOFSKY E.
1983 *Idea*, Paris, Gallimard.

ROSTAND J.
1945 *Esquisse d'une histoire de la biologie*, Paris, Gallimard.

SANDIFORT E.
1768-1769 *Thesaurus dissertationum...* Roterodami, apud H. Beman, 2 vol.

SAUVAGNAT F.
1993 «Giovanni Morelli et la Fornarina», *Quarto,* Revue de l'Ecole de la Cause Freudienne en Belgique, n°53.
1994 «Der schreckliche Morelli» [La méthode Morelli et ses contemporains], *Ligeia,* n°13-14, juin 1994, p. 55-66
1995 «De Morell à Morelli : la question de l'écriture chez le créateur de la 'scienza dell'arte'», *L'écrit et la lettre*, ouvrage collectif, Toulouse.

SCHRÖTER M.
1977 *Schellings Werke*. München, Beck'sche Verlagsbuchhandlung.

STOLL M.
1790 *Rati Med.,* part. 6° edent. Jos. Eyerel. Viennae Austriae.

VETÖ M.
1978 «Le mal selon Boehme», *Jakob Boehme,* ouvrage collectif, Paris, Vrin.

Odeurs, Dans(u)eurs

Geneviève MORDANT

Cette étude a été effectuée à l'occasion du travail de recomposition, par Daniel Larrieu, de trois chorégraphies : «Jungle sur la planète Vénus», «Eléphant et les faons» et «Anima», qui a donné lieu à un opéra en trois actes pour treize danseurs. Cette création a été réalisée au théâtre des Gémeaux de Sceaux (France), en mars 1994.

C'est du corps dans sa dimension symbolique qu'il va s'agir ici, du corps dit et socialisé par un langage. Même si nous nous intéressons ici aux odeurs et tout particulièrement à celles rencontrées dans l'art de la danse en tant que danse-spectacle, nous nous placerons dans la perspective du danseur lui-même à propos de son corps pris dans un langage.

En effet, le danseur ne danse pas spontanément, il danse selon les codes d'un système culturel, d'une société, le système étant géré par des lois dont ce langage gestuel est un reflet : si c'est particulièrement évident dans le cas de la danse dite classique («l'alphabet» en est les pointes, le chassé, l'entrechat, l'arabesque...), c'est encore vrai dans les chorégraphies contemporaines, même si l'alphabet y est beaucoup plus libre, pour ainsi dire propre à chaque chorégraphie.

Choisir la dimension symbolique parmi les concepts mis à notre disposition par la psychanalyse pour parler du corps, c'est faire le choix d'un statut particulier de ce dernier. À partir du moment où l'homme interagit avec la culture, l'environnement social, il est dénaturé : une coupure s'effectue d'avec sa base animale et naturelle. Cette intégration culturelle et sociale s'inaugure par l'accès au langage, à la parole. C'est néanmoins par la parole qu'il peut aussi signer son identification, c'est-à-dire ce qui le distingue par son appartenance à une société dans le sens où l'énonce Colette Soler, «...normativisante, conformisante, collectivisante...», ce qui n'est pas sans poser des problèmes, ce que nous savons bien. Le corps du sujet est alors pris dans la dimension symbolique : c'est un corps qui n'existe dès lors que par le signifiant (de la parole, du regard... et aussi du geste dans le cas du danseur).

Nous voulons aborder comment le corps dans la danse s'organise avec la dimension sensuelle supplémentaire convoquée par les odeurs. Nous avons d'une part le corps en mouvement pris dans le «langage technique» spécifique à cet art, d'autre part les odeurs de ce même corps et de l'espace où il évolue, et dont a priori on ne parle pas.

Il faut bien noter que jusqu'à présent la littérature sur la question des odeurs en rapport avec la danse est inexistante. Nous connaissons seulement la relation d'une expérience datant du début de la danse contemporaine, qui avait été faite par rapport aux odeurs : lors d'un spectacle chorégraphique, un parfum avait été diffusé dans la salle. Ce que nous pouvons dire brièvement, c'est qu'il apparaît une très nette discrimination au niveau des sens entre l'ouïe, le regard et l'odorat, ce dernier étant considéré comme un sens animal, primitif, instinctuel, voluptueux, érotique, inapte à l'abstraction, incapable de donner naissance à un art et encore moins à la pensée.

Cela dit, pourquoi les odeurs seraient-elles «soumises au secret» en ce qui concerne l'art de la danse ? Pourquoi n'en parle-t-on pas ? Quand on pose la question à un danseur, il est au premier abord gêné, il ne sait trop que répondre, mais quand on persiste dans le questionnement, à l'unanimité il a finalement beaucoup à dire sur les odeurs. Pour éclaircir ces questions, j'ai travaillé particulièrement avec un chorégraphe contemporain, Daniel Larrieu, en l'interrogeant ainsi que les danseurs de sa troupe. De ces entretiens il ressort que la question des odeurs peut schématiquement se retrouver à quatre niveaux :

dans l'air que les danseurs respirent et où ils évoluent,

dans la sueur des corps en mouvement,

dans les costumes,

dans les décors.

La question des odeurs est fondamentale, dès le début du travail, par la respiration, par l'air du lieu où l'on va créer. Pour citer un exemple : lors d'une création pour laquelle la compagnie travaillait dans un théâtre qui finissait d'être rénové, les danseurs «n'arrivaient pas à trouver leur air» (disaient-ils), gênés par des odeurs de vernis. Pour remédier à cela une danseuse a fait brûler du papier d'Arménie, «pour construire l'air». La compagnie a ainsi cherché à identifier son air, c'est-à-dire trouver une odeur d'air qui appartienne au groupe, qui lui soit une spécificité partagée. Pour pouvoir travailler ensemble il leur fallait respirer «le même air», un air porteur d'un signifiant «papier d'Arménie» choisi par le groupe.

L'imaginaire peut aussi être investi à propos de l'air ambiant respiré, comme nous l'explique Daniel Larrieu : «... quand je fais travailler les gens en respiration j'utilise souvent l'idée de la fonction d'un parfum, c'est-à-dire de pouvoir faire entrer en soi un air que [je] choisis». Il suggère à sa troupe d'imaginer de respirer un parfum (rose, lilas, varech...) de façon qu'il se crée là encore un lien dans le groupe à partir d'une notion d'odeur. À partir de cette convocation imaginaire qui leur est nécessaire, l'air devient signifiant : je serais amenée à dire qu'il leur faut se créer un Autre pour parvenir à travailler, un Autre qui va situer par l'odeur les danseurs en tant que troupe.

Là il nous paraît aussi intéressant de rapporter une autre expérience de Daniel Larrieu par laquelle on peut évoquer un deuxième aspect du problème des odeurs, toujours dans le cadre de l'air respiré : comment, dans un spectacle qui est essentiellement visuel, les spectateurs vont-ils «odorer» ? Nous avons signalé qu'au début de la danse contemporaine l'expérience de vaporiser un parfum pendant une représentation avait été tentée, mais très vite abandonnée. Elle fut reprise récemment, en 1992, par Larrieu à l'Opéra de Paris, dans la chorégraphie «Attentats poétiques». Il nous en dit :...«En temps qu'odeur la seule chose que l'on avait vraiment maîtrisée... c'était l'idée de la diffusion d'un parfum de rose, on avait choisi une essence assez primitive, très brute... il y a eu toute une partie de la presse qui a complètement refusé. L'odeur peut aussi beaucoup blesser les gens».

Nous pouvons nous demander pourquoi. À propos d'un spectacle de danse on parle de la musique, des éclairages, des décors, des danseurs, de la chorégraphie, etc. mais effectivement on ne parle pas de l'odeur. L'odorat est un sens peu ou pas du tout invoqué en la matière. Lorsque l'on *regarde* un spectacle de danse on n'a pas forcément envie de *sentir*. Serait-il dérangeant d'être placé en situation de sentir une odeur que l'on n'a pas choisie ou que l'on ne peut pas imaginer ? Cette pénétration du parfum dans les narines viendrait en quelque sorte troubler la fonction du regard médusé du spectateur, tout absorbé par ce corps apparemment libre de tout mouvement, ce corps Autre en tant qu'idéal. L'odeur l'agresse. Elle surgit comme une part de réel qui pénètre son corps. Ce qui peut expliquer pourquoi la senteur de la rose n'est pas forcément la bienvenue pour notre spectateur qui se trouve distrait du registre imaginaire, fantasmatique dans lequel il était plongé par le regard.

Lors de nos entretiens a ensuite surgi cette question majeure des odeurs dans la danse : *la sueur*. La transpiration est complètement incontrôlable. Quoi que fasse le danseur, malgré son apparence de maîtrise corporelle quasi totale, il n'en est pas épargné. Dés le début d'un échauffement on commence à «dégouliner» ; comme dit un danseur : «cette eau qui sort des pores de chacun est soit pointue, soit salée, aillée, etc.», cette odeur-là est évidemment caractéristique de chaque individu. Mais dans le milieu de la danse elle est admise, elle fait partie intégrante du travail au quotidien ; la transpiration c'est quelque chose qui, en fait, amène un bien-être parce qu'à ce moment-là «...le corps est chaud». Larrieu nous dit : «...tu entres en scène, après deux minutes tu mets ton odeur, tu mets ta situation spatiale, olfactive.» Et encore : «...il y a un caractère personnel du danseur qui va venir à toi, et dont tu ne peux pas contrôler l'émanation de la chair en mouvement...».

Et puis il y a l'odeur chargée de la peur, du trac ; je cite Lara Kôhn, pour qui la première association qu'elle fait avec le mot sueur, c'est la peur :

«... Avant d'entrer en scène j'avais tellement peur que j'avais une odeur du corps très très forte».

Enfin il y a celle chargée de cette émotion particulière qui, pour Daniel Larrieu, s'exhale du fait de travailler avec les corps assez proches, les manipulations, les touchers : les danseurs y expriment leurs affects. La transpiration, et plus particulièrement son odeur, qui fait lien entre l'intérieur d'un sujet et l'extérieur, pas seulement en tant que produit organique (émonctoire) mais aussi porteur de signifiant, établit aussi une mise en relation particulière des corps, un «contact» olfactif avec celui des autres, elle dilate l'espace corporel de chacun et le partage, le croise avec celui des autres. De plus, elle ne peut être censurée par le sujet : elle est ce qu'elle est. Les origines de ces odeurs peuvent être soit sexuelles, dans la réalité par l'entrelacs et le contact des corps, dans l'imaginaire par le souvenir d'images qui rappellent la relation amoureuse ou le partenaire sexuel, soit même orales : dans le cas d'un duo de femmes effectuant une série de mouvements très intimes, ceux-ci réveillèrent chez l'une d'elles le souvenir des rapports instinctifs au corps de la mère lors de sa petite enfance. Il est connu que la transpiration prend alors une odeur à la fois plus personnelle et plus intense. Pascal Alio nous dit : «je sens quand quelqu'un de la troupe a peur ou est heureux, les odeurs se transforment». Quant à Pascaline Verrier, elle aime les odeurs fortes : «accepter l'odeur d'une personne, c'est l'admettre, se laisser pénétrer par son odeur c'est très important, cela fait fonctionner plein de choses». Le corps transpirant n'est plus seulement symbolique et/ou imaginaire, mais aussi réel : c'est son caractère organique qui fait irruption par l'odeur de sa sueur. Cette odeur fait message : elle révèle l'indicible du sujet, elle est moyen d'expression. Elle est sa marque : dans un groupe on peut identifier le sujet par son odeur. Elle différencie le danseur ; il n'est plus seulement l'exécutant d'un mouvement préparé, il signe d'une singularité parmi ses plus intimes, il est autre des autres.

La particularité du mouvement dansé, c'est qu'il ne va nulle part ou tout du moins, vers un but qui ne sera jamais réellement atteint, sans finalité dans le réel. C'est un acte qui se suspend, d'abord du fait que c'est un acte codé par une chorégraphie, ensuite parce qu'il est donné à voir à l'Autre-spectateur regardant : il y a là barrière, qui impose, qui interdit. Parce que c'est un geste sans parole qui rentre dans un code, même local et spécifique d'une chorégraphie donnée (en particulier en danse contemporaine par opposition à la danse dite «classique») ; c'est en quelque sorte un langage gestuel, et comme tout langage (même sans parole) il sert à véhiculer une part de demande (de reconnaissance, puisqu'il se donne à voir) et par cette demande il véhicule quelque chose du désir. Ce geste dansé sous-tend donc un désir qui, par son implication dans son rapport au corps de l'autre danseur, peut participer du désir sexuel, ce qui évidemment n'est pas neutre en ce qui concerne l'émanation des odeurs corporelles. Nous soulignerons enfin que si l'émetteur de l'objet voix est la bouche, celui de l'objet regard les yeux, dans la transpiration la sueur et son odeur proviennent de toute la peau, ce qui signifie que c'est le corps entier du sujet qui est l'objet, dans sa globalité. Ceci pourrait peut-être contribuer à expliquer pourquoi le refoulement social a été aussi efficace en ce qui concerne les odeurs corporelles, et notamment celles de la transpiration.

Enfin on peut aborder la question des odeurs dans la danse spectacle à propos des costumes et des décors. Pour ce qui est des costumes, au début d'un spectacle «ils n'appartiennent pas», disent les danseurs, ils ont différentes odeurs qu'il faut découvrir, accepter, faire siennes. Quand il est neuf, un costume porte des odeurs d'étoffes (ou d'autres matières) : c'est alors l'imaginaire du sujet qui élabore un récit autour et ainsi se l'approprie. Au bout d'un certain temps le costume s'imprègne de l'odeur corporelle de celui ou de celle qui le porte, de son maquillage, de son parfum préféré. Pascaline déclare d'emblée : «... je n'aime pas mettre un costume propre, le fait que l'on ait transpiré deux, trois fois dedans, que ce soit le nôtre ou celui de la personne d'à côté, il y a alors quelque chose de plus vivant». On peut là s'interroger sur le sens du mot «vivant», en relation avec le problème spécifique de l'odeur. Est-ce la trace de la présence de l'Autre qui rend le costume plus vivant, ou bien la durée, la persistance de l'odeur : «ça vit encore». Ce qui est appelé «le vivant» est la trace de réel que laisse l'organique du corps. Dans le vêtement l'odeur s'imprègne, elle sécurise, elle protège les danseurs, elle fait objet de transition et rend le plateau plus accessible : on ne se «sent «plus seul ! Il peut se produire aussi la situation où un danseur en remplace un autre, et porte donc son costume. Lara, qui a dû prendre le rôle et le costume du chorégraphe, raconte... : «je me souviendrai toujours de l'odeur : j'étais assaillie. J'étais entrée dans un personnage que j'avais vu auparavant et c'était assez....» (elle ne peut plus rien en dire, les mots manquent). En quelque sorte elle était devenue l'Autre, autant au plan imaginaire par l'image de l'Autre qu'elle avait vu danser dans ce costume, qu'au plan réel par l'odeur qu'il y avait laissée.

Les matériaux des décors permettent d'investir, à partir des souvenirs de chacun et du travail en commun, jour après jour au cours de la création, tout un imaginaire autour des odeurs. Ce travail en commun se construit et évolue lors des improvisations et de la mise en place de la chorégraphie et permet à cet imaginaire de participer à la consistance du spectacle et de laisser une mémoire. Retrouver ensuite l'odeur des mêmes décors remémore l'ambiance, les émotions, la gestuelle d'une chorégraphie, elle relie l'espace, le temps et ceux qui y dansent. C'est ainsi que lorsque la troupe partira en tournée, les décors participeront au lien qui unit la troupe dans la vie nomade, ils feront repère. L'odeur des décors est à la fois métaphore dans le sens où elle représente, elle condense une part d'imaginaire pour chacun des danseurs, et métonymie car elle recrée ailleurs, en un autre temps et un autre lieu, avant même l'investissement du plateau pour une nouvelle représentation, une partie de la chorégraphie.

En guise de conclusion nous pouvons dire que les odeurs ont dans la danse un double rôle : d'une part elles font lien, par l'air respiré, par les décors, en tant qu'élément partagé par la troupe (choisi ou pas), d'autre part elles signent l'identité d'un sujet-danseur par sa sueur, elles le subjective en scène et même hors scène, par ce qu'il laisse de trace dans l'air, dans les costumes. Dans les deux cas elles ont donc un rôle de signifiant, et comme tout signifiant, elles pointent le désir du sujet.

Naissances

Médiations olfactives de la socialisation précoce

Benoist Schaal
Fayez Kontar

L'olfaction : sens privilégié des «émotions sociales» ?

Les odeurs évoquent généralement des réponses émotionnelles intenses et contrastées, en terme d'appréciation ou de dépréciation d'un objet, d'un contexte ou d'une personne. Cette propension des stimulations olfactives à générer des jugements de valeur affective semble immédiate dans l'analyse sensorielle[1]. L'expérience perceptive associée aux odeurs peut donc se manifester sans traitement cognitif ou linguistique élaboré. En effet, la réaction première au stimulus olfactif se situe à un niveau essentiellement infraverbal, explicité par des réponses motrices et végéta-

1. Ce que divers spécialistes des sensations ou des émotions ont rendu en ces termes : «Olfaction is certainly the most hedonically potent of the senses» (Levine & McBurney, 1986) ; «Fonctionally, smell may be to emotion what sight and hearing is to cognition» (Engen, 1982) ; «Certainly smell is an emotional sense rather than an intellectual one» (King, 1988) ; «The tight connection with affect is a very fundamental aspect of olfaction» (Schleidt, 1991).

tives, et éventuellement de productions vocales plus ou moins frustes, mais qui expriment sans ambiguïté la connotation hédonique ressentie par le sujet. En même temps, le traitement affectif des perceptions olfactives peut être effectif chez l'organisme préverbal (animal et humain). Nous verrons plus loin que le nouveau-né peut montrer par diverses réponses émotionnelles qu'il a la capacité de différencier des stimulations olfactives.

Du fait qu'elle entretient des liens fonctionnels avec le traitement affectif de l'information, la perception olfactive est étroitement associée à l'encodage et au rappel des souvenirs. Lorsqu'elles sont associées à des contextes à forte charge émotionnelle, les odeurs résistent généralement à l'oubli. Elles constituent des indices sensoriels privilégiés dans la réévocation des souvenirs. L' «effet Proust» est un exemple classiquement cité pour illustrer la puissance particulière de l'indice odeur dans la restitution des détails d'une situation antérieure. L'empreinte émotionnelle marque le percept olfactif qui lui-même servira ultérieurement d'amorçage au rappel du souvenir. Il est intéressant de noter que cette indiciation olfactive des situations émotionnelles peut être efficace même en l'absence d'une perception consciente de l'odeur (Kirk-Smith et al., 1984).

Tous les champs de l'activité humaine font l'objet d'une permanente attention olfactive. Ceci ressort clairement d'une étude de deux ensembles culturels pourtant réputés pour leurs traditions «désodorisantes», l'Allemagne et le Japon (Schleidt et al., 1988). Les personnes interrogées (dans une épreuve de rappel libre de souvenirs olfactifs) ont évoqué l'importance des odeurs dans les activités fondamentales liées à la satisfaction des besoins physiques (cuisine et qualité des aliments, pureté de l'atmosphère) et affectifs (attachements familiaux et sexualité, relations amicales ; appréciation de l'espace vécu). Une autre étude sur la mémoire olfactive conduite en Italie, indique que les ambiances ou les personnes les plus citées en relation avec les odeurs sont l'enfance et la mère (Lenti-Boero, 1993-94). Les odeurs apparaissent donc comme pouvant être de puissants marqueurs des émotions ressenties dans la relation à l'environnement social.

La socialisation des odeurs : biologie et culture.

Les adultes s'avèrent sensibles aux dimensions olfactives de leur environnement social au moins lorsqu'on les interroge dans le cadre formalisé d'un questionnaire anonyme. Mais, bien qu'ils observent des pratiques compulsives de désodorisation et de parfumage, il est rare qu'ils parlent spontanément de l'expérience olfactive associée à leur corps ou à celui des autres, soit du fait de la difficulté de la traduction verbale des impressions olfactives, soit du fait de la répression du discours sur les odeurs humaines. Les jeunes enfants manifestent, en revanche, une réactivité olfactive plus spontanée et fréquente, et dès qu'ils en sont capables, parlent des odeurs des autres sans répression (parfois au détriment des conventions adultes). Entre ces deux extrêmes de l'extériorisation des réponses aux odeurs sociales entrent en jeu des processus complexes de socialisation de l'utilisation quotidienne de l'olfaction et de l'expression affective et verbale évoquée par les objets odorants.

La notion de socialisation sera employée dans un sens très large pour définir les processus de canalisation des capacités sensorielles au cours du développement des individus (animaux ou humains), et l'utilisation de ces capacités dans la genèse des conduites et des représentations qui sous-tendent l'intégration sociale. Cette notion sera surtout envisagée ici dans un cadre psychobiologique. Elle désignera des mécanismes biologiques et psychologiques – perception, attraction, répulsion, mémoire et reconnaissance – où les odeurs promeuvent l'expression de comportements adaptés de l'individu au sein de l'entourage social précoce. La socialisation sera aussi évoquée dans un cadre plus anthropologique, en terme de stimulations imposées à l'organisme en développement par le milieu domestique et la culture ; cette influence culturelle englobe l'exposition à des idiosyncrasies olfactives liées à l'alimentation, à l'hygiène, aux rituels de protection ou de passage, la canalisation pédagogique de l'attention olfactive, l'apprentissage de pratiques ou d'interdits (expression/répression des émotions et du langage olfactifs) et de représentations supportées par des odeurs. Ces deux ensembles de facteurs – biologiques et culturels – sont conçus comme des forces coagissantes du développement perceptif, émotionnel, social et cognitif dès le début de la vie.

Le contexte premier de la socialisation est bien évidemment l'interaction mère-enfant. C'est à travers le corps maternel que l'enfant est introduit à l'écologie sensorielle de sa culture. Dans ce creuset d'intimité physique et émotionnelle se met en place l'apprentissage mutuel et rapide des traits sensoriels qui caractérisent l'autre en tant qu'individu unique. La première partie de cet essai a pour but de décrire l'attention des parents à l'égard des caractéristiques odorantes de leurs enfants. Réciproquement, l'«empreinte» olfactive prend progressivement le pouvoir d'orienter les comportements de l'enfant, et dans une seconde partie, nous résumerons quelques données expérimentales sur le rôle des stimulations olfactives dans l'organisation précoce des comportements infantiles. Enfin, dans les deux parties finales, nous tenterons de rassembler des données rares et éparses sur la permanence de l'utilisation du sens olfactif dans le contexte de la famille, et sur la pérennité vraisemblable des acquis olfactifs de l'enfance tout au long de la vie.

L'enfant odorant : les mères reconnaissent et évaluent l'odeur de leur nouveau-né.

> «–...Mais alors, aurais-tu l'obligeance de me dire quelle odeur a donc un nourrisson quand il a l'odeur que tu crois qu'il doit avoir ?
>
> – Une bonne odeur, dit la nourrice.
>
> – «Bonne» ça veut dire quoi ? cria Terrier à la figure de la femme. Il y a bien des choses qui sentent bon. Un bouquet de lavande sent bon. Le pot-au-feu sent bon. Les jardins de l'Arabie sentent bon. Comment sent un nourrisson, je voudrais bien le savoir !
>
> La nourrice hésitait. Elle savait bien quelle odeur avaient les nourrissons, elle le savait parfaitement bien, ce n'est pas pour rien que par douzaines elle en avait nourri, soigné, bercé, embrassé... Elle était capable, la nuit, de les trouver rien qu'à l'odeur et, à l'instant même, elle avait très précisément cette odeur de nourrisson dans le nez. Mais jamais encore elle ne l'avait désignée par des mots.» (P. Süskind, 1986 : 21).

Dans les lignes suivantes de l'ouvrage de Süskind, *Le Parfum*, la nourrice désappointée de ce nouveau-né singulièrement inodore, le dénommé Jean-Baptiste Grenouille, fait l'effort de traduire en mots ce qui, selon elle, est la norme olfactive des nouveau-nés : leurs pieds doivent sentir le «*caillou lisse et chaud*», le fromage blanc, ou le beurre frais ; le reste du corps doit sentir «*comme une galette qu'on a laissée tremper dans le lait*», et la tête, comme du caramel. À l'instar de ce personnage de roman, les mères humaines (et toutes personnes qui soignent les enfants) s'avèrent non seulement sensibles aux caractéristiques olfactives de leurs enfants, mais on peut souvent assister au fait qu'elles les recherchent ouvertement lors des contacts quotidiens. Des observations ponctuelles faites dans des maternités françaises indiquent que le nouveau-né est flairé avec insistance lors de la rencontre initiale au moment de l'accouchement, ou lorsque l'enfant est remis à la mère à l'issue de la période de séparation nocturne. Dans certaines cultures, cette quête de l'odeur de l'enfant par la mère est ritualisée ; ainsi au Proche-Orient actuel (sud de la Syrie), les mères disent aux enfants «*viens ici, que je te respire*», en les embrassant.

Aucune étude systématique ne s'est attardée sur la nature des informations que les mères extraient, consciemment ou inconsciemment, de l'odeur de leur enfant. Nombreuses sont celles qui témoignent de l'importance cruciale des odeurs de l'enfant lorsque celles-ci ont dévié de leur qualité habituelle par suite d'un séjour de l'enfant hors du milieu familial, chez une gardienne ou à la crèche. Certaines mères ne se contentent alors pas seulement de constater la «défiguration» olfactive de l'enfant, mais lui réimpriment, par lavage et renouvellement des vêtements, un retour rapide à l'odeur familière. Ce n'est qu'après cette restitution olfactive qu'elles se disent capables d'interagir à nouveau sur le mode affectueux habituel avec l'enfant. L'évaluation des odeurs du partenaire enfant serait donc un préalable à l'expression de réponses maternelles adaptées. Le flairage maternel peut aussi avoir une fonction plus utilitaire : il se manifeste fréquemment pour confirmer le degré d'inconfort du jeune enfant, et initie, le cas échéant, le rituel du change. Enfin, les parents sont attentifs aux variations des émissions olfactives de leurs enfants, aussi bien à l'occasion de changements corporels liés à la maladie et à la croissance (puberté), que pour réguler leur conformité hygiénique.

La vérification expérimentale de la détection et de la reconnaissance olfactive de l'enfant par la mère est récente chez l'homme, bien que de nombreuses données comparatives chez les mammifères non-humains la suggéraient (Schaal et Schaal, 1982). On a d'abord pu montrer que les mères sont capables de reconnaître l'odeur corporelle de leur enfant nouveau-né au cours des 10 premiers jours suivant la naissance. Pour éprouver la capacité de reconnaissance olfactive maternelle, la procédure suivante a été adoptée (Schaal et al. , 1980 ; Schaal, 1986) : l'odeur corporelle des nouveau-nés est recueillie à l'aide de maillots de coton portés à même la peau pendant les 24 heures qui précèdent les tests de discrimination ; après avoir soigneusement bandé les yeux de la mère, un expérimentateur «aveugle» (c'est-à-dire ne connaissant pas l'appartenance des vêtements) lui présente successivement trois maillots comprenant celui de leur propre enfant et ceux portés par d'autres enfants de même âge approximatif ; on demande alors à la mère de retrouver l'odeur de son enfant parmi les maillots distracteurs ; cette opération est répétée cinq fois, chaque jour au cours des 10 premiers jours post-partum.

Tous tests confondus sur l'ensemble des 10 jours, les 40 mères sollicitées se sont montrées capables de sélectionner le maillot porté par leur enfant de façon non aléatoire dans près de 60% des tests. Si on analyse la performance de reconnaissance jour après jour, celle-ci est significativement différente d'un choix guidé par le hasard dès le troisième jour post-partum, et cette performance s'accroît ensuite jusqu'au dixième jour post-partum. Ce rapide accroissement suggère un apprentissage rapide de l'odeur de l'enfant. Ces données initiales furent confirmées et affinées par des études ultérieures conduites aux USA et en Israël. Ainsi, un test de discrimination impliquant un double-choix (mettant en contraste deux maillots portés par deux enfants de même âge, dont l'enfant de la mère) a permis de confirmer que les mères sont capables de reconnaître l'odeur d'un maillot porté par leur enfant, et que cette capacité peut se développer après une période très brève de contact avec l'enfant. Des mères ayant subi une césarienne montrent des réponses de reconnaissance différentes de celles prédites par le hasard dès les 2 premiers jours post-partum (Porter et al., 1983). Lorsque les mères sont exposées à un choix entre trois nouveau-nés (incluant le leur), dont elles peuvent directement sentir la tête, elles se montrent capables de reconnaître leur enfant seulement 6 heures après l'accouchement (Russell et al. , 1983). Il est donc bien établi que la mère est capable de reconnaître son nouveau-né en se fondant sur les seules indices olfactifs.

Les résultats portant sur les performances homologues des pères sont plus contradictoires. Une première étude, mettant en œuvre un test de triple-choix (entre l'odeur de leur enfant et celles de deux autres nouveau-nés), suggère qu'au cours des 2 premiers jours postnatals, les pères ne sont pas capables de reconnaître l'odeur corporelle de leur nouveau-né (Russell et al. , 1983). Utilisant une méthode plus simple (test de double-choix), une seconde étude indique une performance de reconnaissance hautement significative d'un maillot portant l'odeur de leur nouveau-né âgé de moins de 3 jours (Porter et al., 1986). Il est intéressant de souligner que, dans ces conditions expérimentales, des parents du nouveau-né autres que les parents biologiques se sont montrés capables de le reconnaître ; ainsi les tantes de l'enfant, et même les grand-mères, se sont montrées aptes à désigner correctement le maillot portant son odeur (Porter et al., 1986).

L'aptitude maternelle à reconnaître l'individualité olfactive de l'enfant, apparaît généralement sous-tendue par l'évaluation hédonique de cette odeur. Si, dans les tests de reconnaissance rapportés ci-dessus, le vêtement de l'enfant véhicule une odeur jugée comme désagréable, il est souvent rejeté et attribué à un autre. Le nouveau-né et le jeune enfant doivent émettre des senteurs jugées agréables. Et les mères placent souvent l'odeur de nouveau-né au sommet de leur hiérarchie des odeurs. Une mère américaine, interrogée sur ses odeurs préférées, répond : «Rien ne surpasse l'odeur de mon jardin excepté la fragrance de la tête d'un nourrisson» (Gilbert & Wysocki, 1987).

L'évaluation affective que les mères font des odeurs de nouveau-nés a fait l'objet d'une recherche de nature expérimentale (Fleming et al., 1992). Différentes sécrétions/excrétions corporelles d'un nouveau-né (odeur corporelle globale recueillie sur un maillot, fèces et urine) ont été évaluées (sur une échelle hédonique allant de «très désagréable» à «très agréable») par quatre groupes de sujets : deux groupes de «nouvelles mères» 2 jours et 1 mois post-partum, et deux groupes de personnes «témoins», constitués de pères et de femmes non-parturientes. En moyenne, les nouvelles mères ont évalué plus positivement l'odeur corporelle globale de l'enfant (qu'il soit le leur ou un enfant non familier) par rapport aux personnes témoins. L'odeur de l'urine néonatale est évaluée moins négativement par les mères que par les autres catégories de personnes, alors que les odeurs fécales reçoivent des évaluations hédoniques similaires, et plutôt négatives. D'importantes différences individuelles apparaissent : le sous-groupe de mères qui évalue positivement l'odeur corporelle de l'enfant se dit aussi plus attiré par l'enfant que le sous-groupe de mères qui l'évalue négativement. De plus, cette réponse verbale d'évaluation olfactive est corrélée avec le temps passé à proximité immédiate du nouveau-né au cours d'une période d'observation située dans les 2-3 premiers jours post-partum : les femmes plus proches de leur enfant manifestent des réponses positives plus marquées.

Les mères humaines sont donc extrêmement attentives aux qualités olfactives de leurs enfants nouveau-nés ; elles ont, de plus, tendance à analyser la connotation hédonique de ces odeurs, et à traquer les écarts de l'apparence olfactive de l'enfant afin de la maintenir dans une norme déterminée à la fois par l'individu et par la culture. Seules quelques données cliniques et anecdotiques éparses suggèrent que la qualité et l'intensité de l'odeur corporelle de l'enfant peuvent influencer la tonalité affective des comportements maternels. Une réactivité maternelle négative aux odeurs infantiles a ainsi été mise en cause dans certains cas de rejet de l'enfant à la naissance, «parce que l'enfant ne sent pas correctement» (Curtis-Jenkins, 1975). Mais ce domaine de l'adaptation parentale reste largement ouvert à l'exploration dans notre société, aussi bien que dans d'autres contextes culturels où les réponses aux odeurs corporelles sont moins réprimées.

L'enfant olfactif : les réponses infantiles à l'égard des odeurs du corps maternel.

L'attention aux réponses olfactives du nouveau-né est ancienne puisque les traités de puériculture antiques et médiévaux (*cf.* Alexandre-Bidon et Closson, 1985) y font allusion en enjoignant aux mères et aux nourrices d'éviter la consommation de divers aliments «forts» en odeurs et en saveurs, dont le transfert dans le lait aurait compromis la prise alimentaire de l'enfant. Ces prescriptions reposaient sur un savoir empirique relayé et confirmé par les médecins positivistes de la fin XIXe et du début XXe siècle. Ces «explorateurs de l'âme de l'enfant» ont été les premiers à tester systématiquement les capacités olfactives des nouveau-nés (Kussmaul, 1859 ; Preyer, 1881 ; Garbini, 1896 ; Peterson et Rayney, 1911). Ils les ont exposés à des substances variées : agréables et désagréables, intenses et ténues, pures et complexes, familières ou nouvelles, d'origine biologique ou artificielle. De ces premières tentatives d'analyse expérimentale, il émane un désaccord sur l'origine sensorielle des réponses observées (sensation olfactive ou sensation tactile intranasale), et sur la possibilité même du fonctionnement olfactif chez le nouveau-né.

Ce débat ne fut tranché qu'au cours des années 60 par les psychologues expérimentalistes portés par la vague des travaux sur le bébé. En utilisant des méthodes nouvelles intégrant les réponses motrices et physiologiques, ils ont confirmé la double capacité néonatale de détection olfactive et «tactile» des odorants inhalés, la possibilité d'une mémorisation des odeurs, l'aptitude à répondre de façon différenciée entre odeurs familières et nouvelles, entre odeurs agréables et désagréables, la capacité de catégoriser les qualités olfactives, et enfin, ils ont mis en évidence que le traitement chimiosensoriel suit des mécanismes globalement similaires chez l'enfant et l'adulte (Schaal, 1991).

Ce n'est que récemment, en 1975, que l'on s'est interrogé sur l'utilité quotidienne de l'olfaction chez le jeune enfant. Et c'est bien sûr autour des fonctions alimentaires et sociales de ce sens que les chercheurs ont d'abord centré leur attention. Macfarlane (1975) a, le premier, mis au point un test de choix olfactif bien adapté aux capacités de réponses motrices réduites du nouveau-né : il leur a présenté simultanément deux tampons de gaze imprégnés d'odeurs différentes, et filmé leur comportement d'orientation du nez vers l'une et l'autre stimulation. L'analyse de ces films indique que : 1) des nouveau-nés nourris au sein se tournent de façon préférentielle vers l'odeur du sein maternel, lorsque celle-ci est présentée en même temps qu'un tissu inodore ; 2) les nouveau-nés sont capables de différencier l'odeur du sein de leur mère et celle du sein d'une autre femme allaitante, et de plus, ils préfèrent l'odeur du sein maternel dès l'âge de 6 jours.

Une autre étude a mesuré les variations motrices de l'enfant lorsqu'il est exposé à différentes odeurs corporelles maternelles (Schaal, 1985). Lorsqu'ils sont mis en présence de l'odeur du sein maternel, les enfant (âgés de 3 à 10 jours) réduisent plus leur activité motrice que lorsqu'ils sont exposés à l'odeur du sein d'une mère non familière. L'odeur maternelle globale (imprégnant un vêtement) a aussi pour effet d'atténuer les pleurs chez le nouveau-né de 2 jours (Sullivan et Toubas, sous presse). De la même manière, les nouveau-nés sont capables de différencier l'odeur du cou maternel de l'odeur homologue d'une autre femme (Schaal, 1986). Lorsque le nouveau-né est couché sur la poitrine maternelle et mis dans une situation de choix entre les deux seins, l'un ayant été lavé à l'eau, alors que l'autre est laissé olfactivement intact, il s'oriente plus souvent vers ce dernier (Varendi et al., 1994). Ces expériences montrent que le nouveau-né est capable, dès la première semaine postnatale, de détecter des complexes odorants de très faible intensité, et qu'il manifeste une préférence pour les odeurs corporelles de sa mère. Cette réponse sélective ne se limite pas à des odeurs associées à la tétée, puisqu'elle est aussi notée avec d'autres stimulations (comme l'odeur corporelle globale ou celle du cou, par exemple). La capacité de discrimination olfactive paraît s'affiner avec l'âge, sans doute en fonction de la maturation sensorielle et motrice de l'enfant, mais aussi de l'expérience croissante avec la mosaïque olfactive du corps maternel.

Plusieurs mécanismes ont été envisagés pour rendre compte du développement précoce d'une telle aptitude de discrimination. L'association répétée de l'odeur du corps maternel avec le renforcement de la tétée est le plus évident. Ainsi, des nouveau-nés nourris au sein et des nouveau-nés nourris au biberon ne développent pas les mêmes réponses envers les odeurs corporelles maternelles. Alors que les premiers montrent une nette préférence pour l'odeur axillaire maternelle (présentée simultanément avec la même odeur d'une mère non familière), les seconds ne manifestent pas de réponse sélective. Le contexte de la prise alimentaire précoce – contact direct ou non avec l'odeur de la peau – peut donc être important dans l'établissement des premiers apprentissages (Cernoch et Porter, 1985). Dans une autre expérience, on a odorisé le sein maternel avec de l'eau de rose depuis les premières tétées ; les enfants qui ont reçu cette exposition pendant une ou deux semaines développent une préférence pour cette odeur par rapport à une odeur nouvelle (Schleidt et Genzel, 1991). Une expérience ultérieure indique qu'une seule présentation d'une odeur artificielle en liaison avec la tétée (au sein ou au biberon), détermine par la suite une réponse différentielle envers cette odeur en comparaison d'une odeur non familière (Sullivan, 1991).

Mais ces capacités associatives du nouveau-né se manifestent aussi en dehors du contexte particulier de la tétée. Ainsi, après un seul épisode associant 15 minutes de massage et une odeur artificielle nouvelle, des nouveau-nés de moins de 24 heures expriment une réactivité modifiée à l'égard de cette odeur (par rapport à une odeur nouvelle) ; en revanche, des enfants ayant été exposés à l'odeur et au massage de façon dissociée dans le temps ne manifestent pas cette réponse différentielle (Sullivan et al., 1991). Une préférence olfactive peut aussi se développer en l'absence apparente de tout conditionnement, par la simple exposition ou familiarisation à une odeur. Ainsi, si dès le premier jour de vie, des nouveau-nés sont mis pendant 24 heures en présence d'une odeur nouvelle dans leur berceau, ils expriment une réponse préférentielle envers cette odeur par rapport à une odeur non familière (Balogh et Porter, 1984). Ces expériences soulignent que les nouveau-nés sont capables d'acquérir très rapidement après la naissance diverses informations de nature olfactive sur les personnes qui s'occupent d'eux, sur la qualité de leur aliment lacté ou de leur environnement de sommeil.

De plus, il ne peut être exclu que le nouveau-né ait déjà acquis une certaine expérience olfactive durant la période fœtale ; ses orientations postnatales pourraient alors refléter partiellement cette expérience prénatale. Par exemple, des nouveau-nés de moins de 12 heures, avant toute expérience alimentaire, seraient aptes à différencier des odeurs plaisantes ou déplaisantes (pour l'adulte). Du fait de leur grande précocité, ces réponses hédoniques différentielles pourraient être établies avant la naissance (Steiner, 1977). Un travail récent met en évidence que le nouveau-né (à 2 jours) est capable de détecter l'odeur du liquide amniotique, et que celle-ci reste attractive pour lui (Schaal et al., 1995).

Les premières réponses sélectives aux odeurs sont donc acquises très tôt au cours du développement. La malléabilité des apprentissages postnatals permet à l'enfant de s'adapter aux caractéristiques olfactives changeante du corps maternel. Le nouveau-né humain, de la même façon que les autres nouveau-nés mammaliens, serait donc soumis à une «acculturation» précoce, d'une part, à travers les arômes véhiculés dans l'alimentation de la mère gestante et allaitante qui sont transférés dans le liquide amniotique et dans le lait, et d'autre part, par sa propension à attacher de la signification hédonique aux odeurs émises par la mère à l'accouchement et, qui recouvrant l'enfant, sont considérées comme dangereuses pour le groupe : elles attirent les influences négatives. Il convient donc de les supprimer ou de les masquer. Par exemple, chez les Guayaki amazoniens, le bain au nouveau-né, donné dans un complet silence, est le premier acte rituel dont le but est moins hygiénique que protecteur ; plus tard, la parturiente et toutes les personnes présentes à l'accouchement sont aussi soumises à lavage et frottage avec des substances végétales (Clastres, 1972). Le bain néonatal est très répandu : 94% des 126 groupes ethniques dont les pratiques périnatales ont été relevées dans le Human Relations Area File, l'administrent avec des rationalisations souvent opposées (Lozoff, 1983). Chez les Druzes du sud de la Syrie, par exemple, le nouveau-né est lavé avec de l'eau très salée au cours des trois premiers jours de vie, afin d'atténuer la transpiration de l'adulte. Ailleurs, en Océanie (Nauru), les femmes ont développé des pratiques d'odorisation du vagin après l'accouchement (Petit-Skinner, 1976). On peut citer aussi les rituels olfactifs prophylactiques réalisés au Maroc (Westermarck, 1926), et plus généralement dans le monde arabo-musulman (Aubaille-Salenave, 1992). Juste avant la naissance, la parturiente est fumigée entre les jambes avec l'odeur âcre du piment du Soudan. L'atmosphère de la pièce où a lieu l'accouchement est imprégnée de vapeurs de benjoin, et de gommes ammoniaquée et citronnée. La mère Tabelbala du Sahara efface l'odeur de ses aisselles considérée comme délétère pour l'enfant (Champault, 1969).

Au cours de sa première semaine de vie, l'enfant est exposé à des odeurs intenses sous forme de bains, de fumigations et de colliers odorants. En Roumanie, un premier bain purificateur est donné au nouveau-né par la sage-femme. Ce bain est parfumé par une mixture de senteurs végétales choisies pour leur odeur agréable (basilic, rose, romarin, menthe, aneth, œillet, pivoine, camomille), mais aussi pour leur message métaphorique aux esprits maléfiques (Gaita, 1987). Au Maroc, la mère et l'enfant ne sont pas lavés à l'eau durant la première semaine postnatale, mais tous deux font l'objet de fumigations et d'onctions odorantes répétées, destinées à les préserver des djinns. Journellement, la nouvelle mère a le corps et les cheveux enduits d'extraits de henné, de brou de noix et de khôl. Le nouveau-né est massé avec divers mélanges parfumés, tels que beurre et henné, ou encore henné, sucre, alun, marjolaine, menthe, mastic, eau et huile (Maroc : Westermarck, 1926), ou encore d'huile d'olive macérée de safran et de henné (Tanger : Aubaile-Salenave, 1987). Lorsque l'enfant pleure, il est maintenu au dessus d'un fumigatoire où brûle de l'encens (Griffin, 1991). En Indonésie (Iles Tanimbar), le nouveau-né est, de même, exposé à la fumée du feu domestique durant les premières semaines de vie (Howes, 1987). Au Maghreb, le cou de l'enfant est entouré d'un collier protecteur composé de parties végétales odorantes : iris, ail, souchet (Aubaile-Salenave, 1987). Au Sénégal, chez les N'dut Sereer, les nouveau-nés sont lavés à l'eau et enduits d'huile de palme ou de beurre de vache. Afin de masquer l'odeur urineuse des enfants portés dans le dos, les mères portent des racines odorantes en ceinture ou en pendentif ; elles fixent aussi entre leurs seins une fiole de terre émettant une intense odeur de lavande (Dupire, 1987).

Parallèlement à la réalisation de ces pratiques olfactives directes, la mère peut aussi influencer les préférences olfacto-gustatives de son enfant en suivant des prescriptions et des proscriptions alimentaires, et donc en conférant un arôme particulier à son lait ou à son corps.

Du fait de leur grande variabilité, dépendante des ressources aromatiques et de leur valorisation locale, ces pratiques olfactives précoces constituent sans doute des forces importantes de différenciation culturelle. Différenciation précoce entre micro-cultures alimentaires et «atmosphériques» qui inculquent, d'abord passivement par une simple exposition, puis activement par des pratiques éducatives agissant sur les échelles de préférence et de tolérance olfactives, les codes de conduite et les techniques olfactives du corps. Il serait intéressant de comparer les connaissances et les évaluations olfactives chez des enfants qui grandissent dans des cultures contrastées quant à leurs attitudes envers les odeurs corporelles (Schaal et al., sous presse).

Sur la permanence de la relation olfactive entre parents et enfant.

Le lien olfactif entre l'enfant et la mère ne se confine pas à la prime enfance, période au cours de laquelle la continuité et l'intimité des échanges affectifs permet une perception répétée et mutuelle des odeurs corporelles. Plusieurs tests expérimentaux chez des mères américaines, allemandes et françaises montrent que les odeurs de l'enfant restent saillantes pour elles, tout au long de la période de dépendance familiale. Les mères étudiées se montrent aptes à désigner correctement un vêtement porté par leurs enfants âgés de 3 à 8 ans (Porter, Moore, 1981). Cette reconnaissance est effective lorsqu'on demande aux mères d'identifier le maillot porté par leur enfant par rapport à celui d'un enfant de même âge issu d'une autre famille, mais aussi lorsqu'on leur demande d'identifier plusieurs enfants au sein de la même fratrie. Une étude additionnelle montre que cette aptitude d'identification de l'enfant par la mère reste fonctionnelle au moins jusqu'à l'âge de 17 ans, et que l'odeur des propres enfants est généralement préférée à celle des autres (Schleidt, Hold, 1982).

Réciproquement, l'enfant conserve la capacité à reconnaître l'odeur du corps de sa mère (ou des odeurs artificielles dont elle s'enduit). Ainsi, des enfants âgés de 3-4 ans restent capables de désigner avec exactitude un vêtement porté à même la peau par leur mère (Schaal, 1988). La mémorisation des propriétés olfactives des parents évolue, se généralise à l'ensemble du groupe familial, puis s'élargit aux relations sociales nouées hors de la famille. Les pairs fréquentés à l'école peuvent être reconnus à leur seule odeur corporelle à l'âge de 4-5 ans, et les pairs familiers sont mieux reconnus que les non familiers (Marlier, Schaal, 1989). La même aptitude de reconnaissance olfactive demeure effective chez des enfants de 9 ans (Mallet, Schaal, 1994).

Il existe très peu de données sur l'implication des odeurs dans le cours quotidien des interactions entre l'enfant et les autres, au sein de la famille ou du groupe social. Celles-ci restent encore confinées à un maigre corpus d'anecdotes. L'évaluation mutuelle des odeurs individuelles au sein de la famille pourrait, en effet, modeler la dynamique des échanges entre parents et enfants. L'enfant réagit-il à des variations olfactives brusques des figures d'attachement, suite à des modifications physiologiques ou à l'irruption de nouvelles pratiques olfactives ? Comment la mère répond-elle aux changements d'odeur corporelle de ses enfants lorsqu'ils atteignent la puberté ? Le jeu des proximités familiales peut-il être, au moins partiellement, régulé par des odeurs ? Le psychanalyste I. Bieber (1959) a proposé l'existence concomitante d'une aversion de l'enfant pour les odeurs corporelles du parent de même sexe et d'une attraction pour celles du parent de l'autre sexe, suggérant l'existence d'un mécanisme olfactif du conflit œdipien. À cette date, aucune vérification de cette hypothèse, reposant sur une observation et une expérimentation systématiques, n'a été proposée. Toutefois, Kalogerakis (1972) rapporte le témoignage précis des conduites olfactives du fils d'un de ses patients. Entre 2,5 et 3 ans, ce garçon manifeste des réactions exacerbées envers les odeurs de maison et d'aliments. À partir de 3 ans, et pendant quelques mois, il développe une attirance envers les pieds des personnes, en particulier envers l'odeur des pieds de femme. Au cours de cette période, il répond aussi ouvertement à l'odeur de la chambre à coucher parentale et à celle qui émane de ses parents. Après 4 ans, ses réponses aux odeurs parentales deviennent plus polarisées, dans le sens d'une attraction envers l'odeur de la mère et d'une répulsion envers celle du père. Selon la mère, l'enfant exprime cependant des attitudes négatives lorsqu'elle porte un vêtement imprégné de l'odeur du père ou après une relation sexuelle. Il précise que les odeurs paternelles qui lui sont repoussantes sont émises au niveau des régions génitale, axillaire et du scalp. Bien qu'anecdotiques, ces données sont intéressantes du fait de leur rareté. Elle suggèrent que, dès l'âge de 2,5 ans, un enfant est capable de détecter et de répondre activement à l'odeur de ses lieux de vie et de ses parents. Il est de plus, capable de manifester des réponses différenciées envers les odeurs corporelles de ses deux parents, mais aussi envers des variations de ces odeurs liées à l'état physiologique des parents (odeur corporelle du matin, odeur après interactions sexuelles).

On ne sait à peu près rien, chez l'adulte, de la persistance de la mémoire des odeurs parentales acquise dans l'enfance. Quelques rares données recueillies dans le cadre clinique indiquent que le souvenir des odeurs associées aux parents peut rester accessible. Des données anciennes sur l'appréciation et le souvenir des odeurs maternelles sont rapportées par les psychiatres Brill (1932) et Laird (1934). Brill cite le cas d'un patient adulte se souvenant que, jeune garçon, il était très sensible à l'odeur de sa mère : «pendant sa petite enfance, il avait la coutume de se précipiter pour occuper la chaise laissée libre par sa mère parce que l'odeur de sa mère l'attirait» (p. 11). Autre bref témoignage (Laird, 1932 : 197) : «Ma mère utilisait toujours une eau de cologne appelée «feuilles de rose». L'odeur de l'eau de cologne à la rose me rappelle toujours ma mère». Freud lui-même, bien qu'ayant porté peu d'attention au vécu olfactif de ses patients, cite le cas d'un homme décrit comme

> «un flaireur qui, tel un chien, reconnaissait dans son enfance tout le monde d'après l'odeur, et pour qui, adulte, les sensations olfactives importaient davantage qu'à d'autres» (Freud, 1909, cité dans Assoun, 1984).

D'autres souvenirs biographiques font état de l'attraction de filles envers l'odeur de leur père, exprimée par la recherche de cette odeur sur un vêtement ou une serviette durant son absence. Ces attractions/répulsions olfactives enfants-parents peuvent se fonder sur les seuls odorants véhiculés par les sécrétions corporelles, mais aussi sur le mélange résultant de ces odeurs naturelles avec des composés surajoutés, parfums ou tabac. Nous avons ainsi reçu le témoignage d'une femme adulte dont l'odeur préférée reste celle, composée de l'odeur mêlée de la peau et du tabac, qu'enfant elle respirait sur l'avant-bras de son père, lorsqu'il la prenait sur ses genoux.

Certains écrivains ont su porter un regard sagace, bien que probablement reconstruit, et des descriptions élaborées de telles émotions et souvenirs liés aux odeurs parentales. Les retrouvailles entre fils et mère constituent l'un des contextes où leur importance est citée de façon récurrente. En voici deux exemples éloquents :

> «Il l'embrassait à l'aveuglette, sur les joues, les cheveux, partout, incapable de rien voir dans l'obscurité, mais, par une sorte de vision intérieure, la reconnaissant tout entière des pieds à la tête, et une seule chose en elle avait changé (et cette nouveauté même lui rappela inopinément sa plus tendre enfance, quand elle jouait du piano) : une odeur forte et élégante de parfum – comme si ces années

intermédiaires n'avaient pas existé, les années de son adolescence à lui, de son veuvage à elle, ces années où elle ne mettait plus de parfum et se fanait tristement – c'était comme si rien de tout cela n'était arrivé et qu'il était revenu sans transition d'un exil lointain en enfance...» (V. Nabokov 1985 : 126-125)

«Quand il arriva devant la porte, sa mère l'ouvrait et se jetait dans ses bras. Et là, comme chaque fois qu'ils se retrouvaient, elle l'embrassait deux ou trois fois, le serrant contre elle de toutes ses forces, et il sentait contre ses bras les côtes, les os durs et saillants des épaules un peu tremblantes, tandis qu'il respirait la douce odeur de sa peau qui lui rappelait cet endroit, sous la pomme d'Adam, entre les deux tendons jugulaires, qu'il n'osait plus embrasser chez elle, mais qu'il aimait respirer et caresser étant enfant et les rares fois où elle le prenait sur ses genoux et où il faisait semblant de s'endormir, le nez dans ce petit creux qui avait pour lui l'odeur, trop rare dans sa vie d'enfant, de la tendresse» (A. Camus, 1994 : 58)

Le souvenir des ambiances olfactives de l'enfance : empreintes familiales et culturelles.

Chez l'espèce humaine, il n'existe pas, à notre connaissance, d'étude expérimentale sur la mémorisation à long terme d'odeurs associées à une figure sociale. Quelques travaux réalisés chez l'animal indiquent cependant qu'un tel phénomène est possible. L'éthologie expérimentale a, en effet, illustré à plusieurs reprises comment les expériences olfactives acquises par le jeune animal dans le contexte de la relation avec la mère, peuvent conserver un important pouvoir de régulation du comportement chez l'animal adulte. Cette mémoire olfactive infantile orientera en particulier les préférences sociales et sexuelles de l'adulte. Chez le chien, on a pu montrer récemment que l'odeur maternelle est retenue par les jeunes, et que même après deux années de séparation totale, ces derniers sont capables de reconnaître l'odeur de leur mère (Hepper, 1994). Plusieurs études montrent aussi l'existence d'un processus d'«empreinte olfactive» chez le jeune rongeur. De jeunes souris femelles élevées en l'absence de mâles adultes n'expriment pas, à l'âge adulte, l'attirance normale envers les souris mâles (Mainardi, 1963). Mainardi et ses collaborateurs (1965) ont montré que cet effet précoce repose sur un mécanisme olfactif : des souris femelles dont les mères ont été odorisées à l'odeur de violette de Parme durant toute la période d'allaitement manifestent, lors de la maturité sexuelle, une préférence pour des mâles portant cette odeur par rapport à des mâles témoins ; en revanche des femelles élevées dans un environnement habituel préfèrent des mâles non odorisés. Cet effet précoce de l'odorisation maternelle n'est cependant pas symétrique pour les souriceaux mâles : dans les conditions expérimentales de Mainardi et al. (1965), ceux-ci ne semblent pas affectés de façon différentielle par l'odeur expérimentale.

Dans une étude plus récente, on a pu démontrer que, chez le rat, l'expérience olfactive associée à la tétée induit chez le mâle adulte une modification de la réactivité (en terme de réduction de la latence à éjaculer) à l'égard d'une femelle réceptive qui porte la même odeur (Fillion, Blass, 1986). Cette influence apparaît spécifique de l'association de l'odeur et de la tétée. Lorsque l'odeur est administrée aux ratons de façon disjointe de la tétée (en la badigeonnant sur le dos de la femelle allaitante ou en l'introduisant dans le nid), elle ne provoque aucune modification du comportement sexuel adulte. Des tests témoins indiquent que, d'une part, l'acquisition de cette association odeur-tétée n'influence en rien la performance sexuelle des mâles lorsqu'ils sont exposés à des femelles non réceptives ou ne portant pas l'odeur expérimentale ; d'autre part, des mâles non exposés à l'association odeur-tétée ne montrent pas de changement de comportement sexuel en présence d'une femelle odorisée artificiellement. Des expériences de même type, réalisées chez le rat, le cobaye (Marr, Gardner, 1965 ; Carter, Marr, 1970) et le faon du cerf à queue noire (Müller-Schwarze, Müller-Schwarze, 1971), parviennent à des conclusions convergentes. Chez des espèces dont le comportement est fortement modulé par le canal olfactif, l'empreinte olfactive précoce peut persister et exercer son influence à l'âge adulte.

Chez l'enfant humain, on ne sait pas si des mécanismes homologues permettent l'encodage à long terme de l'information olfactive (naturelle ou artificielle) associée au corps de la mère. On sait cependant que des sujets de 3 ans peuvent se souvenir d'événements vécus au cours de la première année (Ashmed, Perlmutter, 1980 ; Myers et al., 1987), ce qui suggère que notre représentation de la mémoire infantile, et en particulier du problème de l'amnésie infantile, est à revoir à la lumière de travaux expérimentaux récents. Quelques recherches indirectes suggèrent cependant que les apprentissages olfactifs de l'enfance pourraient perdurer jusqu'à l'âge adulte. Par exemple, dans un questionnaire destiné à étudier l'implication des odeurs dans la mémoire épisodique, 92 jeunes adultes (20-35 ans) ont été interrogés sur les odeurs positives ou négatives qui les ont le plus marqués. Parmi ces informateurs, 38% font remonter à l'enfance l'évocation de leurs souvenirs olfactifs les plus agréables. Les ambiances olfactives associées à la mère sont évoquées par 37% des personnes, alors que 29% évoquent les odeurs de l'environnement (été, printemps), 27%, les partenaires intimes, et seulement 6,5%, la relation sexuelle (Lenti-Boero, 1993-94).

La longévité des apprentissages olfactifs de l'enfance est mieux connue dans d'autres domaines fonctionnels, comme ceux de la perception des atmosphères et des aliments. La mémorisation des odeurs associées aux lieux de vie précoces a souvent été décrite par les psychologues (Laird, 1934 ; Gilbert, Wysocki, 1987). En ce qui concerne les odeurs alimentaires, une étude par questionnaire rétrospectif (Garb, Stunkard, 1974) a pu montrer que les aversions acquises dans l'enfance (entre 0 et 5 ans) peuvent persister 50 ans plus tard. Parmi les sujets âgés de 13-20 ans au moment de cette étude, 12% font remonter leur aversion alimentaire à la tranche d'âge 0-5 ans, 58% à celle de 6-12 ans et 30% à la tranche 13-20 ans. Un autre travail récent (Teerling et al., 1994) a considéré le problème à rebours : en examinant directement les préférences et les rejets olfacto-gustatifs de sujets adultes originaires de 19 pays, les chercheurs ont tenté de déterminer le contexte alimentaire auquel ceux-ci ont été exposés au cours des 5 premières années de leur vie. À cette fin, une série de huit flaveurs alimentaires fortement contrastées quant à leur connotation culturelle a été mise au point (par exemple, le wintergren, fortement appréciée en Amérique du Nord, tout en étant dépréciée partout ailleurs ; ou encore, la flaveur du fromage bleu qui est aversive au Japon, en Indonésie et en Afrique du Sud, mais appréciée ailleurs). Cette série de flaveurs considérées comme représentatives de cuisines nationales fut la suivante : cannelle, gingembre, réglisse, wintergren, fromage bleu, épicée (*hot/spicy*), spéculoos, sucré/acide (*sweet/sour*). Pour chaque sujet, le critère d'assignation à un contexte culinaire infantile fut calculé à partir des réponses actuelles de préférence, d'aversion ou de neutralité par rapport à cette série d'arômes. Sur les 74 sujets ainsi testés, 35% furent correctement assignés à leur origine culturelle, ce qui est une proportion significativement différente d'une assignation opérée de façon aléatoire.

La longévité des acquisitions olfactives (ou tactiles, auditives, visuelles, etc.) liées à des contextes sociaux de l'enfance reste peu étudiée. Les témoignages et expériences rapportés ci-dessus suggèrent cependant que la mémoire infantile pourrait rester accessible et éventuellement influencer les attitudes et les conduites de l'adulte.

Nous voudrions conclure cet essai, en soulignant que le canal olfactif est un médiateur notable de l'intégration sociale. Premièrement, parce qu'il contribue à l'expression de comportements adaptés au cours du développement précoce. Bien évidemment, il est loin d'être la seule force en présence. Mais il a un statut privilégié du fait de son association étroite avec les processus émotionnels et mnésiques, ainsi que le remarque Leroi-Gourhan (1965 : 116)

> «L'olfaction s'est étroitement liée aux chaînes visuelles et auditives ; telle odeur, non perçue depuis de longues années, évoque brusquement des scènes ou des sons oubliés depuis l'enfance, on n'a pas le souvenir de l'odeur comme on peut avoir celui d'un événement, mais la perception olfactive, précisément parce qu'elle met en mouvement des zones physiologiques étrangères à la réflexion, donne aux images réfléchies une profondeur et une intensité considérables».

Dans le cadre du développement psychobiologique, nous l'avons vu, les apprentissages olfactifs facilitent la reconnaissance de la mère ou de la personne familière par l'enfant, évoquent son accalmie, lui offrent un guidage vers le sein, constituent un moyen d'apprécier les qualités du lait maternel et de l'alimentation lors du sevrage. Plus tard, l'évaluation des dimensions olfactives du corps de l'autre pourra contribuer à l'orientation des sympathies et, peut-être des choix sexuels. À la naissance de l'enfant, l'odeur du corps nouveau-né pourra déterminer la qualité des réponses maternelles. La perception des odeurs corporelles se trouve ainsi au centre des échanges sensoriels qui déterminent et régulent le contenu affectif des liens sociaux, et en particulier des liens d'affiliation et d'évitement.

Deuxièmement, le pouvoir de socialisation des odeurs corporelles se trouve renforcé par la généralité des pratiques qui visent à les préciser, en les exaltant ou en les supprimant, à tous les moments du cycle de vie. Tous les hommes émettent naturellement des odeurs et toutes les cultures les manipulent. Partout, les odeurs sont hiérarchisées au sein de systèmes locaux d'appréciation, et l'émetteur n'est réellement intégré au groupe social qu'après avoir adopté une parure olfactive conforme à la norme locale. Outre leur implication dans la socialisation psychologique de l'individu, les odeurs conditionnent donc aussi son identification à un groupe ethnique, à un système de valeurs pratiquées et représentées.

Finalement, on peut évoquer le rôle particulier des odeurs dans les situations de transition. Aussi bien chez le nouveau-né animal que chez le nouveau-né humain, l'olfaction semble faciliter les transitions du développement psychobiologique (Rosenblatt, 1983). Relativement faciles à conditionner, les stimulations olfactives organisent les références hédoniques (préférences et aversions) initiales, avant que celles-ci ne soient régulées conjointement par les autres entrées sensorielles. Cette connexion entre l'olfaction et les transitions du cycle vital a aussi été soulignée par certains anthropologues. Howes (1987) a noté l'usage privilégié des odeurs dans les rites qui consacrent des transitions ; dans de nombreuses sociétés, les passages entres catégories sociales (rites de passage) ou ceux entre catégories matérielles et immatérielles sont souvent marquées par l'émission d'abondantes fumées odorantes.

La socialisation des odeurs constitue un domaine où des champs théoriques autres que ceux mettant en œuvre la méthode expérimentale pourraient apporter des connaissances originales et des hypothèses novatrices. Les expériences de laboratoire, telles que celles présentées ci-dessus, sont des outils de choix pour souligner les potentialités et les limites perceptives de l'olfaction ; mais leur valeur de démonstration reste confinée aux contextes réduits et contrôlés dans lesquels elles sont réalisées. Le corpus d'informations introspectives engrangé par les psychologues cliniciens, les psychiatres et les psychanalystes, ainsi que les données sur les pratiques, les savoirs et les représentations recueillies par les anthropologues, les histoires de vies et les questionnaires des sociologues, sans oublier l'observation directe des comportements par les éthologistes, devraient enrichir considérablement notre connaissance des fonctions des odeurs dans la vie réelle.

Références bibliographiques.

ALEXANDRE-BIDON D., CLOSSON M.

1985 *L'Enfant à l'Ombre des Cathédrales.* Presses de l'Université de Lyon-Editions du CNRS.

ASHMED D., PERLMUTTER M.

1980 «Infant memory in everyday life», *New Directions for Child Development, 10,* 1-16.

ASSOUN P.L.

1984 «L'inconscient de l'odeur dans l'expérience freudienne», *Cahiers de Psychologie de l'Art et de la Culture, 10* : 9-24.

AUBAILE-SALENAVE F.

1987 «Parfums et rituels de passage au Maghreb», Meurgues G, Aubaille-Sallenave F. (Eds.), *Parfums de Plantes*, Editions Muséum National d'Histoire Naturelle, Paris.

1992 «Safran de joie, safran interdit. Une étude sociale et religieuse de la plante chez les musulmans.», *La Cienca en la Espana Medieval : Musulmanes, Judios y Cristianos.* Ferre-Ayasi-Cano Editores, Granada.

BALOGH R. D., PORTER R. H

1986 «Olfactory preferences resulting from mere exposure in human neonates», *Infant Behavior and development, 9,* 395-401.

BIEBER I.

1959 «Olfaction in sexual development and adult sexual organization», *American Journal of Psychotherapy, 13*, 851-860.

BRILL A. A.

1932. «The sense of smell in the neuroses and psychoses», *Psychoanalytic Quarterly, 1*, 7-42.

CAMUS A.

1994. *Le Premier Homme.* Cahiers Albert Camus 7, Paris Gallimard.

CARTER C. S., MARR J. N.
1970 «Olfactory imprinting and age variables in the guinea-pig», *Cavia porcellus. Animal Behavior, 18,* 238-244.

CERNOCH J. W., PORTER R. H.
1985 «Recognition of maternal axillary odors by infants», *Child Development, 56*, 1593-1598.

CHAMPAULT D.
1969 *Une Oasis du Sahara Nord-Occidental. Tabelbala*, Paris, CNRS.

CLASTRES P.
1972 *Chronique des Indiens Guayaki*, Paris, Plon.

CURTIS-JENKINS G. H.
1975 «Discussion», *Ciba Foundation Symposia*, 33, 34.

DUPIRE M.
1987 «Des goûts et des odeurs : classifications et universaux», *L'homme*, 104, oct-déc, XXVII (4), 5-25.

ENGEN T.
1982, *The Perception of Odors*, New York, Academic Press.

FILLION T. J., BLASS E. M.
1986 «Infantile experience with suckling odors determines adult sexual behavior in male rats», *Science, 231*, 729-731.

FLEMING A. , CORTER C. , FRANKS P. ET AL.
1992 «Postpartum factors related to mother's attraction to newborn infant odors», *Developmental Psychobiology, 26*, 115-132.

GAITA, I. ,
1987 «Rituel parfumé en Roumanie», Meurgues G., Aubaille-Sallenave F. (Eds.), *Parfums de Plantes*, Paris, Editions du MNHN.

GARB J. L., STUNKARD A. J.
1974 «Taste aversion in man», *American Journal of Psychiatry.* 131, 1204-1207.

GARBINI A.
1896 «Evoluzione del senso olfattivo nella infanzia», *Archivio dell'Antropologia e Etnologia (Florence),* 26, 239-286.

GILBERT A. N., WYSOCKI C. J.
1987 «The National Geographic Smell Survey : Results», *National Geographic Magazine, 172*, 514-525.

GRIFFIN K.
1991 «The ritual of silent wishes : Notes on the Moroccan Sensorium», Howes D. (Ed.),

The Varieties of Sensory Experience. University of Toronto Press, Toronto.

HEPPER P.
1994 «Long-term retention of kinship recognition established during infancy in the domestic dog», *Behavioural Processes, 33*, 3-14.

HOWES D.
1987. «Olfaction and transition : an essay on the ritual uses of smell», *Revue Canadienne de Sociologie et d'Anthropologie, 24*, 398-416.

KALOGERAKIS M. G.
1972 «The role of olfaction in sexual development», *Psychosomatic Medicine, 25*,420-432.

KING J. R.
1988 «Anxiety reduction using fragrances», Van Toller S. G., Dodd H. (Eds.), *Perfumery, The psychology and Biology of Fragrance*, Londres, Chapman and Hall.

KIRK-SMITH M. D., VAN TOLLER S., DODD G. H.,
1984 «Unconscious odor conditoning in human subjects», *Biological Psychology, 17*, 221-231.

KONTAR F.
1984 *Données d'enquêtes non publiées en Syrie*.

KUSSMAUL A.
1859 *Untersuchungen über das Seelenleben des neugeborenen Menschen*. Morer, Tübingen.

LAIRD D. A.
1934. «Some normal odor effects and associations of psychoanalytic significance», *Psychoanalytic review, 21*, 194-200.

LENTI-BOERO D.
1993-94 «Sedici odori per molti ricordi : una ricerca preliminare sull'olfatto e la vita quotidiana», *Studi Urbinati (Urbino), 5*, 167-181.

LEROI-GOURHAN A.
1965 *Le Geste et la Parole, La Mémoire et les Rythmes*, Paris, Albin Michel, vol. 2.

LEVINE, J. M., MCBURNEY D. H.
1986 «The role of olfaction in social perception and behavior», Herman C. P (Ed.), *Physical Appearance, Stigma, and Social Behavior*. Erlbaum, Hillsdale, N. J.

LOZOF, B.
1983 «Birth and «bonding» in non-industrial societies», *Developmental*

Medicine and Child Neurology, 25, 595-600.

MACFARLANE A. J.
1975 «Olfaction in the development of social preferences in the human neonate», *Ciba Foundation Symposia, 33*, 103-117.

MAINARDI D.
1963 «Eliminazione della barriera etologica all'isolamento riproduttivo tra Mus musculus domesticus e M. m. bactrianus mediante azione sull'apprendimento infantile», *Rendiconti dell'Instituto Lombardot di Scienze e Lettere*, B : Scienze Biologische e Medische, 97, 291-299.

MAINARDI D., MARSAN M., PASQUALI A.
1965 «Causation of sexual preferences of house mouse. The behaviour of mice reared by parents whose odour was artificially altered», *Atti della Societa Italiana de Scienze Naturali, 104*, 325-338.

MALLET P., SCHAAL, B.
1994 *Friendship and olfactory recognition in school-age children*. 13th Biennial Meetings of the International Society of Behavioural Development, Amsterdam.

MARR J. N., GARDNER L. E. JR
1965 «Early olfactory experience and later social behavior in the rat : preference, sexual behavior and care of young», *Journal of Genetic Psychology*, 107, 167-174.

MÜLLER-SCHWARZE D., MÜLLER-SCHWARZE C.
1971 «Olfactory imprinting in a precocial mammal», *Nature, 229*, 55-56.

MYERS N. A., CLIFTON R. K., CLARKSON M. G.
1987 «When they were very young : Almost-three remember two years ago», *Infant Behavior and Development, 10*, 123-132.

NABOKOV V.
1985 *Détails d'un coucher de soleil et autres nouvelles* (traduction française, M. et Y. Couturier), Paris, Juliard.

PETERSON F., RAYNEY L. H.
1911. «The beginnings of mind in the newborn», *Bulletin of the Lying-in Hospital of New York City, 7* : 99-122

PETIT-SKINNER S.
1976 «Nauru ou la civilisation de l'odorat», *Objets et Mondes, 16,* 125-128.

PORTER, R. H., MOORE J. D.
1981 «Human kin recognition by olfactory cues», *Physiology and Behavior, 27*, 493-495.

PORTER R. H., CERNOCH J. M., MCLAUGHLIN, F. J.
1983 «Maternal recognition of neonates through olfactory cues», *Physiology and Behavior, 30*, 151-154.

PORTER R. H., BALOGH R. D., CERNOCH, J. M. ET FRANCHI C.
1986 «Recognition of kin through characteristic body odors», *Chemical Senses, 11*, 389-395.

PREYER W.
1881 *L'âme de l'enfant*, Paris, Alcan.

ROSENBLATT J. S.
1983 «Olfaction mediates developmental transition in the altricial newborn of selected species of mammals», *Developmental Psychobiology, 16*, 347-375.

RUSSELL M. J., MENDELSON T., PEEKE H.
1983 «Mother's identification of their infant's odors», *Ethology and Sociobiology, 4*, 29-31.

SCHAAL B.
1986 «Presumed olfactory exchanges between mother and neonate in humans», Le Camus J., Conier J. (Ed.), *Ethology and Psychology*, Toulouse Privat-I. E. C.
1988 «Olfaction in infants and children : developmental and functional perspectives», *Chemical Senses, 13*, 145-190.
1991 «L'organisation de la perception olfactive au cours de la période périnatale», Jouen F., Hénocq A. (Eds.), *Du Nouveau-né au Nourrisson*, Paris, Presses Universitaires de France.

SCHAAL B., MONTAGER H., HERTLING E., BOLZONI D., MOYSE A., QUICHON R.
1980 «Les stimulations olfactives dans les relations entre l'enfant et la mère», *Reproduction, Nutrition, Développement, 20*, 843-858.

SCHAAL B., SCHAAL A.
1982. «Aspects olfactifs du lien mère-jeune chez les mammifères», *Bulletin de la Société d'Histoire Naturelle de Colmar, 57*, 83-96.

SCHAAL B. , MARLIER L., SOUUSIGNAN R.
1995 «Neonatal responsiveness to the odour of amniotic fluid», *Biology of the Neonate, 67*, 397-406.

SCHAAL B., ROUBY C. , MARLIER L., SOUSSIGNAN R. , KONTAR F., TREMBLAY, R. E.
sous presse «Variabilité et universaux au sein de l'espace perçu des odeurs : approches interculturelles de l'hédonisme olfactif», *L'Espace des Odeurs, des Parfums, des Atmosphères»*, Pitte J. R, Deleau R. (Eds.), Paris, L'Harmattan.

SCHLEIDT M.
1991 *Odours as semiotic signs*, 6e Congrès Chemical Signals in Vertebrates, Philadelphie.

SCHLEIDT M., HOLD, B.
1982 «Human odour and identity», Breipohl W. (Ed.), *Olfaction and Endocrine Regulation*. IRL Press, Londres.

SCHLEIDT M., GENZEL C.
1990 «The significance of mother's perfume for infants in the first weeks of their life», *Ethology and Sociobiology, 11*, 145-154.

SCHLEIDT M., NEUMANN P., MORISHITA, H.
1988 «Pleasure and disgust : memories and associations of pleasant and unpleasant odours in Germany and Japan», *Chemical Senses, 13*, 279-293.

STEINER J. E.
1977 «Facial expressions of the neonate infant indicating the hedonics of food-related stimuli», Weiffenbach J. M. (Ed.), *Taste and Development, The Genesis of Sweet Preference*. NIH-DHEW, Bethesda, MD.

SULLIVAN R. M.
1990 *Newborns human infants exhibit CR's to an odor previously paired with either breast or bottle feeding*, Annual Meeting of the International Society for Developmental Psychobiology, Cambridge, Angleterre.

SULLIVAN R. M., TOUBAS P.
sous presse «Maternal odor modulates neonatal behaviors : soothing and feeding preparatory responses», *Biology of the Neonate*.

SULLIVAN R. M., TABORSKY-BARBA, S. , MENDOZA, R. ET AL.,
1991 «Olfactory classical conditioning in neonates», *Pediatrics, 87*, 511-518.

SÜSKIND P.
1986 *Le parfum. Histoire d'un Meurtrier*. Traduction française de B. Lortholary, Paris Fayard.

VARENDI H, PORTER R. H., WINBERG J.
1994 «Does the newborn baby find the nipple by smell ?», *Lancet, 344*, 989-990.

WESTERMARCK E.
1926 *Ritual and Belief in Morocco*, London, 2 volumes.

Les durs tétins des nourrices

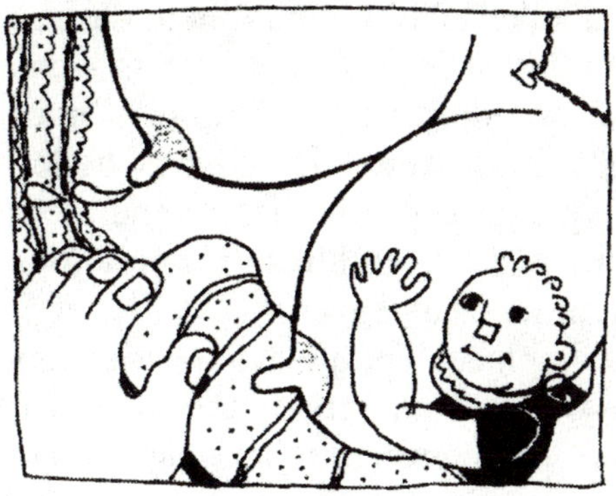

Michel Boccara

font les enfants camus

La place de l'odeur dans le monde interpersonnel du nourrisson n'a été mise en évidence, en psychologie clinique, qu'au cours des années soixante[1], parallèlement des psychanalystes comme Françoise Dolto ou Bernard Thys (*cf.* Françoise Dolto, s. d (ca 1976) et Bernard Thys, 1983) avaient souligné l'importance de ce sens dans les rapports mère-enfant en se basant davantage sur leur intuition que sur des études approfondies. Les ethnologues, dans leur approche des cultures autres ont également eu des difficultés à apprécier l'importance de l'odorat dans l'univers du jeune enfant. Il semble que cela soit avant tout un problème méthodologique : les enquêtes, même fines, menées sur la petite enfance dans les sociétés traditionnelles semblent singulièrement anosmiques et, souvent, lorsqu'elles notent l'importance de l'odorat c'est tout à fait incidemment et sans en tirer le plus souvent de conséquences théoriques[2].

1. *Cf.* Benoist Schaal, Fayez Kontar, supra.

2. On peut citer par exemple l'étude classique de Margaret Mead sur les Arapesh où, après avoir insisté sur la catégorie de «sale» elle note tout à fait incidemment la place de l'odeur dans cette catégorie sans jamais y revenir dans son analyse. C'est en discutant le cas des

Un des intérêts de l'enquête sur les odeurs à l'origine de ce livre, a été d'avoir attiré l'attention des chercheurs sur l'odorat et plusieurs d'entre eux ont souligné l'importance des médiations olfactives dans l'univers du nourrisson. En effet un grand nombre de sociétés traditionnelles semblent avoir saisi la place centrale de l'odorat notamment dans le rapport mère-enfant et certaines d'entre elles se sont données les moyens de renforcer les interactions olfactives et de réguler par des rituels l'intégration des odeurs étrangères. C'est le cas notamment des Gbaya 'bodoe de République Centrafricaine et des enquêtes approfondies donneraient probablement des résultats similaires dans d'autres cultures : les notations sur les Peuls ou sur les Dogons permettent de l'envisager.

Dans une autre culture, en Inde, la place centrale des odeurs dans la relation avec l'au-delà se retrouve aussi dans l'univers du tout petit. En effet, dans une société marquée par la croyance en une renaissance, c'est l'odeur qui assure une partie des transmissions des informations d'une «vie» à l'autre.

Je proposerai, dans ce petit article, une approche de certains thèmes, développés par ailleurs dans l'étude de Benoist Schaal et de Fayez Kontar qui constitue la première partie de cette section.

Odeurs avant et pendant la naissance

Plusieurs sociétés insistent sur les odeurs spécifiques qui peuvent se dégager dès la conception. Les Ajïe de Nouvelle Calédonie par exemple sentent l'enfant dès le début de la grossesse[3]. On évitera alors de mêler une

enfants atteints de teigne chronique qui n'ont pas d'autre solution que de faire «commerce de saleté» en devenant sorcier que Margaret Mead précise : «Les Arapesh sont trop sensibles pour que leur charité puisse résister à la couleur désagréable et à l'odeur rance de la teigne» – on notera la relation couleur-odeur – (Margaret Mead, 1963, p. 111). De même dans une étude récente sur l'enfance indienne, Hélène Stork nous informe incidemment de l'importance des odeurs dans la définition même de la personnalité du nourrisson (Helène Storck, 1986, *cf.* infra). Benoist Schaal et Fayez Kontar donnent également un certain nombre de références ponctuelles qui indiquent toute l'importance de la régulation de l'univers olfactif du nourrisson à la naissance (*cf.* supra).

3. On se référera pour toutes les données portant sur les Ajië à l'article de Jacqueline de la Fontinelle (*cf.* supra, 2).

odeur étrangère au couple mère-enfant, fût-ce celle du père. Ces interdictions se poursuivent jusqu'à la naissance où l'odeur de la nourriture de la mère qui vient d'accoucher, associée à celle de l'enfant, sera interdite à toute autre personne.

Les Gbaya 'bodoe[4] notent aussi la modification de l'odeur de la femme en début de grossesse. celle-ci doit alors éviter d'aller sur un champ où une plante commence sa croissance car son odeur entraverait le développement de l'enfant en elle. Il faut veiller sur l'homogénéité de l'univers olfactif du couple mère-enfant en évitant l'introduction de l'odeur de l'autre surtout si celui-ci est un autre enfant (ici un enfant végétal). Ces précautions vis-à-vis de l'odeur de l'autre se poursuivent, comme chez les Ajïe, jusqu'à l'accouchement. Ceux qui rendent visite à une femme qui vient d'accoucher doivent également s'abstenir d'introduire l'odeur d'une plante en croissance jusqu'à ce que le cordon ombilical du nouveau né soit tombé.

Dans d'autres sociétés cette odeur de naissance marquera le placenta. On sait que dans bon nombre de cultures, le placenta est considéré comme un compagnon de l'enfant à naître, qui, souvent, retourne dans l'autre monde au moment où l'enfant naît[5].

Les Dogons valorisent ainsi l'odeur du placenta qui peut être soit bonne et fécondante soit mauvaise et mortifère[6].

Odeurs de la mère, odeurs de l'enfant

Mère et enfant sont donc, avant comme après la naissance, plongés dans un univers olfactif commun. Le nourrisson mais aussi la mère se reconnaissent à l'odeur et les soins corporels peuvent être le moyen de renforcer cette odeur familière que l'on aura plaisir et fierté à retrouver chez son bébé :

«Quand je hume tes cheveux
Mon orgueil ne se connaît plus»

4. Voir l'article de Paulette Roulon Doko (*cf.* supra, 3. 1).

5. Voir l'article de Michel Carty sur les Gourmantche dans *Etudes sur le symbolique* (Michel Izard et Pierre Smith, 1976), Michel Boccara, 1990, ch. 4 et «Délivrances ou le placenta dévoilé», 1989.

6. Voir l'article de Geneviève Calame Griaule (*cf.* supra, 3. 1).

chante la maman indienne (Hélène Stork, 224). Cette berceuse fait référence au rituel du bain à l'huile qui se termine par un parfumage du corps et des cheveux du bébé.

On aimerait en savoir plus sur ces parfums d'autant qu'un travail de Jean Filliozat nous révèle toute l'importance du parfumage dans la formation de l'identité de la personne[7] : en effet on appelle en indhi *vâsanâ* ou parfumage les traces des expériences vécues dans le passé (c'est-à-dire avant la naissance, dans une autre existence) par l'individu et qui vont être à l'origine de ses tendances futures.

Filliozat montre que ce modèle épistémologique du parfum va plus loin encore : l'odeur, via le parfumage, est le sens privilégié qui permet de retrouver les connaissances enfouies et de les ramener à la conscience. On voit bien que la conception est ici exactement inverse de celle de Freud : loin de refouler l'odorat, l'homme doit le solliciter pour faire parvenir à la conscience les anciennes expériences, l'odorat est donc le sens par excellence de l'activité psychique profonde de l'homme, celui qui permet de lever le refoulement puisque les souvenirs existent essentiellement sous une forme olfactive, les *vâsanâ* :

> «Lorsqu'un parfum a été versé dans une fiole, si ensuite on le verse, il en restera longtemps dans la fiole une trace, un «parfumage», c'est ce qu'on appelle *vâsanâ* en sanscrit. De même quand un phénomène psychologique s'est produit, il en restera une *vâsanâ*, trace permanente dans le *manas* (l'esprit), disons dans l'individualité psychique qui s'élabore au sein du *manas*. Et l'organisation, qui peut être régie par la volonté ou l'intelligence, par la conscience, mais qui peut être automatique, si la conscience est négligente, l'organisation de ces traces, de ces *vâsanâ*, va aboutir à des constructions psychiques véritables, les *samskâra*. Dans ces conditions, l'individualité psychique ne sera pas seulement un trésor, un magasin d'anciens phénomènes psychiques, mais sera un élément unitaire, structuré, formé de toutes ces traces, qui ne sont pas d'ailleurs seulement des traces inactives mais qui restent dynamiques, qui portent aussi bien le souvenir de leur activité que celui des perceptions reçues.» (80).

On peut donc supposer que le parfumage associé aux soins pro-

7 *Cf.* Jean Filliozat, 1972 : 73-96, cité par Hélène Stork (103).

digués à l'enfant a aussi pour but d'influer sur le destin de l'enfant. Dans cette perspective, on comprend qu'un parfumage réussi pourra rendre orgueilleuse la mère qui y sentira les signes d'un avenir prometteur.

La société Gbaya insiste elle aussi tout particulièrement sur les odeurs dans l'environnement culturel du jeune enfant. Paulette Roulon Doko, dans une section consacrée à l'importance culturelle de l'odeur humaine[8], consacre l'essentiel de sa réflexion à l'environnement olfactif du nourrisson et notamment à l'univers olfactif commun à la mère et à l'enfant. Les Gbaya 'bodoe considèrent que le très jeune enfant est l'individu le plus sensible aux odeurs qui l'entourent. L'accent est davantage mis cette fois-ci sur la perception de l'enfant alors qu'en Inde, on met l'accent, semble-t-il, sur la perception de la mère.

Cet univers olfactif ne doit pas être perturbé et l'introduction d'une odeur extérieure, notamment lors d'une relation sexuelle extra-conjugale, peut entraîner le déclenchement d'une maladie spécifique, *ghesa*, marquée par une forte fièvre à laquelle l'enfant succombe très vite.

Chez les Peuls, on sait que le nourrisson identifie sa mère par une odeur particulière et Christiane Seydou[9] propose de faire de cette identification un marqueur qui permet, en s'assimilant l'odeur de l'autre, de devenir l'autre, comme par exemple dans la relation du chasseur à sa proie. Ce rapport, marqueur identitaire par l'odeur, est bien connu des chasseurs qui peuvent l'utiliser comme camouflage ou comme leurre pour mieux approcher la proie convoitée[10].

Odeurs de lait

Le nourrisson peut aussi prendre l'odeur de sa mère par l'intermédiaire du lait maternel.

On trouvera, dans différentes langues, des termes qui se rapportent à cette odeur de lait.

Par exemple, en vietnamien il y a un terme spécifique pour dési-

8. *Cf.* Roulon-Doko, supra. 3. 1

9. *Cf.* Seydou, supra. 3. 1.

10. C'est aussi le cas pour les Gbaya 'bodoe.

11 *Cf.* Nguyên Túng, Krowolski, supra, 3. 1.

gner l'odeur de renvoi de lait maternel[11] et pour qualifier un «blanc-bec», on dira qu'il a la bouche qui sent encore le lait maternel. En France, on a une expression équivalente mais utilisant le registre de la vision : «tu as encore la goutte de lait qui te pend au nez».

Les Japonais sont également sensibles à cette odeur de lait maternel que peut avoir le nourrisson. Une page d'un roman de Kawabata y fait référence : dans *Belles endormies*, le héros, un vieil homme qui, dans une maison d'un genre particulier, vient jouir de la vue et du contact de jeunes filles endormies, est frappé par l'odeur d'une de ces jeunes filles :

> «L'odeur de la fille flottait dans l'air et soudain une odeur de bébé frappa ses narines. Cette odeur qu'ont les nourrissons qui rappelle celle du lait» (Kawabata Yasunari, 1166x)

Ce rapport du nourrisson à l'odeur de la mère via le lait est également perceptible dans des descriptions de la relation mère-enfant même lorsque l'accent n'est pas mis sur l'odeur.

Ainsi, chez les Basouto, on a remarqué que les enfants, même lorsqu'ils grandissent, continuent fréquemment à téter leur mère dans le souci, non plus de se nourrir mais de se sécuriser, de jouer, de se retrouver. L'odeur joue alors un rôle important dans cette relation :

> «Un enfant de deux ans pourra aller huit fois par heure chez sa mère, même si on lui donne de quoi manger entre temps. Il suce avec un plaisir évident, frotte le nez contre sa peau, cache son visage dans la poitrine maternelle, serre et tire les seins, la regardant toujours à nouveau avec un sourire espiègle» (Oury, 174).

Rabelais a noté, avec la clairvoyance mythologique qui le caractérise, une relation entre la nature des seins de la mère et celle du nez de l'enfant :

> «Pourquoy (dist Gargantua) est-ce que frère Jean a si beau nez ? (...) Trut avant ! (dist le moyne). Selon vraye philosophie monasticque, c'est parce que ma nourrice avoit les tétins moletz : en la laictant, mon nez y enfondroit comme en beurre, et là s'eslevoit et croissoit comme la paste dedans la met. Les durs tétins de nourrices font les enfans camuz[12]. Mais guay, guay ! Ad formam nasi cognoscitur ad te levavi[13]... Je ne mange jamais de confitures. Page, à la humerie ! Item, rousties !» (Rabelais, *Gargantua* :162-63).

Souhaitons que tel Alcofribas Nazier, anagramme et nom de nez de François Rabelais, de nombreuses observations viennent préciser cette connaissance que les enfants ont de leur mère et de leur nourrice au moyen de leur nez.

Références bibliographiques

BOCCARA M.
1990 *Entre métamorphose et sacrifice, la religion populaire des Mayas*, Paris, L'Harmattan.

DÉLIVRANCES OU LE PLACENTA DÉVOILÉ
1989 *Cahiers du nouveau né*, n°9, Paris, Stock.

DOLTO F.
s. d, circa1976 «Fragrance», *Sorcières*, «Odeurs», n°5.

ETUDES SUR LE SYMBOLIQUE
1976 ed. par Michel Izard et Pierre Smith, Paris, Gallimard.

FILLIOZAT J.
1972 «Les théories psychologiques de l'Inde», *Bulletin de la Société Française de Philosophie*, n°66,3.

KAWABATA Y.
1997 «Belles endormies», *Œuvres romanesques*, Paris, Le livre de poche, col. Classiques modernes.

MEAD M.
1963 «Les Montagnards Arapeh» (1935), *Mœurs et sexualité en Océanie*, Paris, Plon, 21-185.

OURY P.
1988 *Les premiers pas de la vie de l'enfant en Afrique noire*, Paris, L'harmattan.

12. Le rapport, chez Rabelais, entre nez fin et connaissance profonde indique le sens de ce proverbe : «avoir le nez camus, c'est avoir l'entendement court».

13. Note 13 de l'édition du Seuil : «Vers toi, j'ai levé... «est le début d'un psaume ; on désignant facétieusement par ces paroles le membre dont la longueur passait pour être en rapport avec celle du nez» (*cf.* supra, 1, Boccara M. , Escarmant C.).

RABELAIS F.
1973 *Gargantua*, Paris, Le Seuil.
Storck H.
1986 *Enfances indiennes*, Paris, Paidos/Le Centurion.
Thys B.
1983 *Naître... et sourire*, (1977), Paris, Champs Flammarion.

Images d'une naissance :

«L'écriture de la nuit»[1]

Présentation du projet

L'idée de faire un travail sur les odeurs a surgi au sein de l'atelier de recherches du «Gai savoir» qui s'était donné une existence institutionelle en participant à l'appel d'offre MIRE[2]-CNRS sur les relations Sciences humaines-Psychanalyse. Il avait alors pour nom «Psychanalyse, mythologie et construction du social».

C'est Pascale Barthélémy qui proposa de travailler sur ce thème et d'organiser un week-end, puisque telle était la méthode de travail de ce groupe de recherches. En effet il s'agissait, lors de ces week-ends, de proposer sur deux jours, à une dizaine de participants, un programme d'activités et de réflexions autour d'un thème. L'objectif de ces journées était davantage de vivre une expérience de transmission du savoir que de produire un document.

1 Ce film est disponible aux Editions DUCTUS (11 rue de Cambrai, 75019, Paris).

2 MIRE : Mission Interministérielle de REcherches.

Cependant, la présence dans le groupe d'une monteuse (Tatiana Andrews) et d'un réalisateur (Michel Boccara) permit de réaliser un film sur ces différents week-ends qui s'intitula «Gai savoir numéro 2», titre qui se voulait une allusion autant qu'un commentaire des deux films de Godard «Gai savoir» et «Numéro 2».

Contrairement aux autres, le week-end «Odeurs» allait avoir une suite, puisque deux des participants décidaient dans un premier temps de réaliser une série de tables rondes sur ce thème puis de publier un ouvrage.

Le film qui accompagne ce livre est donc un montage des activités de ce week-end qui donne une idée à la fois de la démarche de l'atelier «Gai savoir» et du point de départ du livre «Odeurs du monde, écriture de la nuit».

Commençons par la présentation du programme de ce week-end tel qu'il a été consigné dans un cahier par Pascale Barthélémy.

Week-end Odeurs, programme

1 Samedi, fin de matinée

premières rencontres avec l'odeur quotidienne des aliments

pour midi : le cru ! Champignons, fenouils, jambon cru, harengs saurs, fruits crus du jardin

préparation du repas du soir : frit et bouilli

accras de morue, tripes (atelier préparation la veille), dessert avec fruits du jardin, une contrainte : caramel dans un des desserts

2 Après le repas

débouchons nous le nez !

discussion

distinguons odeur/parfum//goût/odorat

3 Environnement d'odeurs : trois ateliers

promenade à l'extérieur
cueillette-compost
identifier-classifier

guide questionnaire

4 Visite de la cave les yeux bandés, pifographies[3]

5 Jeu : loto des odeurs, découverte précise d'odeurs dites pures

6 Fin de la préparation du dîner

Dîner

7 Textes odorants

Dimanche : temps-mémoire-nez

8 Evocation de souvenirs d'odeurs

9 Préparation des «lettres odorantes» et «humage»

10 Discussion odeurs-écriture-temps

Repas : version cuite du repas de samedi midi
gratin de fenouils, omelette aux champignons, compotes, pets de nonne...

11 L'odeur de l'autre : sentir-reconnaître les odeurs de l'autre

3. On trouvera dans les documents joints plusieurs exemples de pifographies c'est-à-dire des cartes tracées par les participants qui devaient, les yeux bandés, s'orienter uniquement à l'aide de l'odorat.

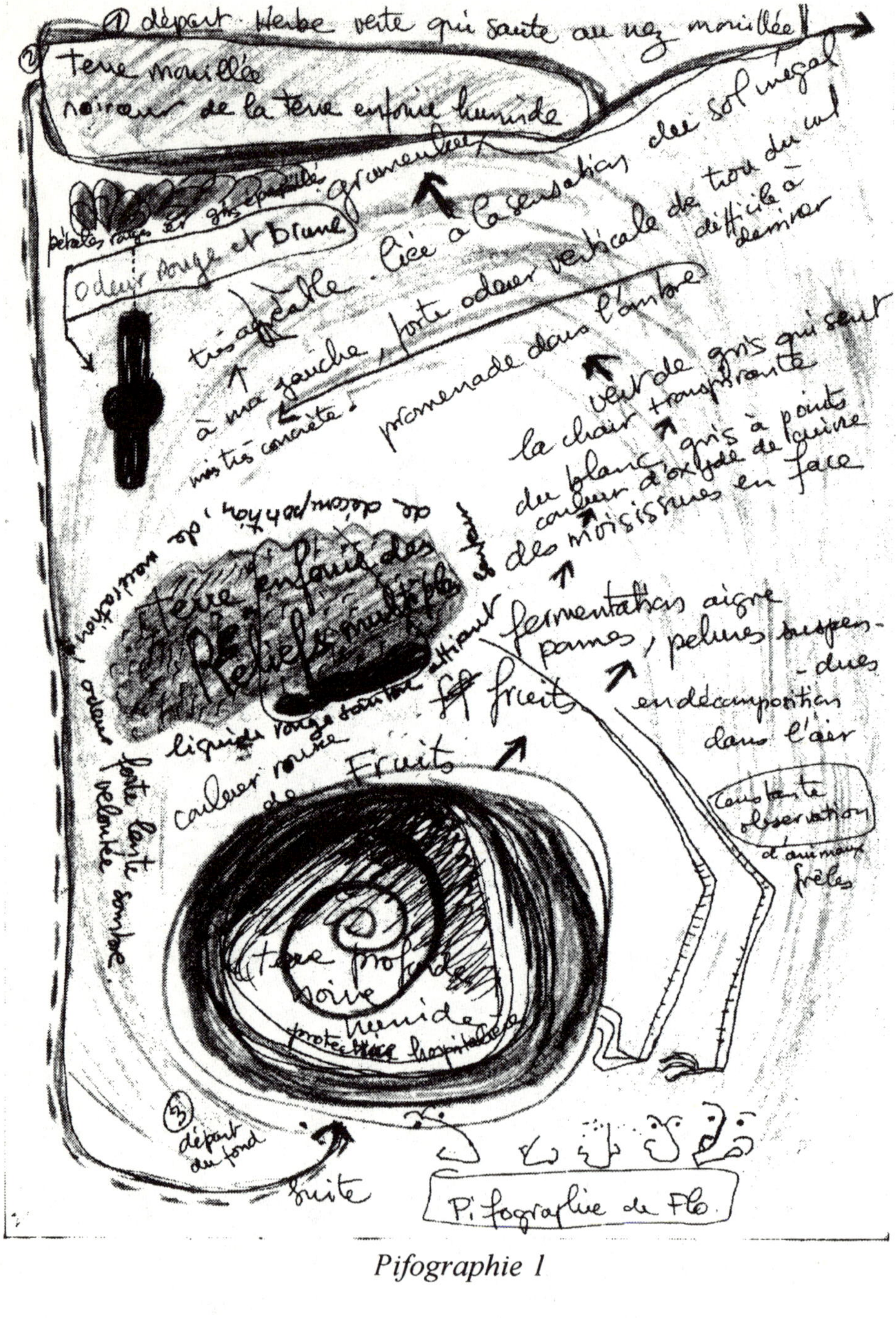

Pifographie 1

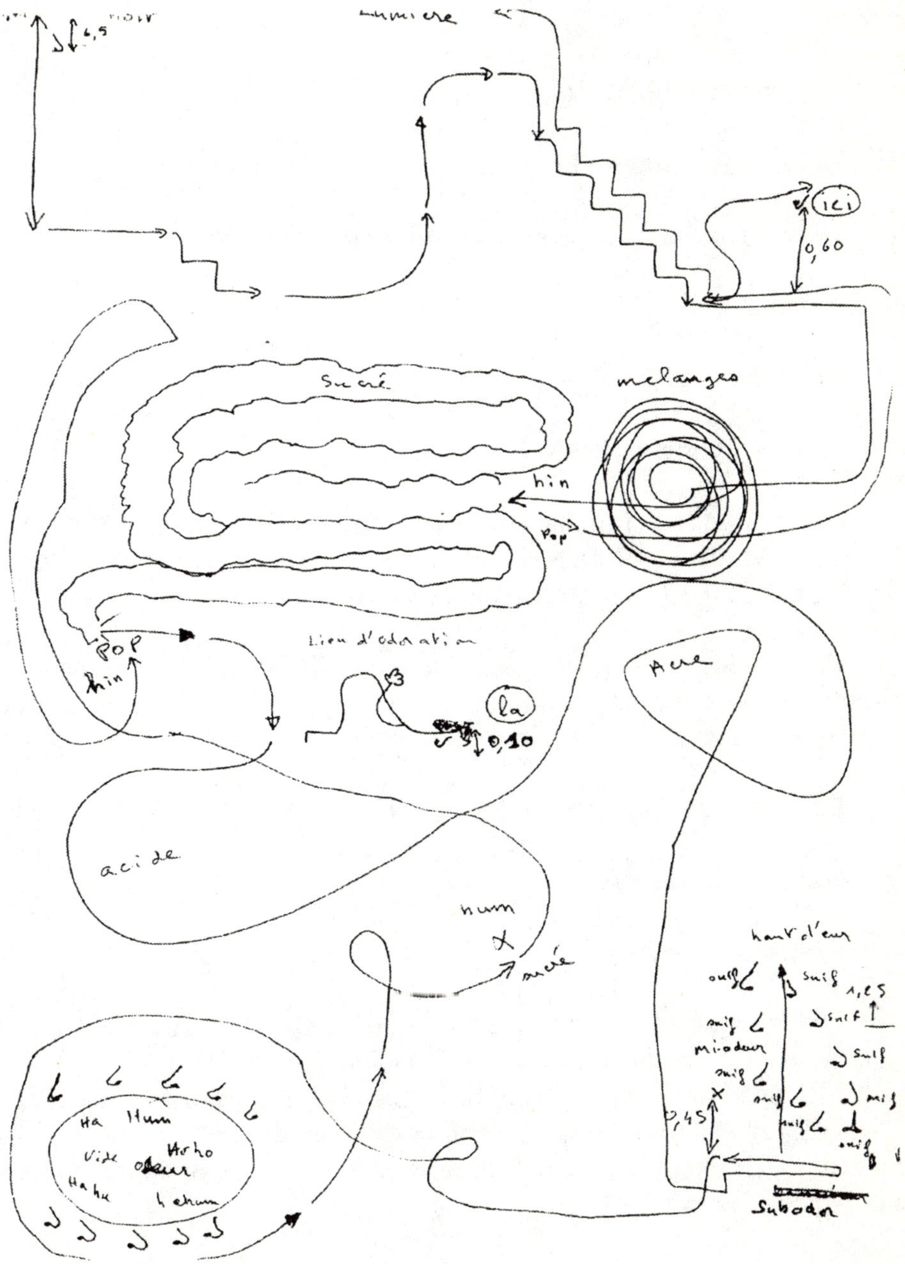

Pifographie 2

Le film

L'écriture de la nuit

Lieu de tournage : Fournaudin (Yonne, France)

Date : Tournage, septembre 1992, réalisation 1994

Format : vidéo 8

Master : Umatic

Copies : Umatic, VHS, 8mm

Participants : Tatiana Andrews, Thierry Lewin, Flo Villacèque, Christine Moulin, Bertrand Meheust, Michel Boccara, Pascale Barthélémy, Diana Rey-Hulman, Jean-Louis Fradelizi

Production : Mnemosyne, Atelier MIRE-CNRS «Psychanalyse, mythologie et construction du social», URA 1478 CNRS-Université de Picardie «Psychanalyse et pratiques sociales de la santé»

Post-production : Mnemosyne, URA 1478, CNRS Audiovisuel.

Durée : 12 mn 50s

Résumé

Le film présente deux séquences, commentées à l'aide d'extraits des discussions, des activités du week-end Odeurs :

1) Préparation des «lettres odorantes» et «humage» (atelier n°9)

2) La réalisation de «pifographies», cartes d'odeurs réalisées à partir d'une expérience de parcours d'un espace – la cave de la maison – les yeux bandés (atelier n°4).

Dialogues (extraits)

[...]

Michel : – On pensait qualifier l'odeur d'écriture de la nuit, c'est très intéressant parce que ça renvoie à l'écriture glyphique, c'est une expression des Mayas. L'odeur, écriture de la nuit, c'est une odeur qui dans la nuit se «voit» mieux puisqu'on sent mieux dans la nuit... Le crépuscule et la nuit excitent les odeurs... C'est à la fois la nuit au sens physique et c'est en même temps la nuit de la mémoire, c'est-à-dire la nuit des temps, l'écriture d'autrefois[4]...

Pascale : – (Nous avons pris comme point de départ pour l'atelier des lettres odorantes) un panneau d'affichage des mangoustes [....]. Les mangoustes sont parties depuis 21 jours, elles font leur circuit sur leur territoire dans la durée de temps que dure leur message olfactif [...] Elles reviennent après vingt et un jours parce que, au bout de 21 jours, leurs traces se seront dissipées... donc elles ont une notion du temps liée à leur odeur [...]

...

Flo : – Les grands placards aux robes de ma mère, je les renifle comme un chien, l'odeur essentielle me glisse dessus, m'enveloppe. Debout je m'enveloppe dans la présence vivante rassurée par cette odeur unique et inoubliable. Et je l'ai toujours, l'odeur de ma mère... on la connaît toujours je crois...

Pascale : – Tu t'es rassurée ?

Flo : – Complétement... elle était présente parce que son odeur était dans ses robes dans lesquelles je me suis enroulée jusqu'à ce qu'elle revienne...

4. Cette intervention figure à la fin du film mais nous avons décidé, étant donné son caractère «fondateur» pour le titre du film et du livre, de la placer au début de cette transcription.

Christine : – Tu sais ce qu'on donne aux petits enfants à l'entrée en maternelle ou à la garderie ? C'est un mouchoir que la mère a porté trois jours sur elle... et ils ne pleurent pas... Un enfant qui a ça ne pleure pas... parce qu'il garde la présence de sa mère...

...

Pascale : – Les insectes ont aussi pas mal d'odorat... Les papillons c'est extraordinaire, ils peuvent te reconnaître la femelle à des kilomètres de distance, les abeilles pareil...
On s'est rendu compte que le bulbe olfactif avait des tas de liaisons avec d'autres régions du cerveau, en particulier les régions liées aux émotions... et de manière très complexe... et on ne sait pas très bien ce qui se passe... Ce qu'on peut constater c'est que le bulbe olfactif, il a l'air de rien comme ça, mais en fait il envoie des... j'allais dire des messages, un peu partout...
Un message odorant au niveau chimique... c'est composé de huit cents mollécules odorantes différentes qu'on a pu identifier...
Tout ne peut pas être transmis en fait au bulbe, il y a un travail de tri, j'allais dire de triblage, de tri et de criblage, qui est très important qui est fait... Ce qui donne la complexité des relations avec les autres régions du cerveau et la personnalité, chacun ressent à sa manière suivant son histoire, suivant sa culture, suivant son vécu...

...

Thierry : – (Mon odeur d'enfance) c'est une odeur de la ville... donc c'est quoi ? C'est les grilles du métro, des trucs de piscine ou des choses comme ça... mais en tous les cas c'était lié à l'extérieur...

Taniouche : – C'est vrai que soi-même, on sent pas son odeur, on sent celle des autres... même un parfum...

Diana : – Ou alors on l'oublie... Quand j'en mets un, la première fois, je le sens puis, au bout de deux ou trois jours, c'est fini, je ne le sens plus du tout...

Au cinéma, il nous manque les odeurs mais finalement on doit les reconstituer en fonction des couleurs, on doit y mettre des odeurs dedans...

Pascal e : –...C'est ce qu'un type raconte... que lui, les images lui procurent des sensations odorantes...

Diana à Flo : – Toi, tu fais l'inverse... tu peux dessiner à partir de...

Bertrand : – Est-ce que vous avez des odeurs dans vos rêves ? C'est pas facile de s'en souvenir...

Pascale : – Moi j'en ai eu...

Bertrand : – C'est difficile de savoir si c'est l'imagination qui les met après coup...

Pascale : – Dans mon rêve, j'avais à faire un choix entre diverses essences donc je les ai quand même senties avant de pouvoir faire le choix[5]

[...]

Commentaire d'une lettre odorante

Michel : – Qu'est-ce que c'est alors ?

Bertrand : – Une forte odeur d'encre et ça montre bien que l'école est une maladie puisque ça sent le formol (rires)... Alors, y-a du brou de noix, le brou de noix c'est le côté antidote de la vie campagnarde et naturelle, ça a été mis là comme une sorte d'équilibre fait avec le système de l'école... On met donc brou de noix et pomme contre encre et formol...

Michel : – Alors, ça donne quoi ?

5. Nous avons ici le rêve fondateur de ce travail : Pascale Barthélémy l'a mis en scène dans le premier week-end de l'atelier intitulé «le banquet», et elle a eu ensuite l'idée d'organiser un week-end «odeurs» d'où est sorti ce livre (Note des éditeurs).

Bertrand : – L'école est une maladie mais le monde de la nature peut nous en préserver !

[...]

Pascale : – On sait par exemple que les gens qui ont le diabète sentent une certaine odeur... et il est possible que des états mystiques, de jeûne, d'états spirituels très intenses, font qu'on émet des odeurs particulières...

[...]

Diana : – C'est quand même assez extraordinaire que tout le monde ait rendu par la notion de spirale cet espace olfactif... donc là il y aurait effectivement bien une cartographie... Ce dessin est extraordinaire, c'est tout à fait l'impression que j'ai eue. On a à la fois ce cheminement, comme ça, d'un aller-retour, on a bien l'impression d'être allé au fond d'un espace géométrique, rectangulaire, en long...

Christine : – Moi, pas du tout...

Diana : – Et puis en même temps il y a les deux, en même temps il y a le fait de ce tourbillon, c'est étonnant. Il y a deux sensations... à la fois de déroulement de l'espace et c'est là que ce serait l'espace encore tactile, en marche, et puis il y a autre chose, il y a autre chose que cette sensation tactile...

Pascale : – C'est vrai que l'odeur, on la voit mal géométrique

Diana : – On dit souvent que «l'odeur me fait tourner la tête»... et effectivement ça fait tourner...

Flo : – C'est dans l'air quand même, ça peut pas être géométrique...

Pascale : – Il suffit de voir la fumée qui est peut-être quand même une petite matérialisation [de l'odeur] où on voit les volutes...

Diana : – Il y a quelque chose qui m'étonne, c'est que j'ai l'impression que le choix des couleurs est bien le même, il y avait le gris, il y avait le mauve et du rouge...

Flo : – Et du rose...

Diana : – On retrouve les mêmes couleurs.

[...]

Débat autour du film
(troisième table ronde, Amiens)

Alain Epelboin : – On est tout à fait étonné de voir que les odeurs fondamentales ne sont pas explorées dans ce film, les détenus insistent souvent sur les odeurs corporelles en distinguant l'odeur du nombril et celle des aisselles, et il y a des multitudes de sources de production d'odeurs corporelles qui ne sont pas visualisées. La logique consiste donc à voir comment, à travers les différentes cultures, ces odeurs sont appréhendées, maîtrisées, masquées et valorisées. [...] Mais l'odeur fondamentale reste l'odeur corporelle.

Michel : – Ce qu'il faut voir ici c'est la genèse du travail, un travail de fondation où l'on a plus exploré les substances [par exemple les urines].

Diana : – On n'a pas vraiment élaboré le champ de l'odeur corporelle. Du point de vue linguistique il y a des sociétés où les bonnes et les mauvaises odeurs ne sont pas traitées de cette façon-là et il y en a d'autres où les odeurs agréables et désagréables sont explorées dès la naissance.

Alain Epelboin : – Ce qui paraît formidable dans ce film c'est cette fonction d'isolement de l'odorat… après on peut diversifier les objets à renifler ou pas.

Paul Laurent Assoun : – Moi ce qui m'a frappé c'est qu'effectivement vous rampiez sur le sol, ce qui confirme déjà l'hypothèse freudienne : depuis que l'homme se tient debout... le rapport à l'odeur et le refoulement, hypothèse un peu complexe. La question c'est de savoir si à aborder la question de l'odorat par les sens on en apprend grand chose. C'est ça le problème. Le sens, archaïque par excellence, se nourrit d'une absence. Ce que j'ai vu dans cette image c'est une écriture d'aveugle qui constitue un avertissement méthodologique aussi de ne pas imaginariser les sens. Mais bien entendu il y a la méthode psychologique qui va nous déconstruire ça, puis il y a le fait qu'on soit en même temps renvoyé à des choses très archaïques, aux liens maternels. Parce que là on ne peut qu'évoquer une certaine odeur à laquelle on reste attaché.
C'est la double image, c'est-à-dire quelque chose qui ne tient pas en mot et d'autre part des renifleurs, qui nous paraît symbolique.

Markos Zafiropoulos : – En même temps c'est comme si on se refoulait soi-même. C'est un comique de la régression maximale, donc je trouve que c'est bienvenu ce que font les ethnologues en commençant à l'envers.

Odeurs du monde

Michel Boccara

Si ce travail a commencé par des journées ethnolinguistiques c'est parce que nous avions la volonté de décrire un certain nombre de faits sociaux ou de faits symboliques dans leur contexte. Donc nous avons procédé d'un point de vue ethnographique et nous avons parcouru le monde.

On citera deux cas extrêmes : celui des Otomi où la distinction entre la bonne et la mauvaise odeur est particulièrement déconstruite[1], ce qui revient à une véritable manipulation de la souillure en des termes totalement différents de ceux que nous pouvons connaître en Europe, et celui des Ajië[2] où l'odeur de la mort n'est pas symbolique ni furtive mais omniprésente à la limite de l'insupportable. Dans cette société, lorsqu'il y a un décès, le cadavre est mis à putrification à l'air et la personne la plus proche du défunt doit attendre, enfermée à côté du corps, que les chairs soient complètements décomposées dans la case et que la puanteur se répande dans tout l'espace social. C'est une société où à la limite l'espace social est défini par l'odeur de la mort mais dans un sens matériel particulièrement excessif.

1. *Cf.* supra, 2, J. Galignier.

2. *Cf.* supra, 2, J. de la Fontinelle.

Les travaux ethnographiques ne nous disent souvent presque rien de l'odeur ; elle est passée sous silence et il nous semble que ce silence, cette absence de parole, correspond à une représentation que nous avons dans la langue française : il y a peu de mots pour parler des odeurs et on dit peu de choses sur les odeurs. Or à y regarder de près, dans la langue française comme dans d'autres langues, on parle beaucoup des odeurs, tout au moins au niveau de la langue[3]. On peut donc observer un refoulement des termes sur l'odeur qui, s'ils sont présents dans la langue, le sont beaucoup moins dans la parole de tous les jours ainsi que dans la représentation que nous avons de cette langue. En ce qui concerne les autres langues, l'enquête linguistique et ethnographique se complique parce qu'elle est effectuée par des chercheurs qui viennent d'une société qui a refoulé l'odeur, et de ce point de vue l'Amérique puritaine est certainement encore plus «coincée»[4] que nous.

Lorsque nous avons débuté cette enquête, rares étaient les chercheurs, à commencer par nous-mêmes, qui avaient un matériel constitué sur l'odeur. Il a fallu aller à la pêche ou à la chasse, puisque le chasseur utilise souvent son odorat pour traquer sa proie. Ainsi les différents auteurs de ce livre ont recueilli un riche matériel sur les odeurs dans les langues du monde, mais il n'a pas toujours été possible d'indiquer avec suffisemment de précisions des données sur l'usage de ce vocabulaire dans les différentes langues. C'est aussi là-dessus que devraient s'orienter les recherches futures pour vérifier si l'hypothèse du refoulement est à mettre au compte de nos sociétés et d'un certain mode de production, ou s'il est plus général, conformément aux hypothèses de Freud[5] reprises par Lacan. Rappelons la formulation lapidaire et générale de Jacques Lacan «Le refoulement de l'odorat chez l'homme est déterminant dans son accès à la dimension autre» (Lacan, s. d).

Si on ne peut s'avancer sur l'hypothèse d'un refoulement généralisé, il est clair en tout cas que le refoulement du nez, et notamment la liaison nez-sexualité, s'exerce aux origines de la psychanalyse. Ce refoule-

3. *Cf.* supra, 1, Rey-Hulman et Aufray.

4. Rappelons que «coincer» en argot français signifie «sentir très fort».

5. *Cf.* supra, 2, Delrieu.

ment se joue notamment à travers l'histoire compliquée des relations entre Sigmund Freud et Wilhelm Fliess[6].

Alors, nous pourrions terminer cet ouvrage par une boutade – qui nous l'espérons ne nous montera pas au nez- notre époque a-t-elle du nez ? Depuis que nous avons commencé cette recherche, soit en 1992, l'intérêt pour les odeurs a été grandissant. Que ce soit du côté des psychologues, des biologistes, des historiens, des publicistes, il semble que nous sommes aujourd'hui dans une période de remontée des odeurs à la surface du social[7]. Une des directions de l'enquête à venir serait de confirmer et de préciser cette remontée en effectuant des enquêtes ethnologiques sur l'usage du nez dans notre société. Si, comme le montrent différents travaux déjà réalisés[8], l'odeur est un sens essentiel dans la relation que l'homme entretient avec ses divinités, alors peut-être y a-t-il un sens à corréler cette remontée des odeurs avec le renouveau du religieux ? Voilà qui peut apporter du moulin à la théorie du sens régressif : le retour au religieux interprété comme un recul de la raison s'accompagnerait d'un retour aux sens les plus primaires, tel l'odorat.

Une nouvelle piste de recherche surgit alors : étudier la place des odeurs et de l'odorat dans l'histoire des religions.

A l'issue d'une telle enquête, il nous sera peut-être possible d'envisager le dépassement de la position réductrice de Freud et de formuler, avec Bataille[9], une conception athéologique de l'odorat ?

Un autre nez et non pas seulement un nez qui masquerait l'accès à l'Autre, surgira alors et nous pourrons nous écrier, tel Alcofribas Nasier[10] : «Humons le monde et nous le connaîtrons mieux.»

6. *Cf.* supra, 2, A. Le Guérer.

7. En témoignent plusieurs pages scientifiques du Monde réalisée en collaboration avec le journal Nature citées dans cet ouvrage.

8. Citons, entre autre références, Marcel Detienne, 1972, Claude Gaignebet, 1990, Annick Le Guérer, 1988.

9. Georges Bataille, 1973.

10. Rappelons que Alcofribas Nasier est le pseudonyme de Rabelais, auteur au nez fort développé, les références au nez et à sa relation à la sexualité et à la connaissance sont nombreuses chez Rabelais, *cf.* supra, 1, Christine Escarmant.

Références bibliographiques

Bataille, G.
1973 «La somme athéologique», *Œuvres complètes*, Paris, Gallimard, vol. 5 et 6.

Detienne, M.
1972 *Les jardins d'Adonis*, Paris, Gallimard.

Gaignebet, C.
1990 «Les excretas», *Histoire des mœurs*, tome 1, Paris, Gallimard «La Pléïade».

Le Guérer, A.
1988 *Les pouvoirs de l'odeur*, Paris, F. Bourin.

Liste des auteurs

AUFRAY MICHEL	INALCO*
BOCCARA MICHEL	CNRS**
CALAME-GRIAULE GENEVIÈVE	CNRS
DELRIEU ALAIN	CNRS
DIOT JACQUELINE	CNRS
ESCARMANT CHRISTINE	Université Montpellier III
GALINIER JACQUES	CNRS
HAUDRICOURT GEORGES-ANDRÉ	CNRS
JOSHI SARASWATI	INALCO
KABAKOVA GALINA	Université Paris IV
KONTAR FAYEZ	Université de Damas (Syrie)
KROWOLSKI NELLY	CNRS
LE GUERER ANNICK	Écrivain
LEVY-WARD ANNICK	CNRS
MORDANT GENEVIÈVE	CNRS
NGUYEN TUNG	CNRS
DIANA REY-HULMAN	CNRS
ROULON-DOKO PAULETTE	CNRS
SAUVAGNAT FRANÇOIS	Université de Rennes II
SCHAAL BENOIT	CNRS
SEYDOU CHRISTIANE	CNRS
THERRIEN MICHÈLE	INALCO
UGOCHUKRU FRANÇOISE	University Central Lancashire (Preston, England)
VILLACÈQUE FLO	Peintre
ZAFIROPOULOS MARKOS	CNRS

* Institut National des Langues et Civilisations Orientales (INALCO)

**Centre National de la Recherche Scientifique (CNRS)

Collection *Nouvelles Etudes Anthropologiques*

Déjà parus

Patrick BAUDRY, *Le corps extrême, Approche sociologique des conduites à risque*, 1991.
Louis-Vincent THOMAS, *La mort en question*, 1991.
Annick BARRAU, *Quelle mort pour demain ?*, 1992.
Christiane MONTANDON-BINET, Alain MONTANDON (ed), *Savoir mourir,* 1993.
Jean-Marie BROHM, *Les meutes sportives*, 1993.
Alain GAUTHIER, *L'impact de l'image*, 1993.
Louis-Vincent THOMAS, *Mélanges thanatiques*, 1993.
Françoise DUVIGNAUD, *Terre mythique, terre fantasmée, L'Arçadie*, 1994.
Anne CADORET, *Parenté plurielle, Anthropologie du placement familial*, 1995.
Didier PINGEON, Serge HEUGHEBAERT, Philippe BEURET, Mario CASTIGLIONE, *Grandir de l'échec, Des familles dans un centre d'expression créative*, 1995.
Jeff KINTZELÉ, *La drague*, 1995.
Ricardo FREITAS, *Centres commerciaux : îles urbaines de la post-modernité*, 1996
Christine ARZAROLI, *Le maquillage clair-obscur ; une anthropologie du maquillage contemporain*, 1996.
Luce DES AULNIERS, *Le temps des nomades : itinérances de la maladie grave,* 1997.
Kamal CHAOUACHI, *Le narguilé. Anthropologie d'un mode d'usage de drogues douces*, 1997.

Collection ***Connaissance des hommes***
dirigée par Olivier Leservoisier

Danielle JONCKERS, *La société Minyanka du Mali, traditions communautaires et développement cotonnier, 1987.*
Christine BASTIEN, *Folies, mythes et magies d'Afrique Noire,* 1988.
Suzanne LALLEMAND, *La mangeuse d'âmes. Sorcellerie et famille en Afrique*, 1988.
Sylvie FAINZANG, Odile JOURNET, *La femme de mon mari. Anthropologie du mariage polygamique en Afrique et en France,* 1989.
Michel BOCCARA, *La religion populaire des Mayas, entre métamorphose et sacrifice,* 1990.
Claude RIVIÈRE, *Union et procréation en Afrique*, 1990.
Laurent VIDAL, *Rituels de possession dans le Sahel.* Préface de Jean Rouch, 1991.
Inès de LA TORRE, *Le Vaudou en Afrique de l'Ouest, rites et traditions,* 1991.
Suzanne LALLEMAND, *L'apprentissage de la sexualité dans les Contes de l'Afrique de l'Ouest.*
Noël BALLIF, *Les Pygmées de la Grande Forêt.*
Michèle DACHER, *Prix des épouses, valeur des soeurs, suivi de Les représentations de la Maladie. Deux études sur la société Goin (Burkina Faso).*
Nambala KANTE (coll. Pierre Erny), *Forgerons d'Afrique Noire. Transmission des savoirs traditionnels en pays malinké*, 1993.
Véronique BOYER-ARAUJO, *Femmes et cultes de possession au Brésil, les compagnons invisibles*, 1993.
N. REVEL et D. REY-HULMAN, *Pour une anthropologie des voix,* 1993.

Collection *Anthropologie Critique*
dirigée par Gérard Althabe et Monique Selim

Cette nouvelle collection a trois objectifs principaux :
- Renouer avec une anthropologie sociale détentrice d'ambitions politiques et d'une capacité de réflexion générale sur la période présente,
- Saisir les articulations en jeu entre les systèmes économiques devenus planétaires et les logiques mises en oeuvre par les acteurs,
- Étendre et repenser les méthodes ethnologiques dans les entreprises, les espaces urbains, les institutions publiques et privées, etc.

Déjà paru

Gérard ALTHABE, Monique SELIM, *Démarches ethnologiques au présent*, 1998.

MISE EN PAGES FOURNIE

Achevé d'imprimer par Corlet, Imprimeur, S.A. - 14110 Condé-sur-Noireau (France)
N° d'Imprimeur : 36425 - Dépôt légal : janvier 1999 - *Imprimé en U.E.*